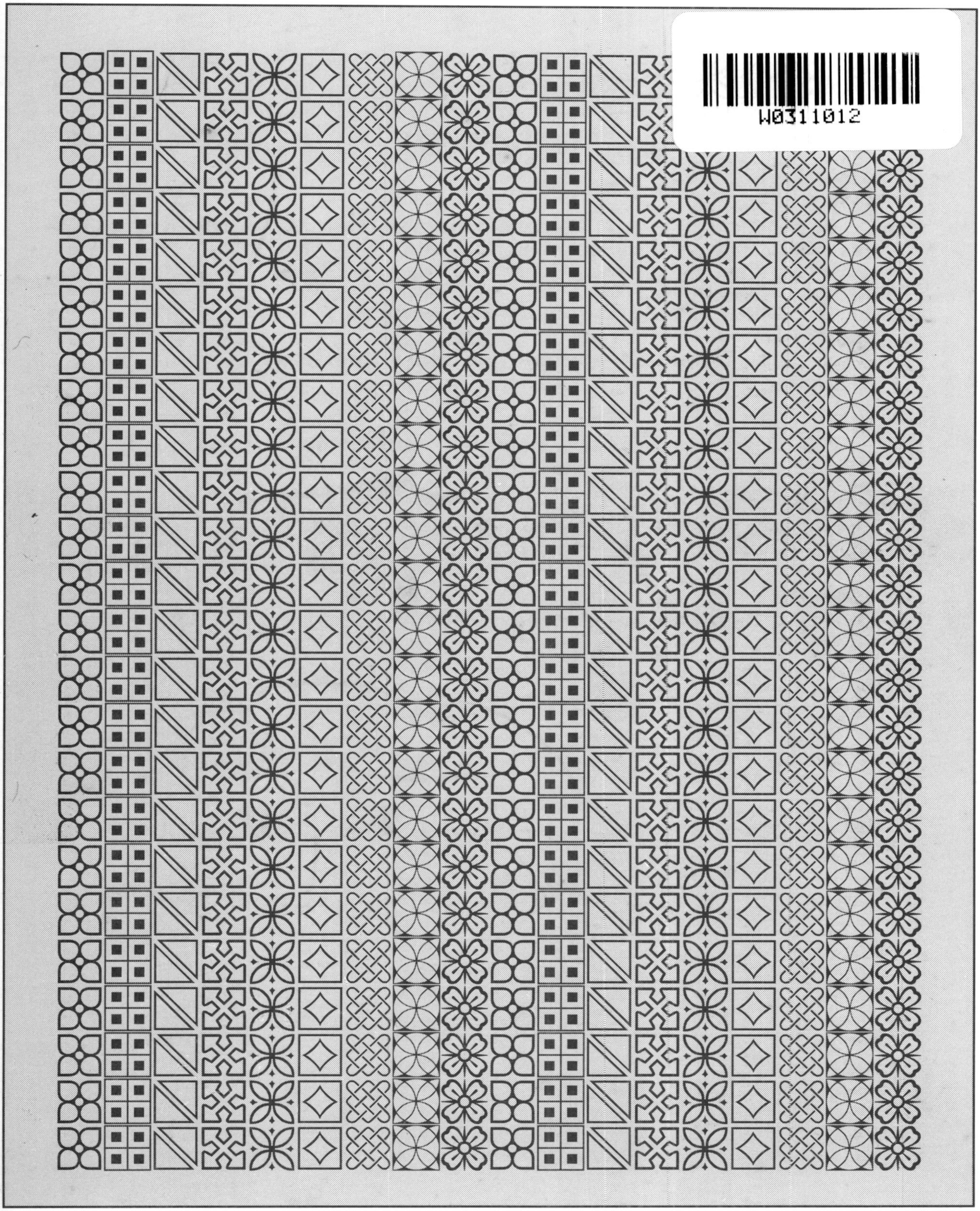

“Grand angle”

Mythologies :
De Gravelaine, Joëlle : **La Déesse sauvage.** Les divinités féminines : mères et prostituées, magiciennes et initiatrices.

Psycho-épanouissement :
Murdock, Maureen : **Le Parcours de l’héroïne,** ou la féminité retrouvée.
Parfitt, Will : **Comment abattre nos murs intérieurs.** L’élimination de nos blocages.

Religions :
Amri, Nelly et Laroussi : **Les Femmes soufies ou la passion de Dieu.** L’univers extatique et sociologique des femmes musulmanes.

Santé :
Stevanovitch, Vlady : **La Voie de l’énergie.** L’éveil et le développement du chi, ou énergie vitale.

Symbolisme :
Lonegren, Sig : **Les Labyrinthes.** Mythes traditionnels et applications modernes.

Tradition :
Bayard, Jean-Pierre : **Le Sens caché des rites mortuaires.** Mourir est-il mourir ?

Gosselin
Bernard
06 03 15 53 11

Le sens caché des rites mortuaires

"**Grand angle** / Tradition"

L'AUTEUR :

Né en 1920, Jean-Pierre Bayard a mené une carrière d'ingénieur des Travaux publics tout en poursuivant une quête intense des valeurs traditionnelles.

Docteur ès lettres d'université, directeur de plusieurs collections d'ouvrages ésotériques, il est l'auteur de plus de trente livres traitant de la symbolique et de la Tradition, cherchant toujours à unir le matériel au spirituel, notre mode de vie contemporain à la pensée de nos plus lointains ancêtres, en s'appuyant sur les légendes, l'histoire, le folklore et les thèmes initiatiques. En historien des religions, il analyse nos plus anciennes racines, nos archétypes et nos rites.

Il est attaché à la plus grande rigueur : ses nombreux articles dans la presse, conférences, émissions de radio et livres sont toujours traités dans un large esprit de spiritualité humaniste, s'appuyant sur une étude approfondie de la connaissance initiatique.

Jean-Pierre Bayard
(Docteur ès lettres)

Le sens caché des rites mortuaires

Mourir est-il mourir ?

Préface de Louis-Vincent Thomas

Editions Dangles
18, rue Lavoisier
45800 ST-JEAN-DE-BRAYE

ISBN : 2-7033-0385-8

AUTRES OUVRAGES DU MEME AUTEUR :

Soleil des Pôles (Louis-Jean, Gap, 1954).
Histoire des Légendes (P.U.F., 1955 ; Que sais-je ? n° 670).
Contes pour enfants ; divers titres (Bias, 1954, 1955 et 1956).
La Symbolique du Feu (Flammarion, 1958 ; Payot, 1973 ; Guy Trédaniel, 1986). Couronné par l'Institut de France, Académie des Beaux-Arts (1987).
La Symbolique du Monde souterrain (Flammarion, 1961 ; Payot, 1973).
Le Sacre des Rois (La Colombe, 1964).
Les Francs-Juges de la Sainte-Vehme ; de la Vehme médiévale aux attentats de l'Allemagne hitlérienne (Albin Michel, 1971). Prix des Ingénieurs E.T.P. (1971) ; prix Constellation (1971) (rééd. Le Soleil natal, 1990).
Le Symbolisme maçonnique traditionnel, en 2 tomes : Les Loges bleues (t. I) ; Les Hauts Grades et Rites anglo-saxons (t. II) (Edimaf, Paris, 1974 et 1975).
Le Symbolisme de la Rose-Croix (Payot, 1975).
Le Symbolisme du Caducée (Guy Trédaniel, 1978 et 1987).
Les Talismans (Tchou, 1976 ; Dangles, 1983).
Le Compagnonnage en France (Payot, 1977).
Les Pactes sataniques (Vernoy-Idegraf, Genève, 1986).
Le Diable dans l'art roman (Guy Trédaniel, 1982).
La Spiritualité de la Franc-Maçonnerie (Dangles, 1982).
Sacres et couronnements royaux (Guy Trédaniel, 1984).
Le Cabinet de Réflexion (Edimaf, 1984).
L'Occultisme (Le Borrégo, 1984).
La Franc-Maçonnerie (M.A. Editions, 1986).
Les Rose-Croix (M.A. Editions, 1986).
La Pratique du Tarot (Dangles, 1987).
La Légende de saint Brendan (Guy Trédaniel, 1988).
Le Guide des sociétés secrètes (Philippe Lebaud, 1989).
La Tradition cachée des cathédrales (Dangles, 1990). Prix Bordin de l'Institut de France, Académie des Beaux-Arts (1990) ; prix Eugène Carrière, médaille d'argent, Académie française (1991) ; prix Caroubi, Suprême Conseil de France (1992).
La Spiritualité de la Rose-Croix (Dangles, 1990).
La Caverne.
Le Symbolisme du Temple (Edimaf, 1991).
Plaidoyer pour Gilles de Rais, maréchal de France (1404-1440) (Le Soleil natal, 1992).
Le Sens caché des rites mortuaires (Dangles, 1993).

En collaboration :
Réédition de l'*Histoire des Pirates anglais* du capitaine Charles Johnson (Club du Meilleur Livre, 1956).
Avec l'abbé Denis Grivot : *Le Diable dans la cathédrale* (Club du Livre chrétien, 1960).
Avec Pierre Montloin (Pierre Mariel) : *Les Rose-Croix ou le Complot des Sages* (C.A.L. et Grasset, 1971).
Avec Patrice de la Perrière : *Rites magiques de la royauté* (Friant, 1982).
Avec Henri Gray : *Les Origines compagnonniques de la franc-maçonnerie* (Guy Trédaniel, 1988).

Participation à des ouvrages collectifs :

Dictionnaire des Sociétés secrètes en Occident, de Pierre Mariel (C.A.L. et Grasset, 1971).

Encyclopédie américaine Grolier (Grolier International Inc.).

Dictionnaire universel de la Maçonnerie, de Daniel Ligou (Editions de Navarre, 1974).

Compagnons en France et en Europe (Editions Garry, 1976 et 1981).

La Correspondance du vin, essai (Guitardes, 1981).

Dictionnaire de la franc-maçonnerie, de Daniel Ligou (P.U.F., 1987).

Encyclopédie culturelle de la France (Eclectis, 1991).

A la mémoire de mes parents
et de mes ancêtres.
J.-P. B.

Remerciements

— Je dois remercier en premier lieu le professeur Louis-Vincent Thomas qui m'a aidé et qui a accepté de préfacer cet ouvrage.

— Mais je ne puis oublier mes nombreux amis qui m'ont soutenu au cours de cette recherche, plus spécialement Daniel Bacry, Didier Leroux, Stanislas François, Robert Magdalou, Jean Erceau, Pierre Gillot, Claude Ayo qui ont su compléter ma documentation.

— Je dois aussi un souvenir ému à Pierre Mariel avec lequel nous avions envisagé d'écrire un ouvrage sur la valeur du sang, en évoquant la mort.

« *Vanité des Vanités, tout est Vanité.* »
L'Ecclésiaste.

« *La vie est une, indivisible, éternelle.* »
Gitta Mallasz : *Dialogues avec l'Ange* (Aubier, 1977 ; p. 270).

Préface

par M. le professeur Louis-Vincent Thomas

Jean-Pierre Bayard n'est pas un inconnu. Incontestablement, cet homme de grande culture est devenu l'un des meilleurs spécialistes français des problèmes du symbole, et les ouvrages qu'il a consacrés à cette question sont devenus des classiques incontournables.

Il m'avait demandé si je voulais écrire le présent ouvrage. J'ai préféré que ce fût lui et je ne le regrette pas, car c'est un fin connaisseur du sujet. Non que je partage entièrement toutes ses vues – je ne dis pas que j'ai raison – mais il apporte, sur un domaine où il reste impossible d'être exhaustif, des vues originales et stimulantes. Je laisse, bien sûr, au lecteur le soin de s'en persuader.

L'idée maîtresse de cette magistrale étude reste que « *la mort est une nouvelle naissance avec son passage par le canal de la porte étroite, un processus initiatique devenu réalité et qui permet de re-naître dans un milieu conçu par notre imagination créatrice* ». Dans un monde aujourd'hui consacré à la science et à la technique, c'est-à-dire à la rentabilité et au profit, plus riche en signes et en outils qu'en symboles, et où l'homme devient avant tout producteur et consommateur de produits marchands, on devine l'importance d'une telle position : parler de la mort devient le moyen peut-être le plus efficace pour surmonter notre angoisse.

Je ne ferai pas la synthèse de ce livre ; je voudrais seulement profiter du grand honneur qui m'échoît d'en écrire la préface pour évoquer deux thèmes : le sens du rite et la symbolique qu'il exprime.

1. Sens et place du rite

Chaque fois que la signification d'un acte réside dans sa valeur symbolique plus que dans sa finalité mécanique, nous sommes déjà sur la voie d'une conduite rituelle. Celle-ci se définit, en effet, comme un comportement qui appelle le corps à la rescousse pour retrouver l'illusion du « comme si » en répétant un modèle cohérent dont l'efficacité est reconnue. Il y a, comme cela, des habitudes anodines qui s'apparentent aux rites : rituel d'amour qui suppose une mise en situation identique... comme s'il suffisait de réactualiser un système de formes pour que le désir colle à la réalité. Dans le rite funéraire aussi, il s'agit de théâtraliser la relation ultime avec le défunt, de le materner, de l'honorer... bref, de faire comme s'il n'était pas mort. Pour être plus précis, je rappellerai que le rite implique une structure de signalisation, pour planter le décor en quelque sorte ; on fait « comme si ». D'autre part, le rite s'intègre dans un système dynamique qui lui confère une efficacité symbolique, mais celle-ci procède de forces mystérieuses ; ainsi, toucher la main du défunt, le veiller ou lui parler recréent magiquement la présence du disparu : on fait « comme si » et cela est.

Aussi le rite n'est-il souvent profane qu'en apparence car, en définitive, il s'ouvre tout naturellement sur le sacré. Il atteint d'ailleurs la plénitude de sa fonction sociale quand il s'enracine dans le mythe, quand il est codifié par un dogme religieux et accompli par l'ensemble de la collectivité. A vrai dire, seule cette forme idéale répond à l'acceptation que les puristes proposent pour définir le rite. Mais il est clair qu'un tel comportement cadre mal avec les options positivistes de notre société. Les funérailles modernes, quand elles ne sont pas expédiées, procèdent trop souvent d'un formalisme vidé de son contenu. Dans ce cas, le terme « cérémonial », qui connote l'aspect protocolaire tout extérieur de certains enterrements, est peut-être plus adéquat que le mot « rituel » qui englobe le fond et la forme. J'ajouterai, et cela me paraît essentiel, que le rite sécurise parce qu'il se situe hors du temps et qu'il est vécu comme moyen de maîtriser la durée. C'est en raison de ce pouvoir structurant et apaisant qu'on y recourt chaque fois que l'on bute sur une situation nouvelle et aléatoire. Par exemple, les rites d'initiation, d'installation, d'intronisation, de mariage, etc., aident à dépasser l'angoisse de l'incertitude : au regard de l'imaginaire, la mise en place du modèle intemporel a prise sur la réalité et purge les doutes.

En même temps, dans l'accomplissement des gestes stéréotypés dictés par le rite, s'évacue l'angoisse que suscite la situation présente. En termes plus savants, je dirai que, face à une conjoncture qui introduit une faille dans l'ordre établi, le rite est une manière de négocier l'altérité pour l'infléchir dans un sens positif. Comme je l'ai déjà signalé, n'inventons-nous pas nos propres rites pour commencer la journée par exemple, pour partir en voyage, pour passer un examen ou se présenter à un patron ? Et que dire de la rencontre avec la mort qui représente l'altérité par excellence puisqu'elle est la non-vie ! Dans les sociétés traditionnelles, le rituel funéraire indiquait point par point la marche à suivre pour contenir le désarroi et instaurer le nouvel ordre.

On pourrait avancer l'hypothèse que l'homme se définit comme l'animal qui pratique des rites funéraires. L'existence de ceux-ci est attestée dès l'homme de Néanderthal, il y a 600 siècles de cela ; on a découvert en Irak huit squelettes reposant au milieu de pierrailles ; l'analyse du pollen montre que l'un des défunts avait été déposé sur des litières de fleurs. Les jeunes filles magdaléennes du Mas-d'Azil (Ariège) possédaient des yeux postiches et des plaques de vertèbres de cervidés destinés à leur redonner l'apparence de vie. L'usage de l'ocre rouge au paléolithique supérieur pourrait bien symboliser le sang, flux vital par excellence. Dès le début du néolithique apparaît le cimetière, avec son mobilier funéraire (haches, grattoirs, flèches, couteaux, vases). C'est à partir de moins de 4 000 ans que se développent les sépultures mégalithiques (menhirs, dolmens, cromlechs). Tout se passe comme si, dès les origines, l'homme pensait à l'éventualité d'une vie continue après la mort. Le rite funéraire pourrait bien constituer la brèche anthropologique, ce par quoi l'homme accède à l'humain.

Les rites funéraires commencent avec l'*agonie,* fait universel que la vie urbaine nous a fait oublier et que nous redécouvrons aujourd'hui avec l'accompagnement des mourants (ce qui coïncide avec la phase d'installation du deuil des survivants). Ils se poursuivent avec la *veillée du défunt, les obsèques et les condoléances, le deuil public* (pour les grands de ce monde), *social* (port de vêtements ici noirs, là blancs, ailleurs jaunes ou indigo, puis observation d'interdits plus ou moins contraignants) et *psychologique* (le vécu douloureux de la perte ; le *travail du deuil* consiste à reconnaître la réalité de la mort – le principe de réalité l'emporte sur le principe de plaisir – et à retrouver le goût de vivre). Enfin, ils se prolongent avec le *culte des morts,* ou simplement la *visite au cimetière* (chez nous, le 2 novembre).

L'élément le plus important reste, sans doute, le *devenir ritualisé du cadavre* qui, dans l'humanité, obéit à un nombre infini de modèles, canevas sur lesquels se brodent des variantes sans limites. Il s'agit, en dernière analyse, de *négocier la pourriture :*

– Ou bien celle-ci peut être *voulue* chaque fois qu'il y a refus de funérailles à fin de vengeance ou de punition partout dans le monde (Sophocle en parle dans *Antigone*).

– Ou bien elle peut être *accélérée* pour parvenir au plus vite au stade de la minéralisation. L'exemple des parsis (Iran) abandonnant les dépouilles aux vautours en haut des célèbres tours du silence *(dakhmas)* reste bien connu.

– Le cas de la *pourriture consentie mais cachée* prend plusieurs formes. Certaines sont rares : cadavre enveloppé et déposé en haut d'un arbre ou dans le creux du tronc, voire dans une barque qui dérive sur le fleuve ou la mer (Afrique, Asie, Amérique indienne) et même jeté à l'eau avec une grosse pierre (marins péris en mer autrefois) ; les symboliques de l'air, de l'eau et de l'arbre sont riches de sens pour l'inconscient archétypal. G. Bachelard l'a bien montré, tout comme Mircea Eliade.

– Toutefois, la figure la plus répandue demeure l'*inhumation* ou retour à la terre mère ; on peut se contenter d'un simple linceul (musulmans) ; le mort a aussi droit à un cercueil placé dans une tombe dont la forme, l'importance, l'orientation, la profondeur et la richesse varient considérablement (donnée universelle). Une variante est la jarre (poterie) attestée dès la préhistoire, et que l'on retrouve chez certains Indiens d'Amérique : la position fœtale du mort dit bien qu'il est semblable au fœtus attendant sa (re)naissance. Le décryptage des épitaphes et des signes funéraires (croix, croissant, colonne brisée, serpent qui se mort la queue, œil...) en apprend beaucoup sur le système de croyances des survivants.

– Vient, enfin, le thème de la *pourriture interdite* qui épouse deux modalités. La *conservation* tout d'abord, avec les cadavres boucanés ou séchés au soleil (momies d'Amérique latine et d'Afrique noire) et, surtout, les dépouilles embaumées selon les techniques complexes de l'ancienne Egypte et reposant en de somptueux sarcophages, espérant – selon les lois d'une théologie fort riche – le retour possible à la vie. Chez nous, certains personnages ont droit à l'embaumement (les papes) et peuvent être exposés (Lénine notamment). Les Orientaux (Japon surtout) conservent pieusement, dans la position du Lotus (*munyo*), attendant le *maitreya*, le dernier avatar divin à venir, les restes de vieux sages : ce sont les « Bouddhas au corps de chair », entrés vivants – par ascèse – dans l'immortalité. Il faudrait aussi parler des reliques : celles des ancêtres en Afrique, des saints dans l'Eglise et celles que constituent les crânes gravés, peints, surmodelés (tout spécialement aux îles Salomon, aux îles Marquises et en Nouvelle-Guinée), sans oublier les célèbres trophées, les têtes réduites et tatouées des Maoris (Nouvelle-Zélande).

– La pourriture interdite prend aussi la forme de la destruction qui connaît deux modalités :

La plus répandue reste la *crémation,* aussi archaïque que l'inhumation, inséparable de la symbolique du feu ascensionnel et purificateur. Selon une perspective liturgique parfois d'une réelle beauté – à Bali, notamment, on assiste, au son des instruments locaux, à des défilés de chars luxuriants, surchargés de fleurs et de symboles et contenant un riche cénotaphe – elle s'attache aux systèmes orientaux, shintoïstes, bouddhistes, hindouistes surtout : « *J'attire une flamme en moi. Mon cœur est l'âtre, la flamme est le Soi dompté* (sumyutta-nikaya). » Il s'agit de libérer l'esprit, de dépersonnaliser le sujet afin qu'il rejoigne l'Etre impersonnel, essence suprême, le Soi, l'Atman, le Nirvana ; donc, rien à voir encore avec la crémation occidentale, malgré les essais timides de l'Eglise, dépourvue de liturgie et restant une opération technique à fin hygiéniste. En Inde, les cendres – qui proviennent du cadavre brûlé au bois de santal sur les gatt pouilleux et pourtant majestueux de Bénarès – sont jetées dans le fleuve sacré, le Gange.

Deuxième mode de destruction : l'*ingestion cannibalique*. Il s'agit d'assimiler la force vive du défunt que représentent, selon les populations, le cerveau, le cœur, le foie, les testicules... absorbés parfois crus, parfois cuits. Les os pulvérisés peuvent être mêlés à la polenta ou à de l'alcool (Tupinambu du Brésil, Somali et Danakil d'Afrique de l'Est, populations de Nouvelle-Guinée) ; il s'agit d'un repas mystique, d'une authentique communion (les autres parties du corps, insignifiantes, sont enterrées) obéissant à des règles liturgiques bien codifiées.

* * *

Malgré leur disparité dans le temps et dans l'espace, ces conduites obéissent à des constantes universelles avec des justifications qui varient selon les cultures. On peut les lire à deux niveaux :

– Au plan du *discours manifeste,* leur signification est claire : il faut régler le devenir du mort en composant avec l'abjection de la pourriture tout en favorisant son accession à un statut de survie potentielle (qui n'est peut-être pas forcément d'ordre métaphysique : ce peut être... la pierre du cimetière ou le souvenir dans la mémoire des proches). Donc, les gens disent et croient que le destinataire du rite est le mort. Mais cette ritualité, qui se veut au service du défunt, n'est pas sans ambivalence.

– Au plan du *discours latent,* on peut y reconnaître un versant défensif qui répond aux mécanismes fort embrouillés que l'imaginaire s'invente pour esquiver l'angoisse. Le sens profond et la fonction fondamentale des rites funéraires ne concernent sans doute que l'homme vivant, individu ou communauté : il faut maîtriser symboliquement la mort pour sécuriser, guérir et prévenir. Ces rites manifestent un désir éperdu de pallier la mort, de la dépasser... somme toute de la nier. En définitive, ce sont des rites de vie. Leur finalité revêt de multiples visages : déculpabiliser, réconforter, revitaliser, espérer...

* * *

Les constantes que j'évoquais tout à l'heure se retrouvent à des degrés divers dans la tonalité des rites dont le mort est l'objet. Je distinguerai, un peu artificiellement peut-être (car il arrive qu'ils se chevauchent), les rites d'oblation et les rites de passage :

a) Les **rites d'oblation** englobent les manifestations de sollicitude et de prévenance qui s'adressent à celui qui vient de mourir. L'imaginaire s'obstine à voir dans le corps inerte l'être toujours là, et s'efforce de le *retenir* en multipliant les marques de respect et d'amour. La toilette mortuaire, fait quasiment universel, illustre bien cette intention d'exprimer les égards dus à la personne du disparu et de prolonger la relation avec lui. Au contraire, salir ou malmener un mort – comme ce fut le cas d'Achille s'acharnant sur la dépouille d'Hector – équivaut à le nier en tant que personne, à le tuer à jamais en le privant de survie.

Traditionnellement, la toilette mortuaire a un double but : conférer au mort les *apparences de la dignité* et *le purifier* pour préparer sa renaissance – cela au plan du discours manifeste, évidemment. Les manipulations sont en général confiées à des mains féminines pour être accomplies avec une délicatesse maternelle. D'ailleurs, en maints endroits, l'accoucheuse est en même temps ensevelisseuse, et se charge de ce que l'on peut appeler le maternage du mort (*« Il ne faut pas le blesser »*, dit-on en Afrique, ni dans son corps par des gestes brusques, ni dans sa dignité en dévoilant sa nudité à n'importe qui).

Je passerai très vite sur les apprêts compliqués qu'exigeaient certaines traditions pour signifier symboliquement la *renaissance* dans l'au-delà... Chez nous, la thanatopraxie mortuaire n'a rien à voir avec ces préoccupations métaphysiques et cette charge symbolique. Pour ma part, je ne doute pas que, dans l'esprit des proches qui le demandent, ce traitement exprime la *déférence* et la *sollicitude* qu'ils portent au défunt ; comme pour la toilette traditionnelle, il s'agit d'effacer les signes qui feraient injure à sa personne. De même, on le veut douillettement installé dans le nid capitonné de satin que représentent les riches cercueils modernes... avec les dentelles et les couleurs tendres, certains revêtements n'évoquent-ils pas le berceau ? (Ce qui renvoie confusément au maternage et à la renaissance.)

La présentation du mort est d'ailleurs une autre manière de le retenir. C'était, dans les civilisations traditionnelles, l'occasion de lui témoigner de l'affection et du respect par de nombreux rites d'oblation.

On sait l'importance de la *veillée funèbre* dans nos campagnes d'autrefois : prières, silences recueillis, mais aussi conversations plus ou moins animées et libations auxquelles le mort était symboliquement associé. Et, dans les sociétés archaïques, il n'est pas rare que le défunt préside lui-même ses funérailles : on l'interpelle, on chante ses louanges, on danse pour le divertir ou l'honorer, on le console, on l'encourage, on lui confie des messages... De ces pratiques ancestrales, il ne reste guère aux citadins de nos villes modernes que quelques visites fugitives au funérarium ou, pire, à la morgue de l'hôpital. Nul rituel codifié ne vient au secours de ceux qui vivent là l'*ultime relation* avec celui qu'ils ont perdu ; la neutralité du décor n'est guère propice aux épanchements ; la fausse pudeur, l'acharnement à fuir la mort empêchent ou limitent l'expression spontanée d'un rite d'adieu. Et pourtant, ces derniers contacts, paroles ou étreintes seraient grandement bénéfiques pour le déroulement du deuil.

*
* *

Cette allusion à l'équilibre du survivant me fournit la transition pour envisager maintenant l'autre versant du rite, non plus ce qui traduit le discours manifeste que prend en compte l'intérêt du mort, mais ce que l'on peut décrypter dans le *discours latent concernant l'intérêt des vivants*. Les rites de retenue du mort – soins du corps, veillée funèbre, « présentification » (un néologisme que je propose pour insister sur le décorum qui accompagne l'exposition du défunt) – tous ces rites ont pour effet de retarder la séparation. En effet, seule la raison peut distinguer un avant et un après de la mort, tandis que l'imaginaire refuse d'intégrer la rupture et continue de voir, dans celui qui vient de mourir, quelqu'un qui n'a pas encore quitté la vie. Ce fantasme universel se lit clairement dans les croyances archaïques : on pense que l'âme du mort demeure un certain temps aux abords du cadavre ou dans la maison mortuaire avant de s'acheminer dans l'au-delà ; les Toradja des Célèbes disent poétiquement que, de même que *« la torche s'éteint tout doucement, il faut beaucoup de temps pour mourir »*.

Mais quelle que soit la justification alléguée, les rites de retenue du mort procèdent du désir d'*atténuer le traumatisme de la perte,* donc de ménager les proches affligés. En outre, les soins au cadavre donnent de la mort une image magnifiée, image toute proche de la vie dans le cas de nos techniques modernes. Et cela nous rassure quant à l'éventualité de notre propre mort.

Mais il y a plus. Freud a montré que la peur ne va pas sans un sentiment de culpabilité qui justifierait l'agressivité dont on se sent l'objet. Il est vrai que la *mort-sanction* est une conception fort répandue (c'est celle de la mythologie chrétienne qui met en cause le péché originel). Or, lors de la rencontre avec le cadavre qui fait horreur, la répulsion qu'il inspire est vécue comme le danger d'une *contamination :* son inertie, les signes de la décomposition qui s'annonce (taches, relents) font croire à l'agressivité du mort. Il est absolument patent, dans les conduites funéraires dites « primitives », qu'on ne néglige rien pour apaiser le mort, lui prouver qu'on l'aime et qu'on le respecte, pour l'aider à partir en beauté ; c'est d'ailleurs pour qu'il se rende bien compte de tout ce qu'on fait pour lui qu'on lui fait présider ses funérailles.

Quant aux rites de purification, s'ils sont obligatoires pour permettre l'accession du défunt dans l'au-delà, ils n'en constituent pas moins des *conduites défensives* pour circonvenir la mort et éviter la propagation de l'impureté qu'elle représente. Même la veillée funèbre est ambivalente. Les Diola de Casamance (au Sénégal) – ils ne sont pas les seuls en Afrique – disent qu'il ne faut pas abandonner le mort à sa solitude, qu'il faut lui tenir compagnie, mais aussi le *surveiller* pour contenir son agressivité.

Malgré les apparences, notre culture rationaliste ne nous a pas totalement délivrés de ces fantasmes vieux comme le monde. Entourer le défunt de prévenance, exiger que son aspect soit décent, demeurer de longs moments à ses côtés sont autant de preuves d'amour qui *déculpabilisent le survivant*. Car la mort de l'autre ne va pas sans l'inconfort de la faute qu'on croit avoir commise à son égard : on est coupable aussi, sans doute, d'avoir désiré sa mort dans un moment de hargne. Quant à la thanatopraxie qui a remplacé la toilette traditionnelle, ne faut-il pas y voir, même en marge de la ritualité, une authentique conduite d'évitement pour rassurer les vivants ? L'une et l'autre satisfont l'imaginaire en endiguant la pourriture, symbole de la néantisation de la personne. Aseptie réelle ou purification symbolique, l'important est d'*effacer la souillure de la mort pour apaiser nos peurs*. Nous retrouvons ces mêmes hantises avec les rites de passage qui introduisent le défunt dans son statut *post mortem*.

b) Les **rites de passage** s'avèrent essentiels. Les procédés de retenue du mort dont je viens de parler n'étaient, en quelque sorte, que les préliminaires des funérailles. Le but propre de celles-ci est, en effet, de consacrer la séparation du mort et des vivants et d'assurer son intégration dans un statut *post mortem*. Ce schéma *séparation-intégration* avec, entre les deux, une période de marge plus ou moins longue, caractérise tous les rites de passage, aussi bien les rites funéraires que les rites d'initiation, de naissance, de mariage, etc.

Voyons comment, au gré des étapes du rituel, s'oriente le devenir du mort, son *devenir réel* puisqu'il faut éliminer le cadavre mais, surtout, son *devenir symbolique* tel que l'invente l'imaginaire collectif. Nous avons vu que, dans les sociétés traditionnelles, les rites de maternage et de purification impliquent le départ imminent et sont accomplis comme devant favoriser l'acheminement et l'intégration de l'âme dans l'au-delà.

En Afrique, à un certain moment du rituel il est courant que l'on signifie ouvertement son congé au défunt. Il faut « *tuer le mort* », disent les Mosi du Burkina-Faso, indiquant par là qu'on doit éliminer tout ce qui subsiste de ses liens avec le monde des vivants. Chez les Diola du Sénégal, la tradition voulait même qu'on feigne de lui briser une jambe ou de lui crever les yeux pour être sûr qu'il ne revienne pas hanter les vivants.

Et dans l'imaginaire, selon un statut positif, il est promis à la vie éternelle parmi les justes aux yeux des chrétiens ; il est devenu ancêtre tutélaire pour l'animiste africain ; il est en attente de réincarnation pour le bouddhiste ; ou, pour l'agnostique, il est fidèlement inscrit comme modèle dans la mémoire des vivants. Autrement dit, par la magie de la symbolique et du rite, la mort est transfigurée en *événement bénéfique* et la vie repart, rénovée et renforcée. C'est en général ce que célèbre le rituel de commémoration qui marque, en même temps que l'intégration du défunt dans une forme de survie, la réintégration des deuilleurs. Ce rituel revêt une importance extrême dans certaines sociétés archaïques où l'on va même jusqu'à célébrer pompeusement les ancêtres mythiques. Tel est donc le sens de ritualisation funéraire : inverser la mort en vie. Comme le disait un philosophe : « *Le rite est, comme l'élégance, une façon de charmer l'angoisse.* »

Mais je dois, avant de conclure, préciser rapidement par quels chemins les rites funéraires conduisent les survivants à l'apaisement. J'ai retenu trois niveaux d'échappatoire que je me contenterai d'évoquer :

– D'abord, puisque toute mort induit un sentiment de culpabilité, les rites funéraires sont l'occasion d'un **rachat symbolique.** Il semble que les survivants – et tout particulièrement les proches – ne puissent se libérer de l'emprise de la mort sans avoir acquitté le prix à payer. C'est aussi vrai pour les « primitifs » que pour nos contemporains qui vivent ce besoin d'expier comme un ensemble d'obligations à assumer. On tient à « *faire ce qu'il faut* » pour n'avoir rien à se reprocher, pour se dédouaner à l'égard du disparu. Le coût matériel des funérailles, parfois très lourd, et surtout les épreuves du *deuil psychologique* (souffrance morale) et du *deuil social* (nombreux interdits) vont tout à fait dans ce sens. Il faut aussi, du moins sur un plan symbolique ou imaginaire, apaiser le défunt : lui faire un bel enterrement, assumer le chagrin de la perte, entretenir son souvenir. Autrement dit, accomplir point par point les rites funéraires traduirait le désir d'être en paix avec *le* mort... et avec *la* mort. Ce désir est si impérieux que, dans la société moderne, on n'hésite pas à compenser l'appauvrissement des rites en recourant à la fonction symbolique de l'argent : on ne lésine jamais pour enterrer ses morts, c'est bien connu.

– En second lieu, j'attirerai l'attention sur la **fonction communielle** du rite, fonction bien mal en point dans notre culture où les obsèques se rétrécissent volontiers jusqu'à la « stricte intimité ». Et pourtant, quand le rite funéraire mobilise la communauté et qu'il prend son sens dans l'exaltation de la vie, il constitue une thérapeutique souveraine. Je l'ai vu dans les funérailles africaines où le groupe se régénère dans l'éclatement des individus, proclamant ainsi la cohésion et la continuité face à la rupture de la mort. Nous avions nous aussi, avec le repas funéraire, un rite de *revitalisation* dont on méconnaît aujourd'hui le sens profond.

– Enfin, le rite funéraire s'inscrit toujours dans une symbolique marquée du sceau de l'**espérance,** car elle implique une *promesse de survie,* survie qui, comme je l'ai dit, ne requiert pas forcément la croyance métaphysique. Le besoin d'espérer (d'annuler la mort) est si fortement enraciné dans la conscience que le commun des mortels parvient toujours à se bricoler quelque substitut de survie, même en marge de la foi chrétienne : dans l'Un-Tout, dans les traces matérielles, dans la mémoire collective.

2. Rite et symbolique

Tout rite est avant tout un geste technique, qu'il s'agisse de laver le cadavre, de l'enterrer ou de le brûler ou d'organiser un banquet funéraire. Mais il ne prend tout son sens que s'il se prolonge par un acte symbolique. C'est donc avant tout par le biais du symbole que nous appréhenderons les comportements funéraires, du moins ceux qui nous paraissent les plus riches de sens.

Le symbole reste une donnée surdéterminée. Le *sumbolon*, tout d'abord, consiste dans la corrélation entre des éléments sans valeur isolée, mais dont la réunion (ou l'ajustement réciproque) permet à deux alliés de se faire reconnaître comme tels ; on parlera alors du principe du symbolisme ou liaison mutuelle entre des sujets qui se reconnaissent engagés l'un à l'égard de l'autre dans un acte, une alliance divine ou humaine, une convention, une loi de fidélité. Mais le symbole déborde le cadre que lui assigne la tessère antique : il devient une chose visible renvoyant à un signifié absent, à un acte à poser, à une entité abstraite, non présentable ; il sert à évoquer le non-perceptible, l'indicible, le non-sensible sous toutes ses formes (inconscient métaphysique, surnaturel, surréel). Nous retrouvons, avec la mort, à la fois le symbole positionnant de la tessère et le symbole imaginant (ou imaginaire symbolique). Tous deux renvoient d'ailleurs aux structures archaïques et profondes de l'inconscient.

a) L'eau qui purifie

L'eau qui entretient la vie (liquide amniotique où baigne le fœtus), qui étanche la soif – en Roumanie, on creuse des puits, on répare des fontaines pour que le défunt puisse s'abreuver dans son grand voyage – a surtout une valeur purificatrice. Même si certains soins corporels correspondent à des exigences élémentaires d'hygiène et de confort pour l'entourage, la toilette mortuaire se propose avant tout d'*effacer les signes qui feraient injure à celui qui n'est plus*. Elle répond même à un vieux fantasme qui associe l'ablution à la prévention magique de l'abjection de la pourriture (laver = éliminer la saleté de la mort). D'une manière générale, l'image du beau mort est un défi à la mort… ou un moindre mal.

Les rituels religieux ont pris en compte cette *symbolique de la purification* et confèrent à la toilette funéraire une portée sacrée : elle conditionne le destin de l'âme du défunt. En effet, la croyance en la survie implique que la mort est un passage et ce passage, comme la naissance ou l'initiation, ne peut s'accomplir sans une remise à neuf de l'impétrant. *« Les femmes déshabillent le corps et le lavent à l'eau tiède pour qu'il se présente propre devant le créateur »,* telle est l'explication que l'on connait encore couramment dans les milieux ruraux au début du siècle. La toilette du cadavre est donc une obligation grave qui engage la relation du mort avec Dieu.

Les **musulmans** s'en acquittent pieusement, selon un cérémonial défini par le Coran. On lave d'abord le visage puis les membres en procédant de droite à gauche, avec de l'eau bouillie ou purifiée. Puis, le tronc est savonné et rincé à trois reprises, en commençant toujours par la partie droite. Pendant ce temps, un proche, l'encensoir à la main, fait trois fois, puis cinq fois, puis sept fois le tour du lit. Enfin, on parfume les parties du corps qui touchent le sol lors de la prière : front, nez, paume des mains, genoux et plante des pieds. Si, pour le musulman, la mort demeure naturelle et nécessaire, elle n'en reste pas moins liée à la notion de souillure. Ainsi pense-t-on que, dans l'agonie, bien des impuretés ont pu se produire ; or, il convient de ne rencontrer la face du Seigneur qu'en état de pureté absolue. D'où la nécessité, pour la famille en deuil, de se rendre – quand cela est possible – au hammam une semaine après l'enterrement pour se débarrasser des impuretés contagieuses. Et, plus encore, s'impose le rite de la toilette funéraire.

Venons-en au **rituel hébraïque** de la *Taharu*. Le Talmud (Chabat 105 b) compare le décès d'un homme à un livre de Tora *(séfer)* qui a brûlé. Le corps, parce qu'il servait d'enveloppe à l'âme – tel l'écrin d'un objet sacré – est lui-même sacralisé. Cette conception fondamentale inspire l'ensemble des rites funéraires que l'on est appelé à accomplir jusqu'à l'inhumation. Selon un usage immémorial, inspiré également par le profond respect dû au mort, le corps doit subir une toilette très complète, destinée à le débarrasser de toute souillure et de toute impureté, comme il sied à qui va se présenter devant son Roi. Après le lavage à l'eau savonneuse ou additionnée de plantes aromatiques (le Talmud fait allusion au myrte), neuf mesures d'eau tiède (21,6 litres de préférence, au minimum 12,45 litres) sont versées sur le corps mis en position debout. Soumise à un rituel très précis, et caractérisée par la plus grande décence et un maximum d'égards envers le défunt, cette toilette est traditionnellement confiée à des spécialistes, les membres de la *Hévra Kadicha* (la « Sainte confrérie »), choisis pour leur dévouement et leur piété.

Enfin, dans la **tradition chrétienne**, aux ablutions rappelant le baptême s'ajoutait l'onction d'huile (elle a persisté dans le geste symbolique de l'extrême-onction), qui prépare la résurrection. Dans le récit de l'onction de Béthanie (Evangile de Marc), Jésus, en effet, annonce déjà le jour de Pâques en affirmant : *« D'avance, cette femme a parfumé mon corps en vue de l'ensevelissement. »*

*
* *

La toilette était, dans le passé, un acte pieux en Occident, plus spécialement chez les croyants qui n'y voyaient pas seulement un acte de purification (catholiques, orthodoxes et, à un degré moindre, membres de l'Eglise réformée qui entretiennent, avec le temps, des rapports plus distants), mais aussi un geste de tendresse. N'est-il pas significatif qu'en de nombreuses régions de l'Europe la laveuse du mort était souvent l'accoucheuse ? Et il n'y a pas si longtemps, en France, c'était souvent la même « bonne femme » qui faisait les accouchements et les « ensevelissements » ; sans elle, on mourait *« comme un chien »* et on accouchait *« comme une mauvaise bête »*. Plus encore que dans les gestes de sollicitude et de sécurisation, c'est certainement dans le symbole de la renaissance que la valence féminine de la toilette funéraire atteint sa dimension capitale. Le symbole ne va pas sans équivalent à une naissance ou à une renaissance. De nos jours, l'esprit sacré de l'acte a cédé le pas à la procédure hygiénique réalisée par des professionnels (thanatopracteurs), conforme à la décence et, plus encore, à l'idéologie pastorienne d'autant que, de plus en plus, la mort en institution tend à s'imposer.

Le rapprochement mort/naissance se retrouve dans le rite chrétien d'aspersion du cadavre avec de l'eau bénite *« qui purifie et fait vivre »*, dit le rituel de baptême. De fait, celui-ci n'a-t-il pas uni le défunt à la mort et à la résurrection du Christ en sorte que sa mort, accomplissement de son baptême, devienne pour lui principe de paix ? Lors de la messe d'enterrement, on rappelle en pleine prière eucharistique, que le défunt a été baptisé (c'est-à-dire « plongé ») dans la mort du Christ pour participer à sa résurrection. Le rite de l'eau renouvelle l'entrée baptismale dans la vraie vie, ce qu'attestent certains textes :

– « *L'eau qui t'a donné la vie – Lavera ton regard – Et tes yeux verront – Le salut de Dieu* » (chant).

– « *N..., dans un geste de dernier adieu, chacun de nous va maintenant tracer sur toi le signe de la croix avec l'eau qui rappelle le baptême. Que Dieu t'accueille dans sa paix* » (annonce).

– *Dans tes yeux vert pâturage, tu m'as fait reposer et dans tes yeux limpides tu m'as désaltéré. Dans la vallée de l'ombre, je ne crains pas la mort* » (Psaume 22).

– « *Souviens-toi, Seigneur, de N... que tu as appelé près de toi. Puisqu'il a été baptisé dans la mort de ton fils, accorde-lui de participer à sa résurrection* » (prière de conclusion du rite de l'eau).

A disparu la coutume qui consistait à déposer une écuelle d'eau bénite au fond de la tombe, selon le rite des lacrymatoires, témoignant du droit du défunt à comparaître devant Dieu au nom du baptême.

Rappelons encore une pratique roumaine émouvante. Durant les quarante jours qui suivent un décès, une femme « pure » rétribuée par la famille du défunt ira chaque matin, avant le lever du soleil, puiser un seau d'eau « non entamée », c'est-à-dire n'ayant pas été troublée par un autre récipient, qu'elle ira offrir, silencieusement, à une femme nécessiteuse ou handicapée, afin que *« l'âme du mort soit pure et lumineuse comme l'eau »,* et surtout qu' *« elle ne manque pas d'eau dans l'autre monde »*. Le dernier jour, elle donnera la tige de noisetier qu'elle a entaillée à chaque parcours aux endeuillés, preuve que sa mission a été bien accomplie. Accompagnée d'une femme âgée de la famille, elle ira au bord de la rivière accomplir le dernier geste rituel, le *slobozirea apelor,* ou délivrance des eaux. Face au soleil levant pris à témoin, elle y jettera à nouveau quarante seaux. Deux cierges pliés de façon à ce que quatre flammes brûlent sont déposés dans une demi-citrouille évidée que l'on abandonne au courant ainsi que la tige témoin.

Une pratique fréquente en Europe centrale, et aussi dans certaines campagnes de France, consiste à placer auprès du défunt une bassine d'eau très pure que l'on jettera avec précaution après les funérailles, car elle sera chargée des péchés du défunt.

Un dernier exemple rapproche mort et naissance. On le doit aux Tsiganes Kalderash : dès l'annonce de la naissance, tous les récipients pouvant contenir de l'eau sont remplis ; on fait de même quand quelqu'un va mourir : « Il ne doit pas rester une goutte dans les tentes. » Mourir équivaudrait-il à renaître quelque part ? Enfin, en milieu hébraïque, il est recommandé de renouveler l'eau contenue dans les récipients des appartements où s'est produit le décès ainsi que dans les appartements qui les jouxtent ; les mauvais esprits *(djenûns)* fréquentent, dit-on, les endroits où il y a de l'eau : *« Il se trouve des esprits malfaisants dans les sources comme dans les champs »,* dit le Talmud ; l'islam, d'ailleurs, ne parle pas autrement.

*

* *

Le feu agit d'une double façon : en tant que tel et comme source de lumière.

b) Le feu proprement dit

Le feu détruit en tant qu'il libère et purifie, soit qu'il intervienne au nom de l'hygiène, soit qu'il réponde à des fantasmes de re-création. Le feu reste un archétype universel, un *« complexe archaïque fécond »,* dit Jung, qui précise : *« C'est un des grands symboles de l'énergie psychique, réchauffant et rayonnant, dévorant et dangereux comme elle. »* Son ambivalence est fondamentale puisqu'il connote à la fois la vie et la mort, détruisant pour faire renaître – tel l'oiseau Phénix qui, périodiquement, se consume et renaît de ses propres cendres. La *puissance destructrice* du feu est dans l'imaginaire, inséparable de sa *puissance créatrice ;* celle-ci s'exprime par les changements profonds, rapides et définitifs qu'il peut opérer. C'est ainsi que la plupart des mythologies lui reconnaissent une essence divine ; dans les mythes d'origine, le forgeron est souvent un démiurge. Pour les alchimistes, le feu est le principe actif fondamental. Tel est aussi le sens du mythe prométhéen : le feu dérobé aux dieux, c'est la puissance créatrice, la faculté de penser et de transformer le monde.

Le thème de la *transmutation par le feu* se rencontre d'ailleurs dans toutes les cultures, y compris dans la Bible ; l'Europe reste habitée par de telles croyances. La fascination que le feu exerce sur l'imagination des hommes tient justement à sa propriété mystérieuse de *changer pour recréer*. L'émoi qu'il suscite a été expliqué par sa référence à la sexualité : produire du feu correspond au même dynamisme vital que l'acte sexuel ; l'homme primitif l'aurait tout naturellement inventé par analogie avec ses expériences érotiques, en frottant deux morceaux de bois pour produire chaleur et étincelle. Le feu renvoie donc à la vie et à l'amour.

Tout cela donne à penser que la représentation d'un corps consumé par le feu peut avoir une *connotation positive* si on laisse parler plusieurs fantasmes. Dans *la Psychanalyse du feu,* Gaston Bachelard analyse ce qu'il appelle le complexe d'Empédocle, du nom du héros de Hölderlin ; fasciné par « *l'appel du bûcher* », par le désir de « *brusquer le temps, de porter toute la vie à son terme, à son au-delà* », il choisit « *une mort qui le fond dans le pur élément du volcan* ». Nous croyons voir cette intuition transparaître dans l'un des arguments des partisans de l'incinération : brûler le mort pour le préserver de la pourriture, autrement dit l'anéantir immédiatement par le feu pour l'empêcher de mourir, au sens le plus abject du terme.

Tel est donc le merveilleux pouvoir de transmutation du feu qui change la masse putrescible du corps en ces éléments subtils qui composent la flamme et les cendres. C'est une idée qui pousse Sabina, l'héroïne de M. Kundera *(l'Insoutenable légèreté de l'être)*, à stipuler, dans son testament, que sa dépouille sera brûlée et ses cendres dispersées, car elle veut mourir « *sous le signe de la légèreté* » et non sous le signe de la pesanteur comme ses amis inhumés. Et l'auteur ajoute : « *Elle sera plus légère que l'air. Selon Parménide, c'est la transformation du négatif en positif.* »

On ne saurait mieux traduire l'extraordinaire pouvoir de l'imaginaire, si fertile en métaphores qu'il parvient toujours à « *faire du monstre un nouveau-né* ». Transfigurée par les symboles, l'image abominable de la combustion d'un corps devient l'image exquise de l'être éthéré et éternel.

Le feu ne détruit pas que les corps, mais aussi les objets symboles qui ont, au cours de l'existence, entretenu des contacts avec lui. Même si l'hygiène est souvent évoquée (discours manifeste), la cause réelle (discours latent) procède à la fois de la purification et du désir de chasser le défunt. Voici quelques illustrations :

– Avant l'enterrement, les Tsiganes s'empressent de brûler tous les effets personnels du défunt : couvertures, papiers, lit, objets favoris... Ce que le feu ne détruit pas sera vendu à des *gadjé*, des non-Tsiganes. Il ne doit rien rester dans la tribu qui puisse témoigner du passé du mort ou faire qu'on se souvienne de lui. Il est perdu, corps et biens, lui et les témoins gênants qui risqueraient de cerner le vide laissé.

– Les Basques, surtout ceux d'Espagne, jettent dans les flammes la « paillasse » du défunt lors d'une cérémonie que dirige le chantre de la paroisse. Si la maison mortuaire se situe loin de l'église, le repas funéraire se tient dans une auberge ; c'est face à la porte de celle-ci que le chantre, devant parents et amis réunis, allume le bûcher ; des prières seront dites autour des cendres.

L'ambivalence du feu apparaît dans le fait qu'il faut concourir à accueillir le mort ou à le chasser. J. Fribourg l'a excellemment montré à propos des pratiques hispaniques : la lumière que les vivants allument pour les morts leur est tantôt bénéfique (puisqu'ils en ont besoin pour ne pas s'égarer, pour se réchauffer ou pour s'identifier parmi les vivants), et tantôt maléfique puisqu'elle les fait fuir (on allume le feu pour que le mort s'en aille). Tantôt le mort – dont on dit qu'il suit la famille au retour du cimetière – vient se réchauffer près des siens tout près de la cheminée, tantôt il est chassé (soit qu'on brûle le matelas ou des herbes devant la maison mortuaire ou, le plus souvent, à un croisement de routes, pour l'incommoder, soit que des feux préparés en d'autres lieux l'égarent). Cela n'empêche pas, en cette occasion, de prier pour lui. Une certaine animosité se dégage si le défunt avait été *una persona poce grata,* c'est-à-dire peu recommandable ou de méchant commerce.

c) La lumière

La lumière (1), celle des bougies ou des cierges, intervient dans les rites funéraires – de la veillée du cadavre aux cérémonies de deuil – symbolisant la chaleur, la légèreté, la pureté, voire l'amour.

Les chandelles les plus originales sont peut-être celles en usage dans le pays basque, les *eskuaks :* elles sont formées de mèches de cire d'un diamètre d'un demi-centimètre, enroulées sur elles-mêmes comme des pelotes. Durant la célébration de l'office funèbre dans l'église, de nombreux cierges ou chandelles brûlent à l'emplacement de la sépulture symbolique que la maison du mort possède dans l'église. Ce sont les offrandes des parents ou des voisins du village. Au milieu d'elles se trouve l'*argizaiola,* tablette anthropomorphique autour de laquelle est enroulée une mèche de cire, symbole permanent de tous les ancêtres enterrés à cette place.

En Bulgarie orthodoxe ainsi qu'en Roumanie, la famille allume des cierges et les pose sur le chevet du mourant rendant son dernier soupir, ou les met dans ses mains ; le cierge allumé a pour fonction d'éclairer la route de l'autre monde devant l'âme du mort. S'il meurt sans cette lumière, on croit alors que le défunt peut se venger de la maisonnée et revenir sous la forme d'un vampire, ce que l'on redoute le plus au monde.

En milieu juif, les amis de la famille ou les membres de la Sainte confrérie *(Hévra Kadicha)* s'occupent du mort ; le cadavre, déshabillé puis revêtu d'un drap blanc, est déposé sur le sol de façon à ce que la tête soit légèrement soutenue, mais on lui demande pardon *(me'hila)* pour cette inconfortable

1. Jean-Pierre Bayard parle aussi de la lanterne des morts.

manipulation. Une bougie est déposée près de la tête et, parfois, une autre au pied (rite sefarad) : elles témoignent, l'une et l'autre, de l'immortalité de l'âme et symbolisent son accession au séjour céleste. Cette veille ininterrompue *(chemira)*, accompagnée de psaumes, se fait dans le plus grand recueillement. De même, il est d'usage de laisser brûler dans la maison de deuil, durant les sept jours, une veilleuse (à l'huile, en bougie ou même électrique), symbole de l'âme qui remonte vers Dieu ; selon un rite très répandu, elle continuera à briller durant une année entière.

En Suisse romande, on parle de la lumière éternelle. Dans un verre aux trois quarts rempli d'eau, on ajoute un quart d'huile ou, dans un bouchon (ou dans un support métallique) en forme de croix on insère une mèche ; cette lumière éternelle se place à côté d'un crucifix entouré de deux cierges.

L'usage du cierge ou de la bougie culmine surtout dans les pays latins. Soit l'exemple de l'Espagne, tout spécialement de l'Aragon, de la Navarre, de la Catalogne où, comme l'a bien montré J. Fribourg, la lumière à la fois représente l'âme du défunt et l'aide à trouver le chemin du paradis. Ainsi, dès que la personne a rendu le dernier soupir, allume-t-on des bougies ou des veilleuses près du cadavre : on dit que la lumière électrique, en dégageant de la chaleur, activerait la décomposition.

En Navarre, on retrouve encore la coutume d'aller avertir les abeilles afin qu'elles fabriquent davantage de cire qui servira à la confection des cierges : *« Petites abeilles, petites abeilles, faites de la cire ; le maître est mort et on a besoin de lumière à l'église. »* En Navarre et en Aragon, une corbeille d'osier ornée d'une serviette brodée à la main contient des bougies, une pour chaque mort de la famille jusqu'à trois générations... Elle se tient par l'anse lors des funérailles, chaque dimanche du mois durant le deuil et au moment des messes d'anniversaire. Ou bien l'on place trois bougies dans deux couffins de blé qu'on laisse parfois en combustion après l'enterrement, quitte à les remplacer. Durant l'année de deuil, une femme enflamme les cierges tous les dimanches et jours de fête dans l'église (surtout quand on y enterrait le défunt), sur la sépulture ou sur un banc avoisinant. On prétend encore qu'on allume des bougies, lors de la fête des morts, afin que ceux-ci n'errent pas dans le village. La première femme qui entre dans l'église avec une flamme ce jour-là libère une âme du purgatoire... d'où l'empressement parfois violent à être celle-là !

En Catalogne, on se réunit souvent le 2 novembre, près du feu ou à la lueur d'un cierge symbolisant le défunt, pour narrer ce qui s'est passé depuis la fête des morts précédente. Ainsi « *l'obligation de fournir de la lumière joue donc un grand rôle dans les rapports amicaux entre morts et vivants ; et l'on comprendra qu'une prière affirme que* Dios nos dé luz en vida y en muerte ».

De même les Tsiganes – notamment lors des rites de commémoration – font brûler sur la tombe autant de bougies qu'il y a de morts dans la famille dont on puisse se souvenir ; et pour être assuré qu'aucun *mulo* (défunt ; son nom reste absolument tabou) n'aurait à se fâcher d'être oublié, on ajoute un cierge supplémentaire de taille nettement plus importante.

La lumière pour les morts connote parfois l'opposition haut-bas. Ainsi en Macédoine (Yougoslavie), si les cierges réservés aux vivants se situent à hauteur d'homme, c'est à même le sol que se dépose une poterie vernissée, décorée de pastilles rouges et jaunes, où sont fichées dans le sable des bougies qui brûlent pour les défunts.

Si l'on met à part la sobriété de l'Eglise réformée, le rituel chrétien, surtout orthodoxe, reste souvent inséparable de la clarté venue des cierges, expression de la vie, de la chaleur, de la connaissance. La « cire de deuil », comme on le dit parfois, représente donc le défunt ou devient le symbole de l'âme qui se libère des entraves du corps : on l'offre à Dieu pour qu'il accorde au mort une immortalité bienheureuse. Son âme, selon l'expression de saint Bernard, sera alors *« plongée dans un océan de lumière éternelle et d'éternité lumineuse »*. Quant au « rituel catholique de la lumière », il renvoie à la double thématique du baptême et de la résurrection. Le cierge pascal ayant été allumé avant la célébration, le prêtre – ou un membre de la famille ou un proche du défunt – prend de sa flamme pour la communiquer aux autres cierges. Ce geste est fait dans le silence et doit être bien visible. Le prêtre affirme, par exemple :

« Nous ranimons cette flamme
près de N..., notre frère.
Cette flamme
qui vient de toi, Seigneur,
lumière dans notre obscurité,
qu'elle éclaire ce pas que nous avons à faire
pour repartir dans l'espérance. »

Ou encore :

« Dieu, notre Père,
la mort de (notre ami) N...,
nous rappelle (brutalement) notre condition d'homme
et la brièveté de notre vie ;
mais pour ceux qui croient en ton amour
la fin n'est pas la fin de tout :

Il y a l'espérance des fils de Dieu
et, pour nous, brille la lumière
de la résurrection du Christ, vainqueur de la mort. »

d) La terre et l'inhumation

La terre, le repos, le dépôt... L'inhumation, en effet, est une pratique si fortement ancrée dans les mœurs, que les termes « funérailles » et « enterrement » sont devenus synonymes dans le langage populaire. Le cimetière est d'ailleurs le lieu d'élection de la célébration des morts : traditionnellement, la dernière séquence du rituel chrétien se déroule sur les lieux de l'inhumation et, en cas d'enterrement laïque ou hébraïque, c'est au cimetière exclusivement que l'assistance se regroupe pour l'ensemble des cérémonies. La descente en terre marque, avec une tonalité particulièrement douloureuse, le point final du rituel de séparation. Et, après les funérailles, la tombe est généralement le point d'appui du culte voué au défunt. Lieu de mise à l'écart mais aussi de conservation des morts, le cimetière est donc chargé d'une symbolique dont les composantes traduisent l'ambivalence de la relation à la mort : la pierre dure, lisse et imputrescible, l'alignement rigoureux des tombeaux, les emblèmes d'éternité rehaussés par l'art funéraire... on n'y néglige rien pour occulter et dépasser l'horreur des chairs en décomposition, image de l'action dissolvante de la mort.

Si l'inhumation répond à la nécessité vitale de se protéger de l'impureté du cadavre, ses modalités se justifient dans l'imaginaire selon des motivations propres à chaque culture. Dans son sens strict, le terme ne s'applique rigoureusement qu'à ce qu'il est convenu d'appeler l'*enterrement organique,* à même la terre. Telle est la pratique traditionnelle dans l'islam et le judaïsme et, dans le christianisme primitif, le fait de pourrir en terre constitue le châtiment inexorable du péché de chair (« *Tu retourneras en poussière...* »). Pour compenser l'utilisation du cercueil, certains chrétiens zélés demandaient autrefois qu'on y mît une poignée de terre ; de même, dans certains enterrements juifs la coutume exige encore que la bière soit perforée. Une philosophie plus moderne insiste sur le processus qui permet à la biosphère de « *reprendre au mort ce qu'elle avait provisoirement mis à la disposition des vivants* ». Les écologistes, aujourd'hui, rejoignent le point de vue de certains mystiques en préconisant l'enterrement organique « *pour que le sang des morts fasse battre le pouls de la terre, pour que le cimetière devienne jardin de vie* ».

De toute évidence, c'est la *valence féminine et maternelle* de la terre qui oriente ces options. Source de fécondité, lieu de transformations par excellence, la Terre mère est un fantasme quasiment universel, aussi vieux que la sédentarisation des hommes. La pensée cosmogonique africaine illustre parfaitement l'ambivalence du symbole : siège des ancêtres qui régissent la fécondité des champs et celle des femmes, elle est à la fois désirable et agissante, mais aussi dévorante et redoutable : y retourner est une garantie de repos, de sécurité en même temps que le gage de métamorphoses irréversibles, condition essentielle de la redistribution des énergies vitales.

A quelques variantes près, l'inhumation répond traditionnellement à ces représentations complexes. Le rite traduit souvent la perspective des renaissances à venir ; par exemple, la position du cadavre dans la tombe s'avère parfois significative : la tête à l'ouest pour regarder vers Jérusalem pour les chrétiens du Moyen Age, ou sur le côté droit et le visage tourné vers La Mecque pour les musulmans. Le fidèle orthodoxe doit, lors du rite funéraire, avoir les pieds vers l'autel afin, qu'en se levant, il soit face au Christ en marche vers lui ; quand on procède à l'exhumation, on pense trouver le défunt tourné sur le côté, une oreille collée contre le couvercle afin de pouvoir entendre les pas du Christ lorsqu'il s'approchera de lui ; Jésus lui dira alors les mêmes paroles qu'à Lazare : *« Lève-toi et marche. »* Les orthodoxes, parfois, n'utilisent pas le cercueil (Grèce) ou choisissent une bière en forme de mangeoire pour évoquer la naissance du Christ (Bulgarie). Marxistes, francs-maçons, catholiques et orthodoxes (latins ou slaves) ont ceci en commun qu'ils accordent au corps mort une certaine importance, d'où le cercueil convenablement choisi selon la richesse, et capitonné qui donne l'illusion d'un berceau dans lequel le défunt doit être à l'aise.

L'Eglise réformée – qui souvent disjoint le rite au temple et l'inhumation qui peut se dérouler avant – s'avère plus pragmatique. La mise en bière, la fermeture du cercueil et la descente dans la tombe restent, avant tout, des gestes qu'il faut accomplir pour évacuer un corps devenu objet ; ce sont, en quelque sorte, des gestes signaux où l'abstraction mort remplace l'homme mort : *« La mort vient de creuser son abîme sous nos pas ; nous voici devant le silence de la mort ; ne nous abandonne pas en face du mystère de la mort, ceux que la mort nous a enlevés... »*, dit le pasteur.

Chose étonnante, peut-être unique dans l'étude des phénomènes religieux, la liturgie protestante des services funèbres ignore presque radicalement le mort. Elle pourchasse même tout ce qui pourrait donner place à un geste ou à une parole qui tenteraient d'intégrer l'insoutenable vision de la chose cadavérique dans l'aspect rassurant d'une construction où le mort aurait sa place, d'où la liturgie du mort absent. L'Introduction au chapitre des Services funèbres parle en vérité lorsqu'elle dit : *« Remettre à Dieu celui qui vient de disparaître. »* Le vivant disparu, que reste-t-il ? Cela est difficile à dire. Voici les mentions du mort dans la liturgie actuelle :

– A la maison : « *Seigneur, notre frère (notre sœur) N... s'est endormi dans la paix de Dieu à l'âge de ...* », ou : « *Dieu a rappelé à lui notre frère (notre sœur) N... à l'âge de ...* » C'est tout.

– Le dernier texte, au cimetière, dira simplement : « *Au moment où nous rendons à la terre ce qui est poussière...* », un neutre, une chose, ça, qui est poussière.

La terre n'a plus aucune symbolique ; elle n'est plus que le lieu où le mort, là, va entrer en putréfaction. A dire vrai, l'Eglise parle peu de la terre, même quand le prêtre va au cimetière. On dira par exemple au cimetière : « *N..., ici s'achève ton chemin parmi nous ; mais ici même nous reviendrons pour nous souvenir, pour continuer avec toi, dans le même sens, ces années où nous avons marché ensemble.* » Le mot terre ne figure pas non plus dans la bénédiction de la tombe : il n'est plus question que de délivrance et de résurrection : « *Seigneur, regarde maintenant cette tombe : que ton serviteur y repose en paix, attendant le jour de ton jugement et la résurrection avec tous les saints.* » Tout au plus avons-nous entendu, rarement : « *Que la terre lui soit légère.* » En revanche : « *Accorde-lui – Seigneur, l'éternel repos – Et que brille à ses yeux la lumière sans déclin* » devient la règle.

Une analyse plus poussée de la symbolique du cimetière fait vite apparaître que la valence féminine et maternelle de la terre, quand elle est perçue, est loin d'expliquer toutes les conduites qui tournent autour de l'inhumation. Dans l'Occident moderne, c'est moins *dans* la terre que l'on place les morts, que *sous* la terre, ou même *sur* la terre si l'on considère que les monuments funéraires sont souvent édifiés sur des caveaux à parois solides. A vrai dire, il serait hasardeux d'en tirer des conclusions hâtives et d'établir des oppositions schématiques. Toujours est-il que les emboîtements successifs dont le mort est l'objet sont à l'image de notre fuite devant la mort : le cercueil double ou triple déposé dans le caveau est peu propice à la destruction du corps et à son retour à la terre que préconisent les écologistes (certains du moins) et condamnent résolument les hygiénistes (dont les crématistes).

Décrire la variété des cimetières – et plus encore celle des tombes – est une entreprise ici impossible ; signalons toutefois certaines novations : les cimetières-immeubles au cœur des villes, ou les cimetières-parcs, les cimetières forestiers, les cimetières paysagers venus des U.S.A., qui se multiplient dans les pays anglo-saxons, et qui deviennent des lieux de promenade car les morts s'y font les plus discrets possible. Tout se passe comme si, en Europe de l'Ouest surtout, la réhabilitation des cimetières chassés bien loin des villes ne pouvait s'effectuer qu'à la condition de cesser d'apparaître comme ce qu'ils sont. Plus que jamais, la « société de conservation » devient « société de dissimulation ».

Nous sommes loin d'avoir épuisé le champ de la symbolique funéraire ; bien des domaines restent à inventorier : la nourriture et les boissons, les décors et les vêtements, les bruits, la musique et les chants ainsi que les vociférations ou les silences, les objets (croix, stèles, monuments, pierres, etc.), les couleurs et les odeurs... Autant de thèmes que ce livre décrit ou suggère...

*
*   *

« La mort ainsi évoquée, écrit Jean-Pierre Bayard, *nous met dans l'obligation de réfléchir, de prendre notre destin en main et d'assumer pleinement notre destinée. Les rites mortuaires naissent de cette confrontation ; ils nous élèvent du plan matériel à la spiritualité et aux valeurs du sacré. »* Et l'auteur fait sienne la pensée de Chateaubriand (dans *De la Restauration et de la Monarchie élective*) : *« Je sens très bien qu'aucune de mes facultés n'a vieilli ; mieux que jamais je comprends mon siècle ; je pénètre plus hardiment dans l'avenir que personne ; mais la nécessité a prononcé : finir sa vie à propos est une condition nécessaire de l'homme public. Essayons d'acquérir cette sagesse... »*

En bref, un très beau livre de science et d'érudition qui ne cesse d'interpeller le lecteur et l'invite à vouloir en connaître davantage.

Louis-Vincent THOMAS
Professeur émérite à la Sorbonne.
Président de la Société de thanatologie,
de I.A.N.D.S. (Association internationale
pour l'étude des états proches de la mort),
et du N.E.A. (Nouvelles études anthropologiques).

Introduction

« J'aspire à rendre les hommes joyeux
par la compréhension de la mort. »
Maurice Magre.

Depuis les temps les plus reculés, dans toutes les civilisations, des cérémonies très particulières accompagnent la mémoire de celui qui quitte notre monde. Honoré ou craint, le mort bénéficie d'une présence permanente : un culte où la foi et l'espérance des vivants s'inscrivent dans les valeurs du sacré. La mort devient l'antichambre d'un monde nouveau que l'on veut croire aux horizons radieux, un au-delà d'où personne ne revient mais que toutes les traditions imaginent sensiblement de la même manière comme lieu de la félicité !

La mort : une nouvelle naissance avec son passage par le canal de la porte étroite, un processus initiatique devenu réalité et qui permet de « renaître » dans un milieu conçu par notre imagination créatrice.

Nul être ne peut prétendre avoir vécu la mort : personne ne peut en parler avec autorité en affirmant sa compétence en cette matière ; tout n'est que supposition et, cependant, on craint cet ultime changement. Comment l'analyser ? Comment établir l'autopsie de ce qui est impalpable ?

On ne peut même pas donner une définition de la mort, si ce n'est dire la cessation de la vie, la séparation de l'âme et de son corps. Mais il faudrait définir ce que sont la vie, l'âme, le principe vital et la chaleur humaine... La science ne sait répondre à ces questions ; seules les religions, les sociétés de pensée et la fiction fournissent des réponses plus ou moins adroites en affirmant connaître le secret de ce qui se passe en dehors de notre monde matériel.

L'abandon de la vie est d'ailleurs incompréhensible et l'on peut parler de l'absurdité de la mort, notre vie terrestre n'étant qu'une fraction infiniment courte par rapport à la vie cosmique, un instant bien bref dans le cycle de l'humanité. Absurdité ou réalité de la mort ? Le professeur Louis-Vincent Thomas remarque que, *« en France 65 personnes meurent chaque heure et chaque année environ 560 000 cadavres viennent grossir le lot des défunts. On nous le dit, mais on ne le voit pas. Chacun de nous sait aussi qu'il doit mourir un jour, mais nul ne le croit vraiment. Et pourtant, rien de plus évident, de plus universel et inévitable que la mort : tout ce qui est soumis à la loi du temps est condamné à périr, à disparaître ; tout vivant qui vient de naître est promis inéluctablement à cesser d'être dans un avenir incertain, probablement programmé. Penser la mort, c'est affronter la première des certitudes* (1). ».

Lorsqu'on parle de cette entité énigmatique, notre inquiétude grandit et tout ce que nous pouvons en dire masque notre émoi, notre peur d'un événement fatal que nous ne savons maîtriser. Toutes les religions proposent une espérance qui ne repose que sur la propre foi de l'individu. Ainsi, bien des rites sont nés : tout groupe humain (clan, tribu, village...) participe à une cérémonie qui peut prendre des aspects fort différents mais qui reste un acte collectif de très haute complexité. Les rites funéraires dépendent des coutumes d'une civilisation ; nos interprétations subissent également le même goût du jour, des « modes » ; il n'est qu'à relire les descriptions de l'homme préhistorique vu il y a une centaine d'années avec celles de notre époque : d'un animal brutal et grossier dévorant ses semblables, on est venu à l'homme fort proche de nous ; à chaque période des savants se sont exprimés avec la foi la plus absolue ; aussi soyons plus modestes dans nos certitudes actuelles.

Ainsi est née une abondante littérature dont l'importante bibliographie assemblée ici-même reste encore bien incomplète et ne donne qu'un mince reflet, malgré le remarquable *Dictionnaire de la mort* chargé, par Robert Sabatier, de doctes renseignements non dénués d'humour.

Notre société, tournée vers les sciences « exactes », veut oublier ce moment inéluctable ; elle cherche à oublier les rites, les croyances anciennes mais, au jour de notre passage dans l'autre monde, nous voici encore plus dépourvus, désemparés, plongés dans la crainte alors que des civilisations anciennes acceptaient et se réjouissaient même d'accéder à cet autre monde. Alors ne convient-il pas de parler de la mort afin de surmonter notre angoisse ?

1. Louis-Vincent Thomas : *La Mort* (« Que Sais-Je ? » n° 236 ; p. 5).

PREMIERE PARTIE

La fabuleuse aventure humaine

Allégorie médiévale de la mort.

Le Chevalier, la Mort et le Diable, gravure sur cuivre d'Albrecht Dûrer (1513).

CHAPITRE I

Un passé toujours présent

« Quelque chose s'approche : quelle surprise...
C'est la Mort ! Ce n'est que la mort. »
Julien Gracq (*Au château d'Argol* ;1939).

1. Cernons la mort

La mort est partout présente et nombreux sont les toponymes qui en laissent des relations ; on trouve des *Croix des morts*, des *Hommes morts ;* les légendes naissent autour de ces lieux et on évoque des tombes de princesses enterrées avec leurs bijoux en or. Les tumulus marquent souvent ces tombes princières et nous savons que sous les dolmens – premiers monuments funéraires – de nombreux corps ont été découverts. En fait, la mort nous intrigue et, le plus souvent, on craint ce passage sur lequel nous ne connaissons absolument rien : est-ce une fin complète, l'anéantissement de notre être total, ou n'est-ce qu'un passage dans un autre monde en conservant une partie de notre particularisme ?

2. Données statistiques

Dans la nature tout meurt, même les civilisations, mais aussi tout renaît. Certains germes de vie, certaines graines mises en terre disparaissent alors que d'autres sont prolifiques. Il en est de même pour nous.

Nous avons vu que 65 personnes meurent chaque heure, soit chaque année 560 000 défunts ; le professeur Louis-Vincent Thomas, dans son ouvrage *la Mort,* fournit maintes données statistiques. On meurt à la suite d'épidémies, de guerres, de famines, d'accidents ; 37 % de nos concitoyens décèdent d'accidents cardio-vasculaires ; puis s'étagent dans ce triste bilan tumeurs, cancers, sida (qui prend d'inquiétantes proportions) ; les suicides s'évaluent à 2 %.

(Musée des Traditions populaires d'Innsbruck.)

La mort n'épargne ni les grands de ce monde, ni la beauté éphémère.

Chaque époque paraît marquée par des maladies qui la caractérisent ; après la peste et le choléra au Moyen Age, on meurt de la tuberculose à la période romantique ; le cancer agit dans une société agitée et le sida surgit au moment où nous avons une grande liberté de mœurs.

A la mort de l'individu adulte, ajoutons celle de l'embryon ; la perte des ovules fécondés, ou « mort fœtale », fort importante au début de la grossesse, diminue progressivement jusqu'au sixième mois. De ce stade jusqu'à la naissance, on parle de « mortinatalité ». Au moment de l'accouchement existe la « mortalité infantile endogène » puis, au premier mois de la naissance, la « mortalité infantile exogène ». Principalement dans les civilisations industrialisées et ayant un bon développement sanitaire, les décès des enfants de moins d'un an sont fort réduits et les mères ne meurent plus à la suite de leur accouchement.

Autrefois, et principalement dans les milieux agraires, on mourait chez soi, entouré des siens. Actuellement, l'habitat ne permet plus de garder près de soi le moribond qui demande des soins, auquel il faut consacrer du temps, alors que chacun travaille en dehors de son domicile. S'il n'était pas rare de voir autrefois des vieillards fort âgés, leur pourcentage augmente ; selon l'expression de Louis-Vincent Thomas, il y a *« vieillissement dans le vieillissement » ;* la médicalisation a créé un fort recul de la mortalité, augmentant considérablement l'espérance de vie qui est aujourd'hui de 74,2 années en

France, 73,2 aux Etats-Unis, 76,3 au Japon et seulement de 40,8 au Tchad et en Afghanistan. Les femmes meurent plus âgées que les hommes : 6 à 8 ans en France, 4 ans au Japon. L'I.N.S.E.E. établit également que, dans un même pays, des écarts d'espérance de vie s'établissent selon le niveau des couches sociales et des modes de vie : les professeurs et les ingénieurs vivent plus que les techniciens et les manœuvres ; l'épouse sans profession présente les mêmes indices que son mari.

3. Qu'est-ce que la mort ?

On ne sait donner une définition précise de la mort, si ce n'est l'opposer à la vie que l'on ne peut pas plus définir. Les dictionnaires révèlent notre *« impuissance à expliquer l'inexplicable »,* comme l'écrit Georges Barbarin dans *le Livre de la mort douce* (1).

Sans doute nos connaissances biologiques parviennent-elles à cerner ce phénomène de désagrégation des cellules chimiques, mais comment parler de la perte de notre intelligence et de nos perceptions ? Car c'est bien de la conscience humaine, de ses réalisations et de son imagination créatrice qu'il faut nous entretenir. Une perte incompréhensible, stérile, que nous ne pouvons admettre car, pourquoi naître pour disparaître après cette si brève existence ?

Avec l'accroissement de nos connaissances médicales nous maintenons artificiellement en vie des êtres qui, il y a quelques années, seraient morts. Nos spécialistes savent retarder le moment de notre disparition, rompant ainsi avec les influences astrologiques qui devraient agir sur le karma ou sur les lois du déterminisme.

A l'image de la nature végétale, notre mort n'est-elle qu'un changement d'état comme l'affirment les croyances, les religions et les rites des sociétés initiatiques ? Nul être n'est revenu nous apporter une certitude et nous ne savons ni affirmer ni contredire, si ce n'est clamer notre foi dans un sentiment commun à toutes les civilisations.

Alors qu'est-ce que la mort ?

4. Qu'est-ce que l'âme ?

S'il est impossible de définir la mort, cette disparition cellulaire étant la dissolution du composé humain, il est encore plus difficile de parler de

1. Editions Dangles, 1984.

l'âme. Comme le dit Frazer, « *l'âme est le principe de vie inconnu* (2) ». Cette âme, étincelle du divin, nous paraît ne pouvoir mourir ; invisible comme un principe, elle rejoint un monde immortel : ainsi s'exprime la grande espérance de l'homme.

En général – et pour l'école de saint Thomas – nous vivons dans le monde de la dualité selon le concept corps-âme ; mais on peut aussi rester fidèle à la pensée grecque ou à celle d'Albert le Grand distinguant dans l'homme le *soma*, la *psyché* et le *pneuma*. Les cathares considèrent également trois parties dans le corps humain : le **corps de chair,** transitoire, impur, soumis à la décomposition ; l'**âme,** liée au sang et qui meurt peu après le corps ; l'**esprit,** élément spirituel, mais que l'on définit assez improprement par rapport à l'âme (3).

On parle par ailleurs de trois types d'âmes : l'**âme corporelle** qui est en relation avec nos fonctions physiologiques ou qui a pour siège les os, dite « âme osseuse » : elle reste dans la tombe, garde les os et, lors de leur décomposition, tombe dans le non-être ; l'**âme-ombre,** un double de l'âme qui, en se transformant en oiseau, rejoint les autres âmes de sa catégorie ; la troisième, l'**âme-destinée** qui peut se réincarner. Ces trois catégories d'âmes figurent également dans la kabbale, le soufisme et le judaïsme avec *nephesch, rouah* et *neschama.*

D'après de nombreuses traditions, les âmes conçues à l'origine de l'humanité seraient en nombre limité. Or, l'âme du mort doit se réincarner dans un nouveau corps (4) et, le nombre des individus croissant, il apparaît qu'il n'y aurait plus assez d'âmes créées, à moins d'envisager qu'animaux et végétaux possèdent également cette partie immatérielle ; la disparition de certaines espèces permettrait de doter les nouveaux humains en envisageant leur évolution spirituelle.

D'ailleurs, Jean Prieur a consacré un ouvrage à *l'Ame des animaux,* donnant une âme à nos compagnons les vertébrés. L'âme d'un animal peut, lors d'une autre existence, entrer dans un corps humain, mais celle de l'homme peut devenir celle d'un animal afin de se parfaire, comme le souligne la théorie de la transmigration.

Quelques religions évoquent non plus trois catégories d'âmes, mais sept. Pour J.-T. Addison l'âme est le souffle (5) ; Hubert Larcher, dans *Le sang*

2. Sir James Frazer : *La Crainte des morts* (p. 21). Voir aussi Emile Bocquillon : *L'Ame cette inconnue,* ouvrage qui se réfère à la pensée d'Alexis Carrel.

3. Lucienne Julien : *Cathares et catharisme* (Editions Dangles, 1990).

4. Le Centre de Raja-Yoga (34, rue Orfila, 75020 Paris) a publié, en 1986, *l'Eternel Retour de l'âme.*

5. J.T. Addison : *La Vie après la mort* (p. 10).

Enluminure médiévale : l'âme s'échappe du mort et va être jugée.

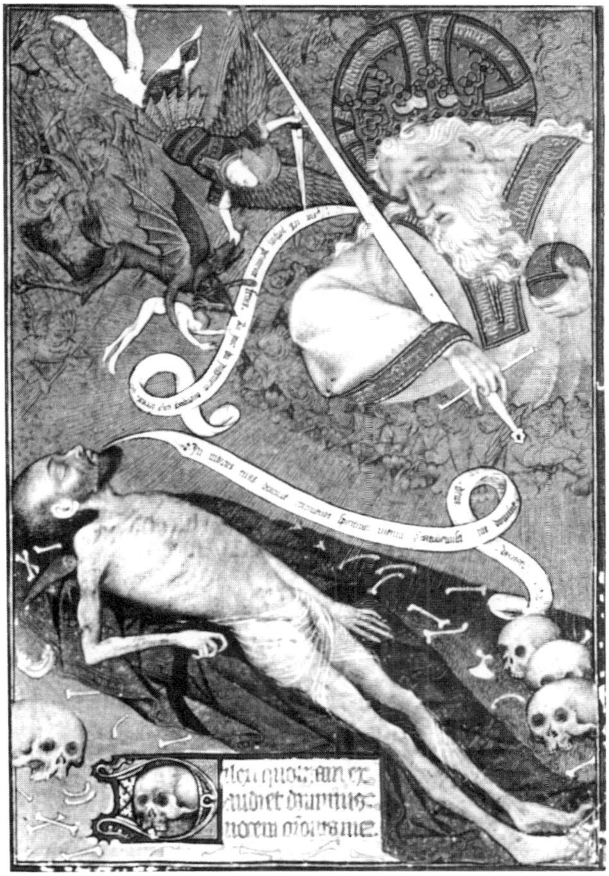

peut-il vaincre la mort ? (6) envisage que l'âme se situe dans le sang. Cette conception est aussi celle des Iafar de Nouvelle-Guinée (Océanie) où le sang et les os sont les deux éléments corporels principaux de l'individu : le sang est recueilli par l'esprit gardien ; l'ocre rouge a un rapport avec le sang du sorcier. D'ailleurs, dans cette société la femme qui n'a plus ses règles est retranchée du groupe des vivants ; considérée comme morte, on lui offre une cérémonie funéraire à laquelle elle assiste en costume de deuil et où elle danse recouverte du masque de Bana, la vieille ogresse. Le port du masque par une femme prouve qu'elle n'appartient plus au groupe humain sexué : ne pouvant plus procréer, mise en marge de la vie sociale, elle devient une

6. *Le Sang peut-il vaincre la mort ?* est reparu aux Editions Désiris sous le titre : *La Mémoire du soleil,* pour honorer la mémoire du grand poète O.V. de L. Milosz qui, en parlant de l'évolution de la conscience à la recherche de la lumière, l'appelait « le Soleil de la Mémoire ».

médiatrice entre les mondes masculin et féminin. Contre rétribution, elle doit initier physiquement les garçons ; ainsi le sang véhicule le principe de vie. Particulièrement à Sumatra, on arrose le cadavre avec du sang humain ; en Nouvelle-Guinée, on trempe les os dans le sang d'un porc. On peut établir un lien entre le sang, la couleur rouge, l'ocre et même la couleur du coucher du soleil, celle de la mort provisoire de l'astre (7).

En ce qui concerne le port du masque associé à la danse, nous remarquons que l'immobilité et la fixité du masque se libèrent par le mouvement rythmé de la danse qui contraint à une communion avec l'ancêtre ; ces rites, d'essence religieuse, reproduisent un événement du temps mythique, lui donnent sa figuration : le masque, chargé magiquement, s'impose et marque l'assistance. Dans plusieurs sociétés les masques funéraires sont brûlés dès l'achèvement des cérémonies d'inhumation (8).

D'autres auteurs ont nié l'immortalité de l'âme ; pour Lucrèce elle meurt en même temps que le corps et n'est *« qu'une agrégation d'atomes périssables qui vont se dissoudre avec nos autres organes »*. Répandue dans tout le corps, cette partie immatérielle est profondément unie à ce qui est matériel : ils ne peuvent subsister l'un sans l'autre.

Les os ont une grande importance ; l'eschatologie mazdéenne mentionne, dans *l'Avesta,* que l'ange de la mort est nommé le *séparateur d'os* et on parle du *souffle vital osseux*. Ainsi l'âme résiderait dans les os ; même conception dans le chamanisme. Le corps d'immortalité paraît être le corps alchimique où les os ont été « sublimés », c'est-à-dire dissous.

On peut envisager l'âme, non pas comme une réalité concrète, mais comme une pensée abstraite ; l'âme serait un moyen d'expression, une idée fulgurante qui, en dehors de la matière et de tout plan organique, nous propulserait dans un monde sublimé. L'artiste, en créant son œuvre, reste soumis à des impulsions qu'il ne peut totalement définir ; l'âme serait le reflet de « l'imagination créatrice ».

Le corps, en disparaissant, libère l'âme, principe métaphysique supérieur. Au moment de son décès, l'âme du prêtre se transformerait en abeille ; Grecs et Romains ont souvent affirmé que les abeilles étaient engendrées par le cadavre des bœufs en putréfaction : en dehors d'une interprétation alchimique, l'affirmation devient plus compréhensible lorsqu'on sait que le bœuf symbolisait le prêtre ou le pontife. De l'abeille on vante le courage, l'ardeur au travail collectif soumis à l'autorité de la reine, la prévoyance, la défense qui n'est pas belliqueuse, la propreté, la pureté et l'amour de l'ordre. Aussi l'abeille devient l'emblème de la société, de la monarchie ; elle figure

7. Etienne Patte : *Les Hommes préhistoriques et la religion* (p. 60 à 67).
8. Jean-Thierry Maertens : *Le Masque et le miroir* (Aubier, 1978 ; p. 69).

en Egypte, chez bien des rois, sur de nombreux écus et Napoléon Ier sème d'abeilles son manteau impérial, tandis que de nombreux groupes compagnonniques se situent sous ces vertus.

A Haïti, le vaudou considère l'homme comme constitué d'un corps et de deux principes spirituels : le *Gros bon Ange* qui serait comparable à l'âme chrétienne, et le *Petit bon Ange* un esprit, une force d'origine africaine qui protège l'individu. Entre ces deux principes existe un conflit latent qui rend l'individu tolérant ou violent selon sa religion. Le *Petit bon Ange* quitte souvent le corps pour faire de longs voyages, mais il réintègre son enveloppe à la suite de la récitation d'une devise, alors que le *Gros bon Ange,* en quittant le corps, entraîne la mort de l'individu ; le *Petit bon Ange* ne le quitte qu'environ deux jours après, lors de la cérémonie le *Désounin,* rite funéraire qui a lieu avant l'enterrement et où les grands initiés du vaudou demandent à ce principe spirituel de quitter le corps. Le *Petit bon Ange* s'échappe alors par la bouche du mort et se transforme en pierre polie, parfois en reptile.

5. Les animaux ont-ils une âme ?

« Les animaux ont-ils une âme ? Oui, selon nous, les animaux ont une âme ; ils n'en sont pas réduits, comme le voulait Barthez, à la possession d'un principal inconscient. Seulement, chez les animaux de toutes les classes, l'âme est loin de jouir du même degré d'activité » ; ainsi s'exprime en 1894 Louis Figuier, dans *le Lendemain de la mort.*

La religion catholique a affirmé que les animaux n'avaient pas d'âme et aucun culte ne leur est rendu. Cependant, dans des civilisations anciennes, on a honoré certains animaux, plus particulièrement l'ours dans les civilisations nordiques et celtiques, de nombreux animaux au Mexique et en Egypte (des chiens ont été momifiés) ; ils ont pu être dotés de sentiments humains mais n'ont cependant pas bénéficié de rituels mortuaires. Les crânes d'ours, exposés dans des cavernes avec leurs os longs, semblent avoir été disposés selon des orientations définies : on peut songer à un culte, ce qui accrédite la croyance de la réincarnation des animaux, d'autant que têtes et os longs sont indispensables à la résurrection : ces ossements sont le support du souffle vital pour Eveline Lot-Falck (9).

Sebek, dieu-crocodile égyptien.

Les chiens, sans bénéficier d'usages particuliers, ont cependant leur cimetière ; si celui de Villepinte peut-être envisagé pour son caractère de salubrité, celui d'Asnières est justement célèbre : des tombes luxueuses s'ornent d'inscriptions montrant la profonde affection des maîtres envers leurs fidèles

9. Eveline Lot-Falk : *Les Rites de chasse chez les peuples sibériens* (p. 214).

Hanuman, dieu-singe indien.

compagnons (10). Il existait, en Grèce antique, des cimetières pour chiens ; au IIIe siècle avant notre ère, un cimetière pour chiens était installé à Ashkelon : 700 tombes y ont été inventoriées (11). La religion zoroastrienne avait des égards envers le chien dont le maître venait de mourir.

Existe-t-il une transmigration d'âmes chez les animaux ? Rien ne nous interdit de penser qu'une loi générale s'applique aussi bien à l'homme qu'aux animaux. On peut penser que les germes parviennent à se reconstituer dans l'âme d'un individu d'ordre supérieur ; de proche en proche, un mammifère évolué pourrait pénétrer l'organisme d'un homme.

Louis Figuier, à l'appui de cette pensée, considère que ce sont les plantes puis les mollusques qui sont venus les premiers sur notre terre, puis ensuite les poissons, les reptiles, les oiseaux, les mammifères et enfin l'homme. Chacun évolue selon son degré de moralité.

Descartes et Buffon, contre l'opinion des Anciens, ont parlé de simples instincts. Louis Figuier résume sa pensée : *« D'après notre système, l'âme humaine vient d'un animal aux ordres supérieurs. Après avoir reçu, dans le corps de cet animal un degré d'élaboration et de perfectionnement convenable, elle va s'incarner dans le corps, nouveau-né, d'un enfant des hommes. »*

L'ombre est souvent associée à l'âme : elle en est la projection matérielle et correspond à l'énergie vitale de son possesseur. Aussi convient-il de se protéger contre les sorciers qui veulent s'emparer de notre ombre, la fouler aux pieds, la frapper ; blessée, elle entraîne la mort de l'individu. Dans ses romans, Pierre Mac Orlan est souvent revenu sur des batailles d'ombres et *Père Barbançon* reste un haut témoignage de cet aspect secret de la mentalité humaine.

6. Pourquoi des rites funéraires ?

Le professeur Rémy Chauvin remarque que *« l'homme est le seul animal qui allume le feu et enterre ses morts »*. Les rites funéraires sont nombreux et variés ; ils évoluent non seulement avec les coutumes régionales, mais aussi avec l'âge, le sexe et la position sociale du défunt. Toutes les sociétés archaïques montrent que l'homme, en prenant conscience de la mort, cherche la désintégration de l'enveloppe charnelle et pratique des rites prouvant sa croyance en un au-delà ; il cherche à faciliter l'accès à une nouvelle vie. A l'époque de l'homme de Neandertal, le mort est installé en position fœtale, comme au moment de sa naissance.

10. Revue *Æsculape*, juin 1912 : « Le Cimetière des chiens à Asnières ».
11. *Biblical Archeology Review*, juin 1991 (vol. XVIII, n° 3).

Le deuil marque une pratique d'isolement : les proches parents entrent dans un « état de marge » ; après les « rites de séparation » et de purification, viennent des « rites de réintégration », même des « rites d'agrégation » car le mort non accepté dans le monde des morts a la possibilité de se réincarner.

Ces rites funéraires sont en correspondance avec les quatre éléments : en concordance avec l'élément Air on expose le cadavre ; par crainte des animaux carnassiers, l'inhumation dans l'élément Terre a été pratiquée par tous les pays depuis les époques les plus anciennes ; l'immersion, sous la puissance de l'élément Eau, laisse beaucoup moins de traces ; en dehors de l'immersion en mer on place le corps dans des fossés, des tourbières, des embarcations qui dérivent au fil de l'eau ou dans un lac. Enfin l'incinération, sous le signe du Feu, parfois pratiquée au néolithique, prend une place de plus en plus importante ; les cendres sont alors éparpillées au vent, enterrées, déversées dans un fleuve ou conservées dans une urne. Pour chaque cas il existe un rite qui témoigne que l'homme a honoré le défunt, qu'il a pensé à une part immortelle s'échappant du corps périssable ; la momification prouve ce désir de conserver l'ancêtre.

Le mort peut reposer seul ou avec d'autres ; selon la classe sociale à laquelle il appartient, on lui rend des honneurs plus ou moins grandioses et on ménage sa vie future en plaçant dans sa tombe des offrandes ou en lui apportant aliments ou fleurs afin de l'honorer. Les cimetières apparaissent 10 000 ans avant notre ère.

Dans nos sociétés de consommation, les cérémonies funèbres sont de moins en moins marquées ; on cherche même à les oublier. Les rituels funéraires pratiqués à travers le monde ont tendance à s'unifier ; même lorsqu'ils diffèrent, nous retrouvons des traits communs : il paraît ainsi inutile d'exprimer pour chaque peuple ce même processus en invitant le lecteur, soucieux de plus de détails, à se rapporter à des ouvrages soit d'archéologie soit d'ethnologie (12).

7. La peur de la mort

La crainte de la mort a sans doute toujours existé ; les vestiges les plus anciens montrent une réaction humaine fort compréhensible ; la foi en une survie n'a pu modifier cette attitude défensive mais, dans notre civilisation de consommation, la mort est encore plus mal perçue.

12. En ce qui concerne l'ethnologie, nous pouvons recommander les deux ouvrages réalisés sous la direction de Jean Guiart : *Les Hommes et la mort* (Le Sycomore, 1979) et *les Rites de la mort* (musée de l'Homme), qui donnent « les rituels funéraires à travers le monde ».

En dehors des cas de maladies ou d'accidents, la mort survient à la fin de l'existence, lorsque l'être âgé perd une grande partie de ses forces physiques et intellectuelles. Cela est surtout vrai à notre époque car, autrefois, le décès touchait des hommes jeunes ou en pleine force qui ne pouvaient lutter contre les épidémies ou les maladies.

En Occident, on craint la mort qui n'est qu'énigme. « *Les hommes sont comme ces enfants qu'effraie le coin d'ombre dissimulé derrière le rideau et que leur imagination peuple de créatures monstrueuses. Si l'on écarte l'étoffe, ils s'aperçoivent que le coin est vide* (13). » On ignore le moment de ce changement d'état ; on va du connu à l'inconnu et à l'inconcevable. Tout ce que l'on a voulu réaliser s'effondre brusquement, sans pouvoir connaître la date de l'échéance. La mort nivelle tout mais se vit mal. François Villon s'écrie : « *Quiconque meurt, meurt à la douleur.* »

Nous sommes attachés à notre état ; nous éprouvons des difficultés à quitter notre demeure pour aller vivre au loin ; il faut faire un effort pour briser ce qui est déjà construit. Rompre avec nos entraves prend un caractère négatif : la mort conduit à une rupture totale, donc maléfique. Ce n'est que par un raisonnement spirituel que l'on parvient à se détacher de nos liens et que l'on prend conscience qu'il n'y a pas rupture mais **transmutation.**

On reste attentif à tout ce qui peut faire entrevoir ce moment fatal ; les avertissements sont rares car, finalement, peut-on faire confiance au hurlement du chien, au hululement de la chouette ? Bien que l'on veuille voir, dans d'autres signes, l'annonce de décès imminents, le moment de la mort reste imprévisible. On se prend à dire que la vie n'est que solitude, que toutes nos actions ont été vaines et que tout est factice.

Face à la mort on reste désarmé. Cet aspect la rend effrayante à l'homme occidental enfermé dans son déterminisme. Maurice Maeterlinck (14) écrit : « *Nous ne sommes qu'un grain de sel qui, au moment de la mort, se dissout dans la mer. Le grain de sel est-il à plaindre ?* » Pour cet écrivain, « *la mort n'existe point, parce qu'elle est elle-même immortelle* ». Même l'Eglise romaine cherche à éloigner ce moment fatal : nous avons vu les prières des fidèles implorant que le pape ne meurt pas, celui-ci cherchant à retarder l'échéance ; est-ce le rôle du clergé de demander de telles grâces ? Gagner le Ciel dans la béatitude ne devrait être que le seul souci du croyant puisque, pour celui qui a la foi, la mort est le seul chemin conduisant à Dieu.

L'alchimie nous a appris que le métal, pour être régénéré, doit être torturé par le feu : une douleur qui transforme les éléments de base jusqu'à leur destruction interne. La transmutation mystique de l'homme se déroule plus

13. Georges Barbarin : *Le Livre de la mort douce* (Editions Dangles, 1984).
14. *Devant Dieu* (Fasquelle, 1955 ; p. 14).

Vanité macabre du XVIIe siècle.
(Huile sur toile, musée Calvet, Avignon.)

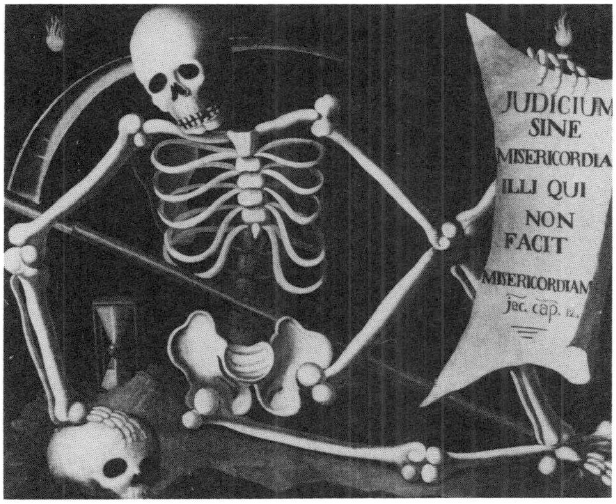

simplement et, que ce soit sa mort mystique ou initiatique, les épreuves paraissent atténuées ; ce qui n'empêche pas Mircea Eliade de dire, dans une admirable phrase : *« Ils ont projeté sur la matière la fonction initiatique de la souffrance. »*

Dominer son mal : t'Serstevens a conté comment Blaise Cendrars ayant perdu à la guerre son bras droit, *« souffre atrocement et entend une voix humaine gueulant d'une façon abominable. Soudain, il se rend compte que c'est lui-même qui pousse ces clameurs. Aussitôt "l'animal" dompté se tait. Cendrars, avec sa main gauche, cherche son couteau dans sa poche droite et coupe le lambeau de chair qui retenait son bras mutilé. Puis il se sauve... »*.

Il faudrait – comme les Orientaux, les Africains et quelques autres peuples – accepter l'idée de la mort, s'y préparer et, le moment venu, se détendre, s'abandonner, accepter totalement ce qui est loi de la nature ; il faut savoir se dissoudre dans l'infini, en donnant tout son amour. Des auteurs comme Lucrèce, Sénèque ou Pline l'Ancien ont lutté contre la crainte de la mort, recommandant aux Romains de mourir dans la dignité. Ce qui fait écrire à Maurice Magre (15) : *« Je veux que le malade cesse de craindre, que le vieillard pense à sa future jeunesse, que l'agonisant remercie à cause de la lumière prochaine, et que les familles chantent avec joie dans les cérémonies mortuaires. »* Il ajoute que *« la terreur qu'inspire la mort est le résultat de la plus basse superstition »*.

15. *La Mort et la vie future.*

Le génial compositeur Mozart écrit à son père, également franc-maçon : *« Comme la mort, à y regarder de près, est le vrai but final de notre vie, je me suis, depuis quelques années, tellement familiarisé avec cette véritable et parfaite amie de l'homme, que son image non seulement n'a plus rien d'effrayant pour moi, mais est devenue très apaisante, très consolante. Et je remercie mon Dieu de m'avoir accordé ce bonheur de saisir l'occasion (vous me comprenez) d'apprendre à la connaître comme la clef de notre vraie félicité. »*

De même, Marguerite Yourcenar achève *Mémoires d'Hadrien* par cette admirable phrase : *« Tâchons d'entrer dans la mort les yeux ouverts… »*

Elizabeth Kübler-Ross (16) et Maguy Lebrun (17) cherchent à adoucir les derniers moments des malades en leur faisant admettre que la mort n'est pas effroyable, que ce n'est qu'un passage de notre monde terrestre vers un autre monde, qu'il faut mourir pour pouvoir renaître tout comme le grain de blé doit pourrir en terre pour donner de nouveaux épis, tout comme le papillon abandonne son cocon en ne se souvenant plus qu'il a été chenille. Il faut dépasser notre angoisse. Le langage religieux ou initiatique est-il capable de nous apporter la sérénité ? J'ai connu bien des francs-maçons, même des écrivains maçons qui, après avoir commenté le thème « mort et résurrection », les phases de l'Œuvre alchimique, sont restés démunis au moment de leur mort. On peut parler de la *« mort comme d'une bonne amie »,* comme l'a fait Durckheim, mais au moment fatal, que ferons-nous ?

Plus que la mort elle-même, on craint la vieillesse qui s'oppose à la jeunesse ; on aimerait rester toujours jeune, sans infirmité, avec toute notre raison ; bien des êtres sont angoissés en songeant à cette période finale où les forces périclitent et vont jusqu'à l'anéantissement.

N'a-t-on pas compris le sens de la vie ? Avec le devenir il faut entrevoir la disparition, la dissolution de notre corps. L'homme se réalise souvent dans sa maturité : cette expérience acquise pendant de longues années a pu le façonner en cet être qui a maintenant du recul et qui est partiellement débarrassé de ses passions. Le but de la vieillesse devient l'acquisition complète de nos possibilités spirituelles ; souvent les œuvres des artistes se subliment et acquièrent leur véritable valeur car, au métier maîtrisé, s'ajoutent la sérénité, la quiétude et l'entière liberté de l'esprit. Ainsi, jusqu'à la mort, la vie conserve un sens profond que nous devons savoir saisir. Même durant sa

16. E. Kübler-Ross : *Les Derniers Instants de la vie.*

17. Maguy Lebrun : *Médecins du ciel, médecins de la terre* (Robert Laffont, 1987). Sous cette impulsion est né le groupe A.P.R.E.S. (Association pour la recherche et l'étude de la survivance), dont le siège est à Grenoble. Voir également l'A.R.R.S. (Association de recherches et de réalisations spirituelles : 126, rue Gambetta, 72000 Le Mans).

vieillesse, il faut conserver l'esprit jeune, savoir s'enthousiasmer, admirer ce qui est autour de soi tout en s'adaptant à la vie de notre corps, à ce vieillissement cellulaire dont on ne doit pas avoir honte. On peut ainsi dire qu'une belle vieillesse est un privilège.

L'être qui sait vivre sa propre aventure, qui entend dépasser les événements courants de l'existence, tous ceux qui ont une vie spirituelle sont en général plus favorisés que les vieillards réduits à leurs seules réactions élémentaires, celles de l'anéantissement des tissus. Il faut accepter son destin, y faire face, ne pas se considérer comme un être « assisté » par la société en se contentant d'en attendre des secours. Le vieillard des sociétés archaïques qui demandait aux siens de le laisser mourir sur la banquise ou dans un espace désertique, en suivant la loi de ses aïeux, avait sans doute moins peur de la mort que nos contemporains enfermés et isolés dans leur vie confortable car, après une vie bien remplie, selon les conditions de vie, le vieillard était rassasié et éprouvait le besoin de l'éternel sommeil, sa tâche étant terminée. En supprimant toute foi, tout idéal, toutes ces croyances – vraies ou fausses – qui permettaient d'affronter la mort avec sérénité, nous nous menaçons d'une fin que nous parviendrons difficilement à surmonter car nous n'aurons que la peur de vieillir, de mourir. Rares sont ceux qui acceptent de partir sans vouloir s'accrocher à un semblant de vie ; on ne lâche pas prise facilement, alors qu'au lieu d'une saine et inéluctable délivrance, ces moribonds deviennent un fardeau tant pour leur entourage que pour eux-mêmes. On peut même penser que cet attachement désespéré à un passé vient à l'encontre de l'évolution spirituelle de notre être.

Il faut pouvoir dépasser l'angoisse, l'amertume qui est sans espoir ; nous devons chercher à évoluer jusqu'à l'extrême déclin de nos forces physiques pour vivre dans la sérénité, dans une harmonie totale. L'idée de souffrance – de tristesse de la mort – devrait être ainsi repoussée, transcendée dans la vision d'une autre existence (18). Nous ne sommes qu'un moment de l'éternelle vie.

8. Des signes de la mort

Dans certains cas, les signes du décès sont bien incertains et nous pouvons nous demander en quoi consiste la mort ; la rigidité cadavérique, l'absence de souffle (autrefois constatée par le miroir placé devant la bouche du mourant et sur lequel on ne relevait aucune trace de buée), l'arrêt des pulsations cardiaques peuvent provenir de causes momentanées. S'il fallait,

18. Karlfried Graf von Dürckheim a magnifiquement traité ce sujet dans *la Voie de la transcendance* (Le Rocher, 1991 ; p. 224 à 246).

autrefois, mordre le gros orteil pour juger de la sensibilité du présumé défunt, ou s'il fallait prononcer à haute voix le nom de la personne – le nerf auditif étant le dernier des sens à mourir (on prononce trois fois le nom du pape afin d'être certain qu'il n'est pas en extase) – les hôpitaux et les cliniques effectuent aujourd'hui des diagnostics par électroencéphalogramme et électrocardiogramme durant 4 minutes pour constater la mort de l'individu par des diagrammes plats. Et, cependant, dans le cas de coma dépassé l'électroencéphalogramme plat ne suffit pas pour déterminer la mort avec certitude ; on constate seulement l'arrêt de la manifestation électrique du cerveau ; certains se réveillent et rapportent d'étranges récits ; des décédés ou seulement des êtres dans un état de pré-mort ?

Entre l'état comateux, la mort clinique et la mort biologique, les différences n'apparaissent pas toujours clairement ; la mort n'est certaine qu'après décomposition des tissus. Cependant, l'absence de putréfaction ne signifie pas pour autant qu'il y ait possibilité de vie : un corps aseptisé, déshydraté ou congelé échappe à la décomposition. C'est pourquoi, la ranimation du corps de Lazare est bien un miracle ; le corps, déjà en décomposition, est réintégré dans notre vie, mais on ne peut parler pour autant d'une résurrection puisque le corps ne s'est pas métamorphosé, qu'il n'y a pas eu passage d'un état à une autre forme de manifestation. La frontière entre la vie et la mort reste ainsi assez incertaine, et il faudrait attendre 72 heures après la mort, pour établir un signe certain.

D'ailleurs la mort n'est-elle pas un phénomène incompréhensible ? Sir J.-G. Frazer a rapporté (19) la stupéfaction des hommes devant un cadavre ; pour eux la mort qui n'appartient pas à un processus naturel est causée par un « sort » ; dans les anciennes traditions, et même encore actuellement, on cherche le responsable du décès ; les masques impersonnels ont pour but d'éloigner les esprits malfaisants ou de les contraindre à se révéler. Pour Roger Caillois (20), *« la mort fut introduite par la désobéissance du premier homme, plus souvent de la première femme, par l'erreur d'un messager de la divinité, par la bêtise de l'Ancêtre "Gaffeur" qui, très communément, s'efforce maladroitement d'imiter les gestes du Créateur et dont l'imbécile entêtement amène les conséquences à la fois comiques et catastrophiques. De toute façon, avec la mort comme un ver dans le fruit, le cosmos est sorti du chaos. L'ère du tohu-bohu est close, l'histoire naturelle commence, le régime de la causalité normale s'installe. Au débordement de l'activité créatrice succède la vigilance nécessaire au maintien en bon état de l'univers créé. »*.

19. *Le Rameau d'Or.*
20. Roger Caillois : *L'Homme et le sacré* (N.R.F., collection « Idées » n° 24, 1950 ; p. 133).

9. Enterrés vivants

Autrefois, l'inhumation avait lieu rapidement, dans les 12 heures après la constatation du décès. C'est ainsi que pour lutter contre ces « enterrements précipités », le Danois Winslow publie en 1740 une dissertation (21) que Bruhier d'Ablaincourt traduit en 1742 par : *Dissertation sur l'incertitude des signes de la mort et l'abus des enterrements et embaumements précipités.* La faculté de médecine de Paris a été divisée sur la thèse de Jacques-Bénigme Winslow qui insistait sur la supériorité des épreuves chirurgicales aux fins du diagnostic de mort (22).

Les décédés ne seront ainsi enterrés que 30 heures après la mort, et même 36 heures après une mort subite (23). D'après le Code civil de 1804, le permis d'inhumer ne peut être délivré qu'après un délai de 24 heures, le constat étant effectué par un médecin, alors qu'autrefois le décès déclaré par un membre de la famille n'était guère vérifié par le personnel de l'état civil.

Il a été ainsi constaté, en fouillant d'anciens cimetières ou en effectuant des transferts de cadavres, que quelques squelettes avaient les membres étrangement contractés, signe d'une ultime révolte lors d'une effrayante agonie, laissant supposer que l'inhumation avait eu lieu alors qu'il y avait encore vie. Une littérature abondante s'est emparée de ces cas, créant l'obsession d'avoir à subir le même sort, alors que d'autres explications moins macabres pouvaient en être données. Si de telles inhumations ont pu malheureusement exister, la mort par asphyxie a dû être assez rapide, le volume d'air enfermé dans le cercueil étant d'environ 120 litres ; de plus, l'être se trouve dans un état léthargique qui ne permet guère les réactions que la crédulité populaire lui prête, et que l'on peut interpréter comme le relâchement des muscles (24).

Il a été dit que Stanislas de Guaïta aurait été enseveli vivant en 1897, à l'âge de 36 ans, à la suite de ses expériences des « sciences maudites ». N'a-t-il pas entendu *la Ballade du pauvre jeune homme* de Jules Laforgue :

« Quand on est mort c'est pour de bon
Digue-don-daine, digue-don-don. »

21. *An mortis incertae signa minus incerta a chirurgicis quam ab aliis experimentis ?*
22. Claudio Milanesi rapporte, dans *Mort apparente, mort imparfaite*, de nombreux cas d'enterrés vivants au XVIIIe siècle, en définissant l'action de Winslow. Voir aussi docteur Peron-Autret : *Les Enterrés vivants* (Balland, 1978).
23. François Lebrun : *Les Hommes et la mort en Anjou aux XVIIe et XVIIIe siècles* (Flammarion, 1975 ; p. 338).
24. Georges Barbarin, *op. cit.* (p. 115 à 118).

Reconnaître la mort avant 24 heures n'est ainsi pas toujours aisé : moins graves – mais spectaculaires – sont les cas où le décédé se lève de son lit mortuaire et rejoint sa famille, celui où il descend de la table d'autopsie, le bistouri venant de le réveiller... Les variantes les plus macabres peuvent être évoquées afin de nous faire frémir mais, heureusement, ce sont souvent des ragots de la plus haute fantaisie. Cependant, on a réalisé des « obitoires » où les corps étaient conservés jusqu'à ce que le doute ne fût plus possible ; Mme Necker préconisait la création de salles d'attente où l'on aurait conservé les corps jusqu'à leur putréfaction. Dans les pays rhénans on attachait des clochettes à un doigt du cadavre et, en France, il fallait mordre le gros orteil afin de s'assurer de la mort. Les Tsiganes, plus prudents, percent de trous le cercueil du défunt mis en terre...

La médecine tibétaine considère une mort *extérieure* par l'arrêt du souffle et du cœur, et une mort *intérieure* par l'arrêt des souffles subtils qui libèrent l'esprit de l'individu. Si l'Oriental peut se trouver dans un état de dédoublement, un état intermédiaire d'existence ou *bardo,* ce phénomène est décelé puisque les souffles subtils existent encore. Les Orientaux notent 6 et même 7 pouls qui donnent des indications sur l'état de santé du patient.

Est-ce pour confirmer la mort de l'individu que les Celtes broyaient le crâne à l'aide du « marteau de la bonne mort », ou est-ce pour chasser le démon qui pénètre les corps souffrants et se loge dans l'esprit ? Le « dieu au maillet » est sans doute plus qu'un dieu des agriculteurs, ou celui des tonneliers ; le dieu-chef irlandais Dagda a aussi, dans ses attributs, la massue qui écrase l'ennemi. A la mort du pape, on constate son décès en frappant par trois fois son front à l'aide d'un maillet.

Dans le cas du décès d'un malade en état de survie artificielle, il est très difficile de déterminer le moment exact de sa mort réelle ; la respiration peut rester artificielle et on peut maintenir certaines fonctions dans le but de prélever des organes ; alors, seuls les médecins peuvent déterminer le moment de son passage à l'« Orient éternel ».

10. La mortalité

Autrefois, l'absence d'hygiène et le manque de soins entraînaient une très forte mortalité parmi les enfants en bas âge et les femmes lors de leurs couches. Dans une civilisation spécifiquement agricole, les enfants apportaient une aide appréciable dans les travaux domestiques ; aussi avait-on besoin de nombreuses naissances. On honore et on rend un culte à la femme qui peut enfanter ; Déesse mère, nous la trouvons représentée avec ces statuettes datant de plus de 20 000 ans avant notre ère. Elle est le symbole de la fécondité et l'utérus – passage étroit – donne vie et défend contre la mort : les rites initiatiques reprennent cette figure du « passage étroit », cette porte qui permet de communiquer avec un autre milieu. L'érotisme marque aussi les cérémonies qui scandent naissances et morts ; dans les sociétés primitives, les danses funéraires ont un caractère sexuel bien affirmé.

Le taux de mortalité étant fort élevé, le nombre des naissances devait être très important. François Lebrun a montré (25) que peu d'enfants passaient le cap d'une année et que bien des nourrissons ne dépassaient pas un mois.

Ex voto de Chamalière (Puy-de-Dôme). Exposition sur l'Art celtique en Gaule (novembre 1983-janvier 1984, musée Bargoin, Clermont-Ferrand). Planche anatomique où l'on voit, sans doute, la trachée, les poumons, le cœur, les reins et peut-être les plis de l'intestin.

11. Se protéger

Le décès n'étant dû qu'au mauvais œil, à l'action d'un mauvais esprit ou d'un terrible chaman, il faut savoir se protéger en libérant son esprit. On peut interroger les présages, les signes de la nature (orage, tremblement de terre, etc.), l'astrologie et les nombreuses mancies afin de déterminer et de parer ces éventualités funestes. On fabrique des talismans, *« des boîtes où l'on enferme des influences »* selon l'heureuse expression de Paracelse ; on peut se mettre sous la protection d'un gri-gri, d'un fétiche, d'une amulette, d'un séraphin, d'un *« pantacle émetteur fluidique »* comme le nomme Marquès-Rivière, mais on aura principalement recours à la prière, la protection qui reste encore la plus efficace avec son signe de croix ou sa boîte polygonale renfermant le Coran (26).

Autant de mesures qui permettent de retarder l'échéance finale…

25. François Lebrun, *op. cit.* (p. 114).
26. Jean-Pierre Bayard : *Les Talismans*.

DEUXIEME PARTIE

Du culte des ancêtres

CHAPITRE II

Universalité des rites mortuaires

« L'univers est un cercle dont le centre est partout et la circonférence nulle part. »
Héraclite.

1. Documents archéologiques

L'ancienneté de l'homme nous stupéfie...

Une extraordinaire aventure humaine... Parmi les archéologues apportant des révélations sur la vie de nos ancêtres, saluons plus spécialement Jacques Boucher de Perthes (1788-1868) ; pionnier de l'étude du paléolithique ancien, il a apporté des conceptions révolutionnaires par rapport aux études d'alors.

Dans notre univers – vieux de plus de quinze milliards d'années – l'océan primitif serait apparu il y a trois milliards et neuf cents millions d'années, la vie devant se produire par duplication du filament d'A.D.N., une centaine de millions d'années après ; les premiers mammifères ne seraient apparus qu'il y a cent soixante-dix millions d'années !

L'existence de l'homme bipède, sachant se servir de ses mains, remonterait, en Afrique orientale, à douze ou quatorze millions d'années. Certains savants estiment un passé encore plus ancien ; nos vestiges datent de près de quatre millions d'années avec les empreintes de pas à Laetoli en Tanzanie ; Lucy, l'*australopithèque* éthiopienne, a près de trois millions d'années ; les premiers outils de l'*Homo habilis* datent de deux à trois millions d'années. Puis, toujours en Afrique, apparaissent vers un million six cents mille années les *Homo erectus,* et, parmi eux, le pithécanthrope : une société organisée de chasseurs-cueilleurs.

Avons-nous cependant l'entière connaissance de notre terre ? Il semblerait que tout soit exploré et, cependant, ne voit-on pas des savants se pencher sur l'almasty, le « yeti » du Caucase ? Des dossiers se remplissent : des témoignages cernent cet homidé qui serait un survivant de la préhistoire ; mais « l'homme sauvage » ne livre pas son mystère malgré les recherches du docteur Marie-Jeanne Koffmann. On peut rester perplexe devant ces révélations car, enfin, si nous savons observer les planètes, aucune exploration sérieuse n'a été entreprise et nous n'avons pas découvert le cimetière de cet étrange nomade, l'almasty (1).

En Europe le site de Tautavel – avec sa vaste caune de l'Arago (Pyrénées-Orientales), occupée entre 700 000 et 100 000 par des groupes de chasseurs – fournit en juillet 1971 un grand nombre d'outils, de galets de quartz, d'ossements d'animaux et, surtout, le crâne de « l'homme de Tautavel » qui aurait vécu 450 000 ans avant notre ère, période où l'*Homo erectus* domestique parfaitement le feu. Les sépultures de La Chapelle-aux-Saints (Corrèze) et de la Ferrassie témoignent des rites funéraires des hommes du Neandertal vers - 450 000 ans. L'homme préhistorique séjourne à l'entrée de la caverne. A l'âge de la pierre éclatée, dans le Poitou, le gigantesque tumulus de Bougon livre de nombreux squelettes. Le paléolithique moyen s'étend de 100 000 à 35 000 ans avant notre ère, avec la présence de l'homme du Neandertal en - 80 000.

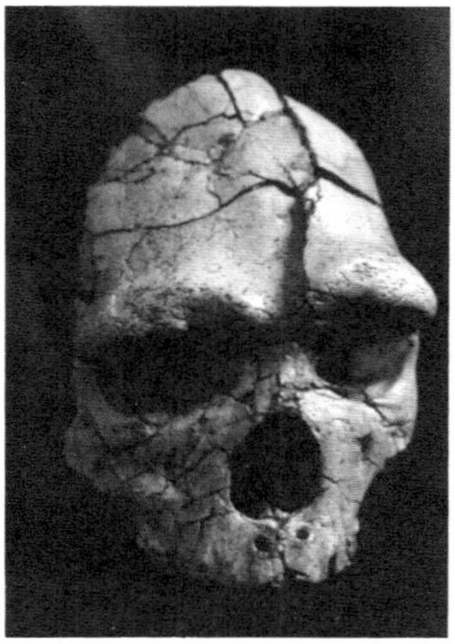

Le crâne de l'Homme de Tautavel, notre plus ancien ancêtre en Europe (- 450 000 ans).

(C.D.D.P., Perpignan.)

L'enfouissement systématique des corps paraît remonter, d'après nos connaissances, à 100 000 ans avant notre ère, où au moustérien le culte des ancêtres paraît s'affirmer. Avec les néandertaliens la disposition des

1. La revue *Archéologia* lui a consacré deux dossiers (n° 269 de juin 1991 et n° 276 de février 1992. Une expédition est prévue par la Sturgis : 112, rue de Montreuil, 75011 Paris.

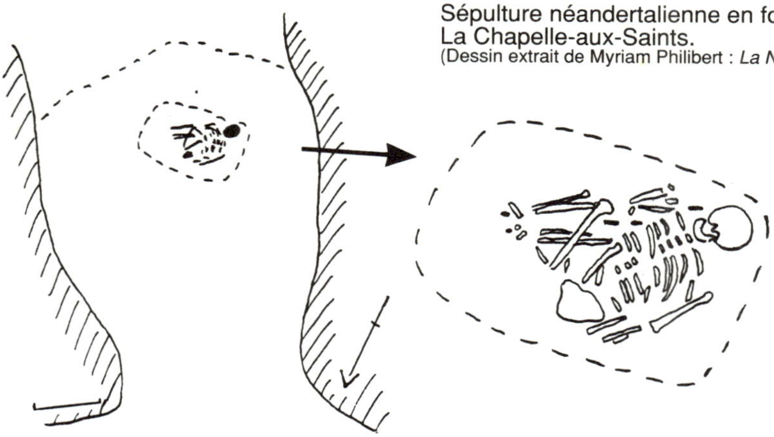

Sépulture néandertalienne en fosse, dans la grotte de La Chapelle-aux-Saints.
(Dessin extrait de Myriam Philibert : *La Naissance du symbole*.)

corps dans les fosses varie. Les corps ont des positions variées et l'aménagement de la sépulture se modifie avec l'outillage, des traces de foyer ou des restes d'animaux. Les sépultures antérieures au paléolithique étaient aménagées dans des grottes lorsque l'environnement le permettait (Grimaldi à Menton, Cro-Magnon en Dordogne). Les corps étaient souvent saupoudrés d'ocre.

Bien plus, en 1968 Arlette Leroi-Gourhan – en examinant le sol de la tombe néandertalienne de Shanidar en Iraq (découverte en 1960 par Ralph Solecki) – montre que le corps a été placé sur un lit d'aiguilles de pin et recouvert de fleurs. A-t-on voulu honorer plus spécialement un individu ? Est-ce un cas isolé ou, au contraire, un cas parmi d'autres ? Arlette Leroi-Gourhan a suggéré que c'était là un geste symbolique dans le sens de guérison.

Vers - 35 000 ans, avec les hommes de type Cro-Magnon, se développent les grandes civilisations du paléolithique (2) supérieur (aurignacien, gravettien, solutréen, magdalénien) ; c'est l'apogée de la taille de la pierre, l'apparition de l'outillage réalisé à partir d'ossements, l'utilisation intensive de l'ocre rouge (un peroxyde de fer), l'invention de l'aiguille, de la peinture et gravure, des parures composées de dents ou de coquillages perforés. Au paléolithique supérieur, de 35 000 à 10 000 ans av. J.-C., l'*Homo sapiens* présente une structure semblable à la nôtre.

En - 12 000 (ou - 10 000), les peintures polychromes prouvent l'évolution de cette société. Les dessins rupestres des cavernes paléolithiques, avec leur volonté créatrice, se situent à plusieurs centaines de mètres de l'entrée,

2. Le paléolithique, qui s'étend sur l'ère quaternaire, débute il y a plusieurs millions d'années avec l'industrie de la pierre taillée.

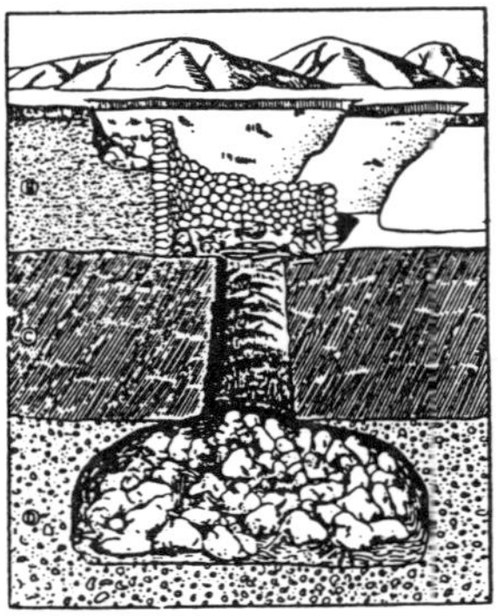

Tombes collectives de plusieurs mètres de profondeur, appelées "cavernes", correspondant à la période la plus antique de la culture paracas.
(Extrait de Fernand Schwarz : *Les Traditions de l'Amérique ancienne.*)

dans la cavité mystérieuse qui s'enfonce sous la montagne sacrée ; cette profondeur et ces ténèbres sont les entrailles de la terre, un ventre qui donne naissance. Les goulots étroits, difficilement franchissables, ressemblent à l'utérus ; ils ne peuvent être dépassés qu'en s'y glissant, en s'y faufilant comme un serpent. Des salles obscures, à la fois prisons et délivrances, centres du monde, décorées avec grand soin, sont sans doute des sanctuaires initiatiques. Celui qui est admis en ce lieu sacré – matrice tellurique – subit sans doute une mort symbolique.

Toutes les suppositions peuvent être soutenues, car ces magnifiques dessins montrent un sens aigu de l'observation, une grande dextérité et la maîtrise dans l'exécution, mais nous ne savons en pénétrer ni le sens secret ni la motivation. Ces civilisations devaient être prospères pour pouvoir entretenir leurs artistes qui, relevés de leurs autres tâches journalières, devaient rester à la charge de la société.

Ce n'est cependant pas dans la partie profonde de la caverne qu'ont lieu les sépultures (3), mais dans sa partie avancée, celle qui se trouve en communication avec l'extérieur et où le groupe séjourne.

A partir de 10 000 ans av. J.-C. apparaissent les premiers cimetières. Pendant le mésolithique, c'est-à-dire la période intermédiaire entre le paléolithique supérieur (où l'homme nomade chasse le gros gibier) et le néolithique (- 5000, où l'homme sédentaire débute l'agriculture et l'élevage), certaines caractéristiques dominent : les croyances religieuses se cristallisent, le squelette en position repliée est saupoudré d'ocre et on le dote d'un mobilier funéraire. Les premières poteries recueillies datent d'environ 8 000 ans avant notre ère. Les sépultures sont regroupées.

3. Certaines grottes, comme à Pech-Merle, reçoivent dans leur salle sacrée des crânes d'ours : on ne peut parler d'une sépulture, mais d'un culte rendu à un ancêtre mythique.

L'épipaléolithique, le mésolithique et le néolithique (entre 10 000 et 6 000 ans av. J.-C.) subissent des variations climatiques qui entraînent la modification des conditions de la chasse ; l'arc remplace les propulseurs et les sagaies ; le néolithique débute par la sédentarisation, la formation de villages d'agriculteurs et d'éleveurs. Les coutumes funéraires subsistent au néolithique final alors que la grande culture chasséenne disparaît. Le Massif central, le Midi méditerranéen, la Provence, les Pyrénées, ainsi que le Bassin parisien (Seine-Oise-Marne) pratiquent des rites encore prospères.

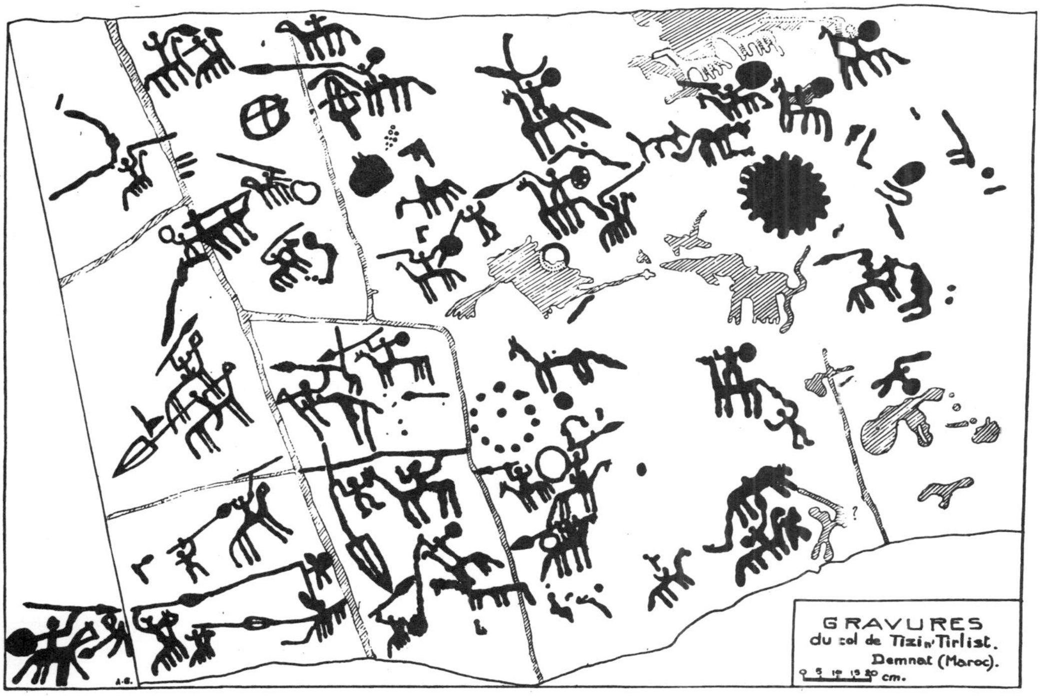

Scène dite de la "grande bataille" du col de Tizi n'Tirlist (Maroc). On y voit une succession de combats, une cérémonie funéraire et une chasse à la panthère.

Un certain romantisme fait de nos lointains ancêtres du paléolithique et du mésolithique des êtres pacifiques ; sans aller jusqu'à l'état édénique du « bon sauvage », les sépultures ne laissent guère apparaître de drames collectifs : on constate quelques morts accidentelles, certainement dues à la chasse ou peut-être parfois à un meurtre limité à un cas individuel. Caïn n'est-il pas le meurtrier de son frère Abel ? Les premiers grands conflits entre les com-

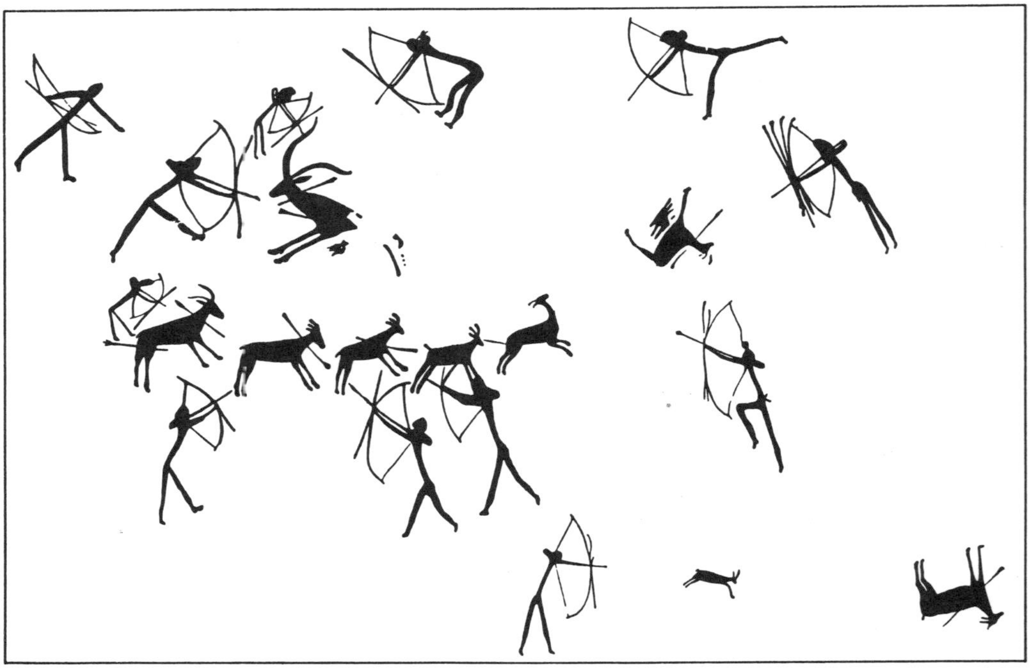

A la Cueva de Los Caballos, près de Valtorta, des archers sont figurés en train d'exterminer un troupeau. C'est sur de telles figurations que les historiens s'appuient parfois pour expliquer, par des accidents de chasse, les cas de mort violente connus pour cette période.

munautés naissent au néolithique, charnière des VIe et V^{e} millénaires car, sous la pression démographique, on recherche les terres cultivables. Les clans luttent pour assurer leur suprématie et la possession d'un morceau de terrain.

Les flèches servant à la chasse deviennent des armes au chalcolithique, armes de plus en plus dangereuses au fur et à mesure que le travail des métaux progresse ; d'autre part l'homme, en se sédentarisant, ne peut plus libérer son tempérament naturellement violent, ce qu'il faisait autrefois en chassant les grands animaux. A la fin du paléolithique, les nécropoles de Jebel Sahaba (en amont du barrage d'Assouan) et de Roaix (près de Vaison-la-Romaine) montrent des morts violentes ; les corps enterrés hâtivement ont encore des flèches plantées dans diverses parties du squelette.

Hache de Jddeite (Canterbury, 1800-1600 av. J.-C.) et deux outils du paléolithique supérieur.

Le mode funéraire le plus employé est l'enfouissement ; la terre donne vie, la plante y prend racine et y meurt. Au paléolithique supérieur, on trouve des fosses peu profondes (0,50 m) dans lesquelles le corps a été couché sur le côté gauche, le bras gauche replié vers le haut, la main droite posée sur la tête et les jambes fortement fléchies. Des pierres plates sont placées au-dessus de la fouille, souvent au nombre de trois : l'une sur la tête et les deux autres aux pieds. Les nécropoles du Cap Blanc (Dordogne), de Pontcharaud (non loin de Clermont-Ferrand), fouillées en 1986, montrent une cinquantaine de cas semblables, alors qu'à leurs côtés se trouvent des sépultures collectives ; il y a ainsi des tombes individuelles et des tombes collectives. Les offrandes comprennent des outils taillés en silex et en ivoire, des haches polies et des vases. Avec les inhumations en fosse datant de 6500 av. J.-C., le mort est en position fœtale, vraisemblablement obtenue en enserrant les membres à l'aide de liens périssables. A l'époque mésolithique, les hommes des côtes méditerranéennes qui décorent leurs poteries au cardium, soit environ 6 000 ans av. J.-C. – et que l'on nomme les populations *cardiales* – enterrent souvent leurs morts sous l'abri d'un rocher, seuls dans leur sépulture. Mais, depuis le mésolithique, la tendance va vers la création d'ossuaires en se référant au culte de la Terre mère. Vers - 5500/ - 6000, les tombes reçoivent un nombre croissant d'individus ; les corps sont toujours en position contractée, les pieds souvent à l'est et la tête vers l'ouest.

(Photo musée de l'Homme, Paris.)

Squelette de l'homme adulte dit "homme de Menton", découvert en 1872 par M. Rivière.

2. La caverne-sépulture

D'après Orbigny (4) les grottes d'Arkalokhou (3000/2100), de Canaris et de Psycho ont servi aux cultes crétois. On crée des grottes artificielles lorsqu'on ne possède pas de cavités naturelles. « L'homme de Pékin » (le *Sinanthropus Pekinensis*) aurait séjourné dans la caverne de la « montagne aux os de poules ». Les Etrusques professent l'immortalité de l'âme et situent leurs tumulus-abris, aux dessins rupestres, dans la région de Viterbe, à Cerveteri (Toscane). L'existence terrestre est essentiellement marquée par la naissance et la mort, la fin d'un cycle coïncidant avec le commencement d'un autre ; le symbole du Yin-Yang nous permet de retrouver cette identité métaphysique. Jésus et Mithra sont nés dans une caverne, symbole du ventre de la mère, mais aussi le lieu d'ensevelissement. Selon la Genèse (XXIII et XLIX), Abraham enterre Sara dans la caverne de Macpéla, dans le pays de Chanaan, et Joseph y inhume son père Jacob. Dans la croyance juive, l'homme après sa mort devient une ombre et cette forme sans consistance descend au *schéol,* caverne ténébreuse située sous l'océan, dans les entrailles de la terre ; le *schéol* ne doit pas être confondu avec l'enfer chrétien (5).

Une sépulture d'enfant au paléolithique.
(Reconstitution du rituel d'après Z. Burian.)

4. Orbigny : *Dictionnaire d'histoire naturelle*, t. IV (article de Desnoyers).
5. Jean-Pierre Bayard : *La Symbolique du monde souterrain* (p. 168).

Notons le culte rendu à l'ours, depuis le paléolithique moyen. A Pech-Merle, une petite salle renferme un ossuaire d'ours ; les têtes d'ours ont sans doute été fort honorées comme ancêtres mythiques de l'homme. On enterrait encore les ours en U.R.S.S. au XIXe siècle et ce culte se perpétue avec les jouets et les contes de nos enfants, l'ours conservant une attirance très particulière.

3. Civilisation des mégalithes

Cinq mille ans avant notre ère, des hommes du néolithique nommés les *rubannés* – à cause de leurs poteries ornées de lignes ondulées – venant d'Orient par le Danube, s'installent en Europe occidentale pour s'arrêter à la côte atlantique. Ces hommes ne vivent plus à l'entrée des grottes ; ils enterrent leurs morts dans des cimetières et, parfois, pratiquent l'incinération, sans doute comme moyen de purification ou pour transporter plus aisément les restes de leurs ancêtres.

Les tombes, tout d'abord collectives, deviennent individuelles ; en général recouvertes de dalles de pierre sous lesquelles on place le cercueil en bois (souvent en chêne), un tertre de terre (Danemark) ou de pierres (Norvège, Suède, Bretagne) marque l'emplacement.

Vers - 5000 apparaissent les mégalithes, importants monuments dont l'édification implique une forte cohésion sociale ; de vastes tumulus recouvrent ces monuments. Dolmens et cairns de Bretagne montrent la maîtrise, le sens de la décoration et de l'architecture, des dons exceptionnels. Ce bouleversement culturel demeure une énigme.

Sous le tumulus une ou plusieurs chambres, réalisées en pierres dressées ou en murs de pierres sèches, sont accessibles par un couloir constitué de la même façon. Un des plus beaux cairns récemment découverts est celui de Barnenez-en-Plouézoc'h (près de Morlaix), qui possède onze chambres funéraires et cette « pyramide » a trois gradins de 70 m de long. Je l'évoque au chapitre “Monuments funéraires”, premiers vestiges d'une architecture monumentale qui montrent également une hiérarchie dans la société.

Ces tumulus, toujours situés sur des hauteurs même si celles-ci sont faibles, ont des formes variables : circulaires ou rectangulaires. Les tombes sont presque toutes orientées, la porte regardant vers l'Orient. De nombreux mégalithes possèdent des gravures symboliques d'une grande beauté – dont le sens nous échappe – et donnent ainsi naissance à de très multiples interprétations.

Que ce soit pour un seul être ou pour plusieurs, on est surpris des soins apportés à de telles réalisations funéraires ; mais les temples et les pyramides d'Egypte, plus récents, montrent que de tels édifices étaient nécessaires à la survie de l'âme où l'on honore un chef d'une qualité exceptionnelle.

4. Rites d'orientation et autres cultes

Au paléolithique supérieur, on relève quatre positions principales données aux corps : allongée, semi-repliée, ligotée ou en flexion forcée (fœtus). Le squelette est en général orienté est/ouest, la tête calée par des pierres et tournée vers le soleil couchant. Le mort, en se relevant au moment de la résurrection, doit avoir le visage tourné vers le soleil levant, mais ce n'est pas là une condition absolue. Les corps inhumés dans les mégalithes suivent l'orientation donnée aux monuments qui ont leur ouverture vers l'est-sud. Dans les cimetières des enclos bretons, les corps sont souvent orientés vers le calvaire ou également les pieds à l'ouest, tête à l'est.

La présence d'ocre rouge, de mobilier funéraire et de feu y est attestée avec sûreté, alors qu'au paléolithique moyen ces faits sont moins probants. Parfois les os sont éparpillés parmi des déchets, tant de nourriture que de morceaux de pierre, ce qui a fait dire que les néandertaliens pratiquaient le cannibalisme. Depuis quelques années on est revenu sur cette opinion grâce à la découverte des traces de silex sur des os ; on croit maintenant en l'accomplissement d'un rite funéraire en deux temps.

Ces enfouissements aux paléolithiques moyen et supérieur, avec leurs traces de foyer, prouvent des rites funéraires qui ont sans doute le pouvoir de purifier et de permettre à l'esprit un accès plus facile dans l'au-delà.

L'homme n'est pas seul à avoir bénéficié de pratiques funéraires. En effet, dès le paléolithique moyen l'ours a également été enterré (6). Ce culte de l'ours est-il absolument certain ? Quelques archéologues le mettent en doute, pensant que l'homme du Neandertal a honoré l'habitant primitif des cavernes et qu'il a disposé en décoration ses restes comme des vestiges inhabituels. Il faut cependant noter la présence de l'ours dans nos plus vieilles légendes ; la mythologie nordique le place dans nos constellations.

5. Les métallurges

Cuivre et or sont martelés à froid, vers 8 000 ans av. J.-C. (principalement en Mésopotamie et en Anatolie) puis, vers - 6000, sont soumis au feu que l'on maîtrise pleinement. Ce n'est cependant que vers - 2800 que l'on

6. Myriam Philibert : *La Naissance du symbole* (Dangles, 1991 ; p. 164).

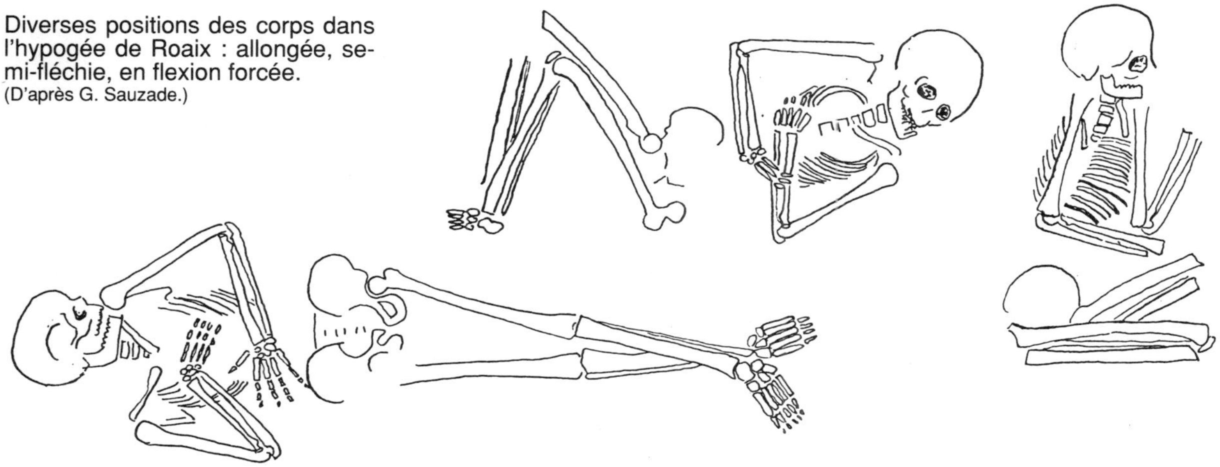

Diverses positions des corps dans l'hypogée de Roaix : allongée, semi-fléchie, en flexion forcée.
(D'après G. Sauzade.)

pratique l'alliage des métaux : le bronze, mélange de cuivre et d'étain, devient plus résistant. A cette époque, naissent les grands empires (Egypte, Assyrie, Inde, Chine) mais également les grandes guerres. L'exploitation du fer date d'environ - 1500 ans et sa fusion nécessite une température de 2 000°.

Vers - 2500, au chalcolithique, l'apparition du métal transforme la vie avec l'arrivée des campaniformes et l'invasion des Indo-Européens.

Au premier âge du bronze (- 1800) les tumulus de terre sont impressionnants : celui de Plouvorn a 50 m de diamètre sur 6 m de hauteur. Le mort reçoit un mobilier funéraire très variable selon les tombes, ce qui prouve une répartition inégale des richesses entre les membres d'une même société (7), mais ce qui fait aussi la convoitise des pilleurs de tombes. Bien que l'inhumation repliée soit prépondérante, les sépultures en fosse à squelette allongé apparaissent. L'incinération a lieu dans les civilisations de Lengyel et de Baden.

Avec la troisième invasion indo-européenne, vers - 1200 av. J.-C. (à l'époque du bronze final ou de la culture dite des Champs d'urnes), nous assistons aux grandes constructions en pierres taillées. On voit surgir des temples, des palais royaux, de vastes monuments funéraires... L'incinération, en large extension, remplace souvent l'inhumation : les cendres sont recueillies dans des vases. Tout ce qui a trait au feu prend une très grande

7. Les rapports entre les sépultures et l'évolution de la société agraire ont été mis en relief par Alain Galley dans un article : « L'homme néolithique et la mort » (revue *Pour la science*, n° 164, juin 1991 ; p. 78 à 87). Pascale Binant a publié *la Préhistoire de la mort,* excellent ouvrage parmi tant d'autres qui figurent dans la *Bibliographie*.

importance. Celui qui sait manier cet élément devient le représentant du démiurge : le forgeron, personnage sacré, occupe une très large place dans les rites africains ; Mircea Eliade a commenté ce rôle de premier plan. L'ouest de la Gaule conserve l'habitude d'enterrer en tombe individuelle, le corps fortement replié ; un léger tertre marque le lieu de la sépulture, prémisse de nos rites actuels.

Au premier âge du fer, ou Hallstatt, on continue l'incinération au même titre que l'inhumation en réalisant de grands tertres funéraires sous lesquels on dépose les urnes contenant les cendres. Ainsi, les tumulus établis vers 5 000 ans avant notre ère conservent leurs fonctions : on y relève parfois les squelettes pour y installer des morts plus récents.

Au début du deuxième âge de fer, La Tène et les stèles, fort ornementées avec des motifs serpentiformes, marquent cet art celtique qui se prolonge à l'époque carolingienne et jusqu'au XIIe siècle. Notons le fabuleux cimetière mérovingien de Civaux, à 15 km au sud de Poitiers.

Lorsque le christianisme devient religion d'Etat, les tumulus funéraires continuent d'être réalisés jusqu'au XIIIe siècle, et souvent des chapelles sont édifiées à leurs sommets. Au XIe siècle apparaissent les mottes castrales qui signifient une seigneurie et ne doivent pas être confondues avec le tertre funéraire.

6. La crémation

Seules les inhumations fournissent quelques indications sur le comportement de l'homme et sur ses pratiques des rites religieux ou magiques. Or, il ne nous reste rien des coutumes datant de quinze millions d'années. D'autres rites, comme l'exposition, pouvaient être pratiqués sans que nous en ayons trace, et l'incinération à la fin de l'âge du bronze, avec les cendres et les os partiellement brûlés et conservés au soleil dans des urnes en terre cuite souvent biconiques, caractérisent principalement la civilisation nommée « Champs d'urnes » sur laquelle nous ne possédons que peu de témoignages. Ce rite semble naître en Europe centrale et s'étend aussi bien vers l'Orient que vers l'Occident, à l'exception de l'ouest de la France. Les incinérations abondent, non seulement en Orient mais également en Océanie, en Nouvelle-Guinée, et il n'est pas invraisemblable que l'incinération ait été pratiquée au paléolithique sur une plus large échelle, ce qui expliquerait la pénurie des vestiges de sépultures à l'âge de pierre.

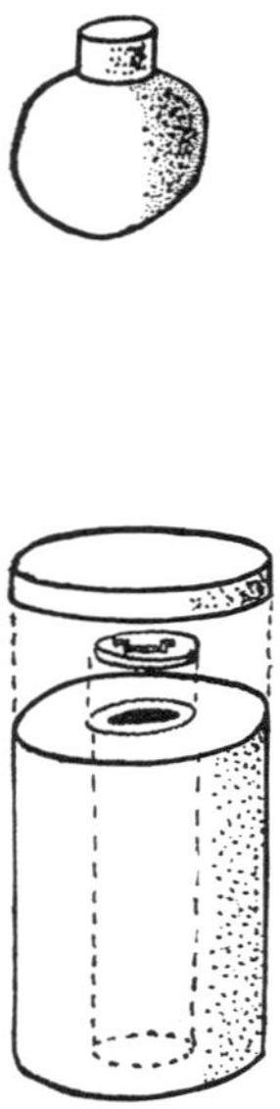

Schéma d'une urne funéraire et d'un caisson funéraire en pierre.

La maîtrise du feu, qui donne vie à des objets à partir de matériaux informes, a peut-être été à l'origine du nouveau culte. Georges Dumézil (8) souligne qu'avec la crémation on prend soin du mort à qui on assure une ascension au ciel, alors qu'avec l'inhumation on songe plus spécialement à fertiliser la terre, le corps y restant attaché. On peut aussi considérer que la dépouille n'est que matérielle, alors que l'âme, ou les âmes s'en sont échappées.

L'incinération est encore pratiquée au temps de l'Inquisition : hérétiques et sorciers sont brûlés dans un but charitable ; on livre leurs corps au feu purificateur afin qu'ils puissent arriver dans le monde divin sans souillure : on ne les torture pas mais on prend soin de leur âme...

Exemple de l'*Iliade* :

L'*Iliade* rapporte avec force détails, sans doute à cause de sa nouveauté, un rite d'incinération lors de la guerre de Troie. Voici quelques extraits de ce vaste poème :

Nestor, au chant VII, dit : « *Charrions ici les morts, avec des bœufs et des mules ; brûlons-les. A la place du bûcher, élevons un tertre unique, qui se dresse pour tous au-dessus de la plaine.* »

Achille, au chant XVIII, prend soin du corps de Patrocle : « *Ils placèrent le trépied à chauffer l'eau sur le feu ardent, y versèrent de l'eau et, dessous, enflammèrent le bois amassé. Quand l'eau bouillit dans le bronze brillant, ils lavèrent le corps, le frottèrent d'huile et remplirent ses plaies d'un onguent de neuf ans. Puis le mettant sur le lit, ils l'enveloppèrent d'un linceul brillant des pieds à la tête, et le recouvrirent d'un manteau blanc. Toute la nuit, autour d'Achille aux pieds rapides, les Myrmidons pleurèrent Patrocle, en gémissant.* »

Encore de nouvelles informations au chant XXIII : « *Le bûcher carré a cent pieds de côté ; on écorche moutons, bœufs, prenant leur graisse dont Achille couvrit le mort de la tête aux pieds ; il plaça des amphores de miel et d'huile ; dans le bûcher, il jeta égorgés quatre chevaux et deux des neuf chiens, et plaça douze nobles fils de Troyens qui venaient d'être massacrés. Puis, ils éteignirent le bûcher avec le vin flamboyant ; partout où la flamme était allée la cendre épaisse tomba. Puis, en pleurant, ils recueillirent les os blancs de leurs aimables compagnons, dans un vase d'or, entre deux couches de graisse et, les mettant dans une baraque, ils les enveloppèrent d'un linceul brillant. Ils tracèrent un tombeau circulaire et en jetèrent les fondements autour du bûcher ; ils y amoncelèrent un monceau de terre.* »

8. *La Saga de Hadingus* (p. 150).

Ainsi les Grecs, au temps de la guerre de Troie, édifiaient des tumulus à la manière des Scythes, leurs contemporains. Des sacrifices d'animaux – et même d'hommes – y avaient cours. Loin de chez eux, ne pouvant déplacer les corps, le culte était rendu aux cendres que l'on pouvait facilement transporter.

7. Le cannibalisme

Il s'agit principalement d'un rite funéraire, car l'anthropophagie réelle semble fort rare ; en des époques de grande famine, des êtres ont pu dévorer leurs semblables, mais aux époques préhistoriques rien ne permet d'affirmer de tels comportements journaliers ou fréquents.

Maurice R. Davie a cependant rapporté des cas de cannibalisme (9) ; le gouvernement australien doit décréter, en 1959, le cannibalisme comme hors-la-loi, ce qui peut laisser supposer que les Papous de Nouvelle-Guinée (tribus de Sepik) se livraient à ce rituel funéraire. Carleton Gadjusek, prix Nobel de médecine en 1977, estime que le microbe « kuru » est transmis par l'anthropophagie. Alors nous restons dans l'incertitude : des peuples ont-ils été cannibales ou non ? Didier Leroux pense que nos commentaires se ressentent de l'esprit d'une époque qui, à son insu, interprète les événements en fonction de sa propre morale ; actuellement nous n'admettons pas cet acte qui nous effraie et nous répugne et, cependant, si un rite fort ancien est lié à un repas rituel, il n'est pas impossible que des individus aient mangé une partie de leurs parents pour absorber leurs forces vitales (10). Mais ce rite n'a pu s'exercer que dans des conditions très particulières car, dans le cas d'anthropophagie courante, il faudrait un grand nombre d'humains pour satisfaire les besoins en nourriture du groupe, en telle quantité que le clan disparaîtrait : une tribu anthropophage est vouée à l'autodestruction. Nous savons par ailleurs qu'après la chasse nos ancêtres se sont consacrés à l'élevage. On ne peut prendre au sérieux l'excellent ouvrage culinaire de Hans Staden qui a été, en 1554, un best-seller avec un titre propre à bercer nos rêveries : *L'Histoire véritable et la description d'un pays de sauvages, un peuple nu et terrible, mangeur de chair humaine qui vit dans le Nouveau Monde appelé Amérique.*

Roland Villeneuve dépeint, dans *le Cannibalisme*, les *« mesures et démesures de l'anthropophagie ».*

9. *La Guerre* (Payot, 1931 ; p. 110 à 120).

10. Des cas autrefois observés au Gabon paraissent confirmer le cas de repas rituels, non fréquents, avec la participation d'initiés *bwiti*. Voir la relation de Jean Michonet, rédigée par Christian Dedet : *La Mémoire du fleuve* (Phébus, 1984 ; particulièrement p. 271). Voir aussi *la Bible secrète des Noirs selon le Bouity*, de Birinda de Boudiéguy (Omnium Littéraire, 1952).

Plus récemment, on pense aux survivants du radeau de *la Méduse,* drame immortalisé par la peinture de Géricault, ou à la catastrophe aérienne du 13 octobre 1972 ; Piers Paul Read expose sa pénible expérience (11) après l'écrasement de son avion dans les Andes : sur les 45 passagers, 27 rescapés, perdus dans les montagnes glacées de la cordillère des Andes, qui mangent, pour survivre, les corps de leurs compagnons ; après deux mois de recherches, 14 purent être sauvés. Dans un contexte fort différent on évoque le *Boucher de Hanovre* (Haarmann) qui vend de la chair humaine alors qu'en 1924 l'Allemagne est affamée. A Pékin, le 23 mars 1991, on découvre qu'un restaurateur, Wang Guang, offre – sans doute depuis 1987 – des plats cuisinés à partir de cuisses et de fesses découpées sur les cadavres reçus dans un crématorium voisin où travaille son frère... Le cas du jeune Japonais de 32 ans, Issei Sagawa, est plus représentatif : il tue à Paris, en juin 1981, une étudiante hollandaise de 25 ans, Renée Hartewelt, la découpe et en mange les parties les plus comestibles, affirmant que par amour il a voulu faire entrer en lui le corps de celle qu'il aimait ; arrêté par la police française, déclaré dément, il est relâché en 1985.

En revanche, dès le paléolithique, il semble qu'il y ait eu des cas de consommations rituelles d'un organe du défunt (comme cervelle, cœur, yeux, langue ou organes génitaux) ; en ingérant les sièges d'une qualité reconnue, on espérait bénéficier des mêmes pouvoirs et s'approprier la valeur et l'intelligence de celui qui était un exemple.

D'après Hérodote, les Scythes tuaient les vieillards et les dévoraient. Mais on connaît les exagérations et même les affabulations du célèbre géographe ; son assertion paraît actuellement sans fondement. Depuis quelques années, on a trouvé d'autres raisons à ce qui paraissait des marques d'anthropophagie, comme en particulier les stries laissées sur les os par des couteaux de silex : ce seraient plus sûrement les signes d'un rite funéraire consistant à racler les os afin de leur donner une nouvelle sépulture (la sépulture en deux temps).

On ne peut ainsi en déduire l'existence d'une omophagie alimentaire, qui paraît n'avoir été pratiquée que fort rarement ou dans des circonstances tout à fait exceptionnelles. Le repas rituel pris en commun, lors des funérailles, est sans doute une survivance d'un rite cherchant à intégrer les qualités d'un autre individu.

Afin de revenir à de plus justes proportions dans les analyses des faits, n'oublions pas que les chrétiens ont été considérés comme des anthropophages puisque absorbant l'hostie contenant le corps de Jésus ; recevoir

11. *Les Survivants* (Grasset, 1974).

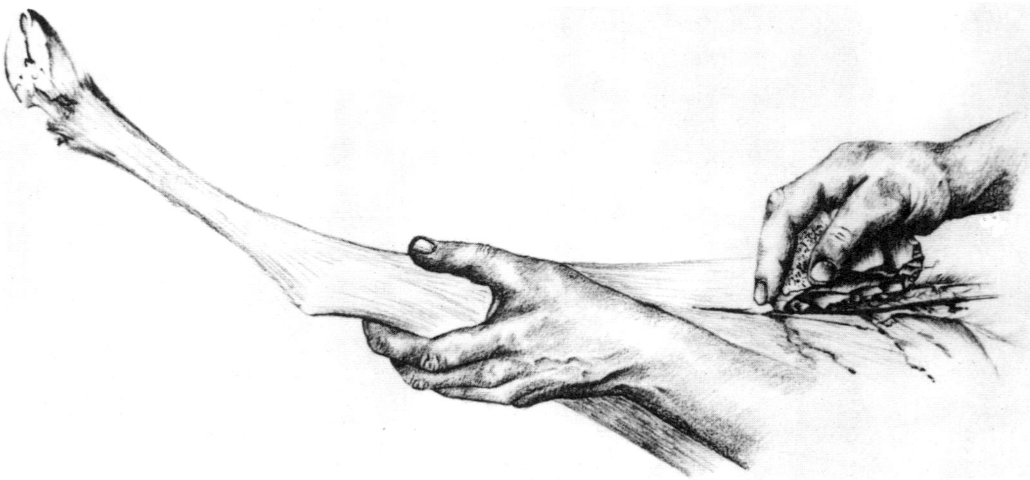
(Photo J. Oster ; musée de l'Homme, Paris.)

Les outils taillés pouvaient être utilisés pour débiter les animaux chassés. Les stries d'utilisation sont facilement repérables sur le bord tranchant des outils, à l'œil nu ou, mieux, avec un microscope électronique à balayage. Selon l'orientation des stries par rapport au bord tranchant, il est possible d'avoir une idée de leur utilisation : les stries parallèles au bord tranchant sont consécutives à une action de découpage, les stries perpendiculaires sont dues à une action de raclage.

symboliquement ce corps, c'est vouloir s'unir à Dieu, intégrer en nous les qualités que nous recherchons : la survivance d'un acte bénéfique d'anthropophagie rituelle.

8. Sépulture en deux temps. Exhumation

La *sépulture en deux temps* recouvre en fait des rites nombreux et variés, pratiqués par des civilisations fort différentes. On enterre ou on expose provisoirement le corps qui, dans certains cas, peut-être dépecé. Les os ayant perdu leurs chairs, on exhume et lave le squelette ; soumis à un nouveau rite funéraire, on le place dans une nouvelle tombe ou un ossuaire, ou on le conserve comme relique. Un rite complexe qui coupe toute relation du défunt avec la vie terrestre, car il faut que la chair quitte les os pour libérer l'âme.

Cette coutume est restée vivace dans diverses civilisations et dans certains rites de l'Eglise orthodoxe (Grèce, Yougoslavie) où, après une période allant de 3 à 7 ans, le cercueil est exhumé ; les os, après avoir été lavés, sont trempés dans du vin ; les femmes disposent ensuite ces restes dans un coffret en bois ou en métal qui, béni par le pope, est placé dans un ossuaire.

9. Le culte de la Déesse mère

Le culte de la Déesse mère remonte à plus de 20 000 ans avant notre ère. La femme, porteuse de vie, vénérée pour les bienfaits de ses grossesses qui apportent la prospérité dans les familles, donne lieu à des représentations riches et variées, principalement visibles au musée national des Antiquités à Saint-Germain-en-Laye. La *Vénus de Laussel* ou *Vénus à la corne,* bas-relief de 0,54 m, est aussi l'une des œuvres des plus exceptionnelles (12).

Au paléolithique, le sexe, largement représenté et fort vénéré comme porte de la vie, est schématisé sous forme de triangle, pointe en bas à l'image du triangle pubien ; on l'évoque aussi sous forme d'un ovale contenant un trait vertical. Cependant, dans toutes les civilisations (principalement mexicaines mais aussi orientales), le vagin – muni de dents – mord et donne la mort. La femme, telle une sirène, entraîne l'homme dans les plus grands désordres. Cette femme devient l'alliée de la mort.

Des déesses enlèvent des enfants, les dévorent. Pour les Grecs, les Parques coupent le fil de la vie. Perséphone règne sur les Enfers tout en étant l'intermédiaire entre le monde des vivants et celui des morts. Cybèle, Isis, Atargatis, Hécate, Artémis, Rhéa, Kali... également déesses de la Mort, sont des créatures dangereuses. Une vieille femme décharnée, édentée, dans de larges vêtements qui flottent au vent, symbolise souvent la mort cruelle. Les femmes tentatrices entraînent les hommes dans les plaisirs physiques, sensuels. Si saint Antoine est tenté par des monstres, les sirènes ont beaucoup plus d'attrait par la grâce de leur corps ; le charme de leur voix ajoute encore à leur beauté : Ulysse, l'initié, résiste à leur propos, mais ses douze compagnons périssent.

Les femmes savent attirer, castrer puis anéantir.

Les femmes stériles, en frottant leur ventre contre le menhir à la forme phallique bien accentuée ou en entourant ce lingam de leurs rondes ensorcelantes, retrouvent leur fécondité.

10. Le culte des ancêtres

La plupart des civilisations rendent un culte aux ancêtres. On pense que l'homme qui a quitté notre monde continue de vivre dans une autre société, sensiblement de la même manière que lors de son existence terrestre, avec des joies et des peines comparables. En revanche, l'ancêtre connaît non seulement nos rites, mais participe également à une autre existence que nous

12. Musée d'Aquitaine, Bordeaux.

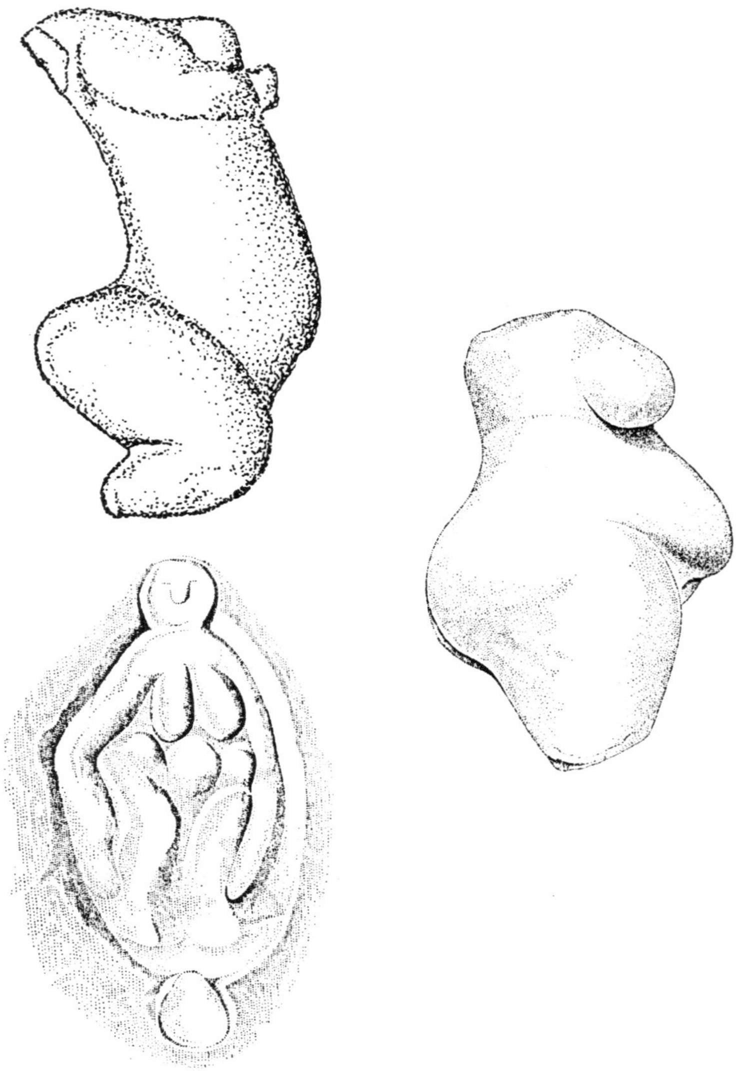

Haut : Vénus de Sireuil, dite “l'adolescente”.
Milieu : Vénus “en poire” de Brassempouy (Landes).
Bas : “Vénus” double de Laussel (bas-relief).

Vénus de Lespugne (24 000 av. J.-C. ; Haute-Garonne).

ignorons. Les morts, sans doute en rapport avec des divinités, sont dans le secret des dieux : leurs pouvoirs sont supérieurs aux nôtres.

Le trépassé ne va-t-il cependant pas envier notre monde ? S'il peut nous conseiller, il peut aussi bien dresser des embûches. On craint le mort. Afin de l'empêcher de nous nuire, on mutile le cadavre ; on l'attache, lui lie les jambes, lui coupe les pieds pour l'empêcher de marcher et on l'enterre loin du village, en prenant des chemins sinueux fort compliqués afin de l'égarer. Mais, après l'enterrement, on revient rapidement par le chemin le plus direct afin qu'il ne puisse suivre les vivants, en ayant auparavant pris soin de brûler le brancard qui lui aurait servi de transport. Pour le cas où le mort aurait pris la décision de revenir, on place des grains de riz devant la porte afin de lui montrer la bonne disposition des vivants qui prennent soin de lui donner sa nourriture, comme cela se pratique en Inde.

Les rites chamaniques des Thonga d'Afrique du Sud nous apprennent à nous méfier des esprits ancestraux, et il faut conjurer notre peur des trépassés. En donnant un « bagage » à celui qui nous quitte, on cherche à se concilier ses faveurs. On saupoudre son corps d'ocre rouge et l'on place à ses côtés armes, outils, amulettes et provisions. Les temples égyptiens montrent le luxe raffiné dont bénéficie le cadavre.

(Photo Labouret ; musée de l'Homme.)

Temple des ancêtres de la dynastie. Le roi et la "lingier" (la deuxième épouse) y font des sacrifices saisonniers (Diakhao, Sénégal).

11. Défunts et énergie sexuelle

Le culte des ancêtres est souvent lié à une action régénératrice au profit des vivants. Certains groupes conservent l'ancêtre embaumé dans leur habitation. Son énergie créatrice est symbolisée par des représentations phalliques car, de sa force sexuelle naît le bien-être familial ; le phallus honoré et peint de couleurs vives donne lieu à des rites spécifiques.

La puissance virile est signe de fertilité : l'ancêtre a su engendrer, maintenir l'équilibre familial. Cependant, comme le remarque Jean-Thierry Maertens, le pénis, à cause de son manque d'os, ne peut devenir ni relique ni rite mortuaire. La sexualité de l'ancêtre s'exerce donc par ses descendants : durant la veillée du mort des couples peuvent se former parmi les non-mariés ; afin d'honorer le mort qui a dépassé l'interdit de l'inceste, des femmes nues pratiquent souvent des danses lascives. En Afrique, en Martinique, à Madagascar, mais aussi chez les Slaves et les Bulgares, les jeunes peuvent s'accoupler le jour des funérailles, à la Toussaint, afin de réjouir le défunt. Cette licence sexuelle est en général interdite à la veuve. Ce goût de dépasser les interdits apparaît dans nos cimetières où sur nos tombes ; il n'est pas rare de voir des sculptures d'un pauvre érotisme figurant des femmes nues ou vêtues de drapés transparents.

12. Sacrifices autour du mort

Dans bien des sépultures, à partir de l'époque de La Tène, on trouve les restes de chevaux ou d'ânes, montures qui conduisent les âmes dans l'au-delà ; c'est le cheval « psychopompe ». Saint Eloi, patron des merveilleux chevaux (fêté en hiver le 1er décembre et en été le 25 juin), a été supprimé de nos calendriers modernes car il reflétait trop le paganisme. On a envisagé que la danse du *cheval-jupon,* qui avait lieu dans les cimetières, était la survivance de cette croyance par laquelle le cheval véhiculait l'âme du défunt (13).

Nous verrons, particulièrement en Inde, le sacrifice des veuves qui se jettent dans le foyer crématoire de leur mari.

13. Des têtes coupées

Le culte des crânes humains débute au paléolithique moyen ; il semble également qu'on rende hommage au masque de l'ours, ancêtre mythique de l'homme, que l'on honore ainsi particulièrement.

13. Van Gennep : *Manuel de folklore français contemporain*, t. I (vol. VI, p. 2840).

La boîte crânienne, réceptacle de l'âme et siège de l'esprit, est l'objet d'un culte qui s'étend sur de nombreuses années : souvent elle est seule enterrée dans un lieu saint ; on la trouve souvent détachée du squelette, au centre d'une salle naturelle ou aménagée, sous un dolmen dans la crypte de nos églises ; les vertèbres cervicales en sont même enlevées, tandis que les os sont placés en dépôts anonymes, sans soins. La civilisation celte broyait, avec un marteau sacré, le crâne réputé imputrescible, afin sans doute que chacun puisse posséder un souvenir direct de l'ancêtre. C'est aussi l'image de la caverne dans laquelle l'être naît et meurt, et c'est par cet intermédiaire que l'homme communique avec le cosmos. On peut évoquer un véritable culte des crânes (14).

Ossuaire.

(Dessin extrait du *Vocabulaire de l'architecture ;* ministère des Affaires culturelles, 1972.

La Bretagne conserve – encore de nos jours – dans ses églises, des crânes scellés dans des murs ou colonnes maçonnées. La puissance des céphalophores se ressent à la basilique de Saint-Pol-de-Léon (Côtes-d'Armor) : la clôture du chœur possède des petites boîtes renfermant des crânes, portant l'inscription *Icy le chef de... ;* on trouve également des niches creusées dans

14. Très bonne étude dans *Histoire générale des religions* (Aristide Guillet, 1960). Le crâne animal joue également un grand rôle dans ces rites, avec souvent un pouvoir protecteur.

le mur d'enceinte pour y recevoir des têtes. Bien d'autres lieux celtiques devraient être cités. Rangées sur des étagères, séjournant à un carrefour sur les branches d'un arbre, ou dans des chambres comme celles qui étaient installées dans le château de Barbe-Bleue, ces têtes éveillent notre curiosité.

Dans la *Queste du Graal*, le chevalier Gauvain reçoit les conseils de têtes de morts : elles parlent et l'aident dans sa recherche ; le mystérieux *Chevalier vert* qui apparaît à la cour du roi Arthur bénéficie lui aussi du propos des morts (15). Dans l'épopée d'Irlande, Cûchulainn, après avoir eu la tête tranchée, n'en conseille pas moins les siens (16). Ainsi, dans de très nombreuses légendes les têtes de morts conseillent et aident les vivants (tout au moins ceux qui désirent se placer sur la voie d'une réalisation intérieure), alors qu'habituellement ce masque est muet et inspire le silence (17).

Dans les rites maçonniques, le néophyte est purifié par les quatre éléments ; l'*épreuve de la terre* symbolise le passage dans les entrailles de la caverne ; dans un *Cabinet de réflexion* (18), espace étroit et noir, on découvre un crâne parmi d'autres objets symboliques : sans doute est-ce là le rappel de la fugacité de notre vie, un rappel sur la stupidité de notre vanité qui ne devrait pas pouvoir s'exercer si nous songions à la brièveté de notre existence ; mais c'est aussi le chef de nos ancêtres qui nous conseille et nous aide.

Est-ce uniquement en Bretagne que nous découvrons ces étranges sépultures ou ces mystérieuses légendes ? Le Capitole, en Italie, consacre la découverte d'une tête enfouie dans les fondations du temple consacré à Jupiter. Le *Livre des morts* de l'ancienne Egypte, dans ses chapitres XLIII et L, évoque le symbolisme de la tête. Orphée est décapité par les femmes de Thrace, et cette tête attachée à la lyre donne naissance à la poésie lyrique éolienne. Que ce soit dans le folklore des Indiens d'Amérique, dans les textes hindous – en particulier avec l'apologue *la Joie parfaite* de Tchouang-tseu – nous découvrons des têtes séparées du corps ; elles roulent comme des rochers, frappent les démons ou les coupables ; elles peuvent tourner, se mouvoir et parfois même resplendir comme le soleil.

La Légende dorée conte le supplice de Denis qui, la tête tranchée à Montmartre (le mont des Martyrs), s'empare de son chef et le transporte

15. A. Reinach : « Les têtes coupées et les trophées en Gaule » (*Revue celtique*, t. XXXIV, 1913). Jean Marx : *La Légende arthurienne et le Graal* (1952). Revues *Ogam* (VIII, n° 46, 1956 ; p. 30), *Société de mythologie française* (n°s 83, 96, 119, 120, 127, 131, 140, etc.) et *Atlantis* (n°s 279 et 357)

16. Ananda K. Coomaraswamy : *La Doctrine du sacrifice* (Dervy-Livres, 1978 ; p. 101).

17. Jean-Thierry Maertens : *Le Jeu de la mort* (p. 54 à 60).

18. Jean-Pierre Bayard : *La Symbolique du cabinet de réflexion* (p. 57 à 64).

jusqu'au lieu où il repose actuellement, à Saint-Denis. Maurice à Agen, Nicaise à Reims, Lucien à Beauvais, Clair en Normandie, Mythre à Arles, Valérie à Limoges, Principius à Souvigny-en-Bourbonnais, Lucaire à Paris, Balsème à Arcis-sur-Aube, Savinien à Troyes... ne sont que des saints bien connus emportant leurs têtes entre leurs mains. La décollation de Jean le Baptiste pour satisfaire le désir de la fille d'Hérodias, Salomé, a fait naître de larges commentaires : le chef de celui qui baptisa Jésus, conservé au trésor de la cathédrale d'Amiens, nous intrigue par son énigmatique présence.

La tête, partie la plus imputrescible de notre corps, siège de l'âme, sanctifie le lieu où elle se trouve enterrée ; le corps, simple charpente, n'est que secondaire mais la tête communique avec l'au-delà, avec nos origines ; elle devient un maillon dans la vaste chaîne de la solidarité humaine (19). Cette partie – la plus représentative de l'individu – qui prend son expression particulière grâce à la mobilité de ses traits, contient le principe de vie.

Est-ce pour ces raisons que sous toutes les latitudes on assiste à la chasse aux têtes, souvent un témoignage de la valeur guerrière, parfois une offrande au Dieu favorable ? En conservant une tête on communique avec l'ancêtre et on acquiert sa puissance. En Nouvelle-Georgie, aux îles Salomon, la tête devient la marque principale de la cérémonie funéraire ; les ennemis prisonniers fournissent le sacrifice de leur tête lors des funérailles d'un chef (20).

Les têtes momifiées comme trophées (Pérou, Amazonie, Nouvelle-Zélande) sont obtenues par déshydratation solaire sans qu'il y ait embaumement. En Amazonie, les Indiens Jivaro, nommés les « réducteurs de têtes », font la chasse des têtes humaines : ils en enlèvent la partie osseuse, réduisent considérablement les chairs tout en conservant les traits. La réduction de ces *tzanza*, restée longtemps inconnue des Européens, a fait l'objet de quelques récits dont ceux de Up de Graff et de Hébert Dtevens (21) : il semblerait que le bain d'herbes bouillant et le remplissage de la tête par des pierres chauffées entraînent cette réduction qui a pour but d'agir sur l'esprit de l'ennemi, en le mettant dans l'impossibilité de redevenir puissant. En le maintenant présent dans son enveloppe, on lui donne l'illusion qu'il est toujours en vie, d'où la nécessité de conserver sa ressemblance ; si l'esprit de l'ennemi était libéré, il pourrait redevenir redoutable ; ridiculement réduit, l'esprit finira par fuir.

19. Etienne Patte : *Les Hommes préhistoriques et la religion* (p. 60 et 126).
20. Cécile Barraud : *De la chasse aux têtes à la pêche à la bonite* (L'Homme, XII, 1, 1972).
21. Ces textes ont été cités dans *le Monde étrange des momies* (Pygmalion ; p. 142). Voir "les tombes chinoises de Mawangdui" (chap. III, 1.f.).

Encore en Amazonie, les Indiens Munduruku conservent les têtes de leurs ennemis mais aussi celles de leurs parents. Ces têtes, admirablement conservées, sont d'une fidélité exemplaire ; on retrouve les tatouages, les cheveux qui restent lisses et l'ensemble donne l'impression de la vie. Les parties molles ont été retirées (cerveau, langue, yeux) et la tête coupée a été mise à feu doux, puis lavée à l'eau, imprégnée d'huile d'urucu et exposée au soleil. Ces trophées ne sont conservés que quatre ans. En Océanie, les Maoris de Nouvelle-Zélande ont conservé également une apparence humaine au masque.

En conservant le crâne, cette société montre son attachement à une forme religieuse, sa foi dans l'intellectualité, dans une spiritualité : c'est la recherche magique et religieuse d'une civilisation évoluée.

14. Traitements des crânes

Les crânes, à moins d'être brisés, subissent souvent des transformations. De l'époque magdalénienne on trouve des crânes travaillés en forme de coupes. Sutures et trous pariétaux ne permettent cependant pas la conservation des liquides, donc d'y boire comme quelques légendes le laissent entendre (il aurait fallu y déposer intérieurement une matière étanche) mais, en revanche, ces têtes ornées ont pu servir de récipients décoratifs, certains d'entre eux ayant encore des traces d'ocre rouge.

Quelques crânes reçoivent des os complémentaires et, parfois, des yeux artificiels veulent redonner l'aspect de l'être vivant. Dans le même esprit, on enduit extérieurement le crâne de chaux – ou d'un autre matériau – que l'on modèle (crânes surmodelés) afin de restituer les traits du défunt ; on décore ces crânes avec des couleurs vives (cas de l'Océanie et, principalement, de Nouvelle-Guinée).

(Photo Oster ; musée de l'Homme.)

Calotte crânienne gravée d'un motif en forme de pagaie de danse (île de Pâques, Polynésie).

Dessin de Delvaux : *Les Trois Crânes* (Galerie Isy Brachot, Bruxelles-Paris).

Dès le début du paléolithique supérieur, dents et os servent souvent à confectionner des pendeloques en y perçant des trous pour leur suspension. Un peu plus tard, au magdalénien, des rondelles sont extraites dans le crâne puis dans des os longs ; percées, elles servent également de pendentifs.

On trouve des traces de brûlures sur des os ; le décharnement et la désarticulation ont été pratiqués dès le paléolithique moyen et laissent des traces qui ont été considérées, à tort, comme des marques de cannibalisme. Suivant l'expression du paléontologiste russe, Efremov, la *« taphonomie »* étudie les processus de conservation ou de destruction des os. Le comportement guerrier se généralisant au chalcolithique, les trépanations apparaissent à cette époque.

15. La trépanation

La trépanation, connue dès le paléolithique, se développe au néolithique ; des cas typiques ont été notamment trouvés dans le Quercy et dans le groupe Seine-Oise-Marne. La trépanation, effectuée sur l'être vivant, consiste à découper une rondelle dans l'os avec une lame de silex ; grâce à l'ossification qui s'est ensuite produite, nous constatons que les patients ont pu survivre à leur opération. Les rondelles ainsi découpées ont été conservées ; portées en collier par les femmes, ces parures ont sans doute un pouvoir talismanique. Ce serait ainsi s'approprier les forces qui étaient en cet être, en cette tête siège de la puissance vitale, réceptacle de l'esprit. Mais nous ne pouvons qu'émettre des suppositions ; il est possible qu'en dehors de quelques cas médicaux où une trépanation s'imposait à la suite d'un accident, nous nous trouvions devant un acte magique, un rituel initiatique permettant au sujet, par exemple, d'accéder à une illumination intérieure, de développer d'autres possibilités cérébrales, des pouvoirs psychiques.

La trépanation : pratique très ancienne au Pérou. Tello a découvert 10 000 crânes à Huarochiri (région méso-andine), dont 200 étaient trépanés.
(Dessin extrait de Fernand Schwarz : *Les Traditions de l'Amérique ancienne.*)

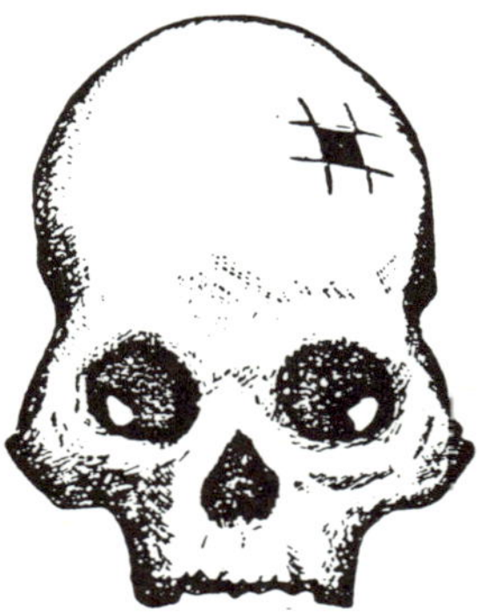

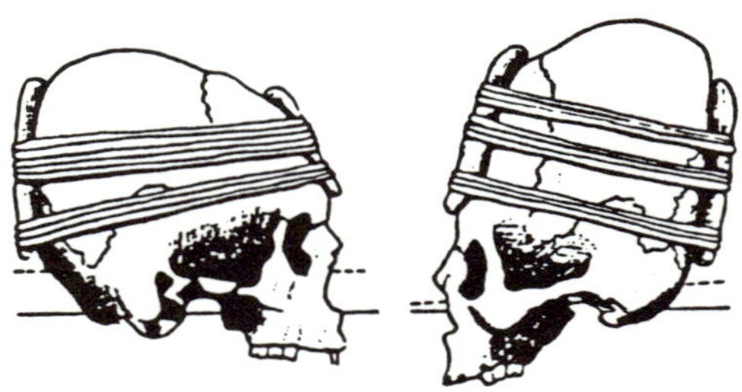

On a relevé des trépanations effectuées sur des morts ; nous ignorons également le but de cette opération posthume : est-ce pour permettre à l'âme de rejoindre plus rapidement son nouveau milieu ? On peut songer au symbolisme de la cabane funéraire : le sommet du toit conique de la hutte est percé afin que l'âme de l'individu puisse s'échapper plus facilement et qu'elle aille ainsi rejoindre le ciel. Mircea Eliade est revenu maintes fois sur cet aspect magique tandis que René Guénon (22) évoque la clef de voûte, la pierre sommitale, le claveau qui permet de caler la voûte ; cette pierre nommée en anglais *capstone* fait songer à « la couronne du crâne ».

Il existe ainsi un rapport entre l'ouverture spirituelle, l'illumination et le rite de la trépanation qui est semblable à l'enlèvement de la *capstone*, la pierre sommitale.

16. Les tabous

Il existait très certainement des usages particuliers dont quelques tabous nous sont partiellement parvenus. La mise en terre donnait lieu vraisemblablement à des scènes de pleurs dont nous trouvons de nombreuses survivances. On se couvrait de cendres, on se coupait les cheveux ou, au contraire, les hommes devaient se laisser pousser la barbe.

Les prescriptions étaient sans doute nombreuses et devaient être fort observées, mais ces rituels n'ont pas laissé de traces. Nous les retrouvons dans les survivances des rites récents.

17. Le repas rituel

De nos jours un repas, plus ou moins rituel, non totalement codifié si ce n'est par des coutumes locales, suit l'enterrement. Il peut être pris sur le lieu de la sépulture mais, le plus souvent, à la maison du mort. Des offrandes, des nourritures sont également souvent apportées aux défunts. Dans de nombreuses traditions, le mort – habillé – préside au milieu des convives : il participe symboliquement au partage de la nourriture. Lors des anniversaires ou de fêtes commémoratives, lors de la levée de deuil, de semblables repas réunissent tous les membres d'un même groupe ; c'est non seulement honorer la mémoire du disparu, mais aussi marquer le caractère rituel et collectif, la perte d'un membre diminuant la puissance sociale du clan : si le disparu a eu une position sociale en vue, sa disparition est d'autant plus douloureusement ressentie. Par le repas, on rend officiellement hommage au défunt, à la

22. René Guénon : "La Pierre angulaire" (revue *Etudes traditionnelles*, avril-mai 1940). Repris dans *Symboles fondamentaux de la science sacrée* (chap. XLIII, p. 278, 284).

tribu, à l'ancêtre puisqu'il figure symboliquement au centre de la réunion, parfois représenté par un proche parent.

Les libations grecques faites à partir du miel – l'abeille véhiculant les qualités spirituelles de l'âme des prêtres – comportaient, d'après l'*Odyssée,* quatre matières principales : du lait, du miel, du vin et de l'eau de source. L'eau miellée, l'hydromel, a été la boisson préférée des dieux nordiques ; on offrait aux défunts un gâteau pétri avec du miel.

18. Les parures

Comme nous venons de le voir, à toutes les époques les parures, valeurs talismaniques (23), entrent pour une large part dans le mobilier funéraire en extériorisant le rang social du défunt. Il est probable que fleurs, plumes, cuirs, écorces et fourrures ont également accompagné le corps, mais seuls restent coquillages, dents animales ou humaines, cornes, vertèbres de poissons, perles, galets, os, ivoires... ; dans quelques tombes on a cependant retrouvé des graines.

Ces objets forment des colliers, bracelets, pendentifs, bagues, boutons ou anneaux. L'art atteint un très haut niveau avec le travail des os, cornes et ivoire sur lesquels on trouve rainures incisées, gravures, figures anthropomorphes. Au fur et à mesure de la transformation de l'industrie, la parure évolue et l'ornementation stylisée et abstraite emploie les points alignés, les chevrons, les lignes ondulées.

Collier protecteur de nouveau-né que l'individu doit garder toute sa vie. Le cordon ombilical de l'enfant se trouve cousu dans le tissu et est accompagné de talismans et de deux pendeloques en fer. Ce rite établit une analogie entre le rite de naissance et le rite funéraire. (Egypte musulmane, XVIIIe siècle.) (Photo Ponsard ; musée de l'Homme.)

Le vase funéraire peut contenir, outre des bijoux, une nourriture permettant au défunt d'entreprendre son long voyage : c'est identifier les aliments

23. Jean-Pierre Bayard : *Les Talismans.*

aux éléments magiques. Le feu, en général symbole de vie, est étrangement présent au cours de ces cérémonies : on y découvre des traces de foyer ; torches et bougies parent ensuite les tombes, respectant sans doute des usages fort anciens ; le tison éteint représente la mort.

Le défunt, habillé, reçoit ces signes distinctifs qui lui appartiennent en propre : armes, outils, bijoux, ornements, vaisselle, vase ; c'est lui donner son identité et honorer sa vie terrestre par des distinctions honorifiques.

C'est sans doute au néolithique qu'apparaît le sens de la propriété. La parure, qui a distingué le riche dans la vie sociale, devient sa protection dans l'au-delà ; la notion d'héritage se fait jour. Le mort est tout d'abord enterré avec tout ce qu'il possède et on détruit ce qui ne peut être enseveli, particulièrement sa demeure. On constate ensuite qu'il aurait été préférable de conserver certains de ses biens : au lieu de laisser mourir l'aïeul dans sa case, on en construit une plus rudimentaire et c'est cette dernière qui est détruite. La convoitise d'un bien a dû se faire sentir très tôt ; on a observé les inégalités entre les richesses créant des rivalités entre les hommes.

19. Faire revivre nos ancêtres...

Ces données archéologiques, ces objets familiers retrouvés brisés, ne nous permettent pas pour autant d'imaginer l'aspect physique de nos ancêtres ; nous aimerions les évoquer avec plus de précision. A partir des crânes – qui peuvent se conserver des milliers d'années – n'est-il pas possible de restituer un portrait individuel ? Quelques savants ont tenté cette reconstitution, fort délicate car les relations entre le crâne et les tissus souples sont complexes. A partir de 1930, l'archéologue Mikhaïl Mikhaïlovitch Guérassimov, après avoir étudié l'anthropologie, procède à la reconstitution du visage : yeux, nez, bouche deviennent irréprochables, mais la reproduction des oreilles demeure plus problématique. Les relations entre les ligaments souples du visage et le crâne ont fait l'objet d'études très approfondies avec radiographies (24).

On peut également songer à la statue du musée de préhistoire de Tautavel, résultat de moulages établis à partir des deux restes osseux appartenant au même individu reconstituant, en 1971, un crâne de 450 000 ans...

24. Boris Liapounov lui a consacré une étude publiée en 1970 (Editions Mir, Moscou), traduite en français par Claude Le Bars sous le titre : *Surgis du fond des âges*

(Photo musée de l'Homme, Paris.)

Sépulture d'un adolescent de 12 à 14 ans, datant de 17000 av. J.-C. Reposant sur un lit d'ocre rouge, des coquilles de *Nassa neritea* ornent son crâne.

CHAPITRE III

Rites funéraires dans la pensée ancestrale

1. En Orient

L'hindouisme, le bouddhisme et le yoga entrent dans une grande variété de religions et de pratiques spirituelles orientales qui, toutes, envisagent un dépassement de la condition humaine ; par des passages successifs – des conditionnements ou *karma* – l'homme parvient à une existence non conditionnée.

a) Le karma

Le mot sanskrit *karma* signifie « action » ; chaque action a une influence sur notre entourage et aussi sur notre vie future. Cette très vieille conception a été reprise et développée par le bouddhisme. Le karma formé dans nos existences passées, emmagasiné dans notre conscience, conditionne toute nouvelle vie terrestre. Le bouddhisme considère différentes formes de karma : le *karma immuable* – ou fixe – qui produit inévitablement un résultat déterminé et le *karma modifiable* – ou non fixe – dont les résultats ne sont pas absolument irréversibles.

Par *karma* il faut ainsi entendre la loi des causes et des effets. Toutes les méthodes ascétiques, mystiques, visent à ces mutations où, par une sensibilité accrue, en purifiant son karma, on aboutit au stade final, au sommet cosmique, au Pôle. « *Le bouddhisme, pour sa part, affirme l'éternité de l'être au-delà de l'impermanence de ses fluctuations. Aussi la mort ne saurait-elle être une fin dernière, mais un simple passage. L'issue peut en être triple : – une renaissance dans le monde des humains ou dans un autre monde du cycle des existences conditionnées, où se poursuit le flux des joies et des souffrances ; – l'accession à un "champ pur", domaine de manifestation lumineuse ; – l'éclosion de la nature ultime de l'être, conscience pure, non duelle, illimitée, omnisciente et tout amour, ce qu'on appelle l'état de Bouddha* (1). » Le plus souvent il faut traverser sept cieux afin de transcender cette chaîne ; des épreuves peuvent accélérer ce processus.

Les rites funéraires sont ainsi variés suivant les pays concernés et nous y trouvons tous les types : enterrement, immersion, incinération, dessèchement et exposition aux oiseaux de proie.

(Photo Tohru Ogawa ; musée de l'Homme.)

Jacca-Nu-Gama : grotte calcaire souterraine (20 m environ). A l'intérieur, sont accumulées les urnes funéraires de plusieurs générations de plusieurs familles. La disposition est régie par l'appartenance aux groupes familiaux (Okinawa, Japon).

b) Le *Bardo Thödol*

Le *Shiva-purana* traite de l'origine de l'univers *(sarga)* ; le *purana* est le livre de la tradition et illustre l'enseignement védique sous forme de narrations et de mythes. D'après cette ancienne conception védique, Prajapati est le Démiurge, le Seigneur des créatures ; « *Shiva, principe divin éternel et immuable, grâce à son Energie inhérente (Shakti), manifeste le cosmos où se combinent les trois qualités primordiales de la Nature universelle,* sattva *(luminosité, intelligence),* rajas *(dynamisme, mouvement, passion)*

1. Bokar Rimpotché : *Mort et art de mourir dans le bouddhisme tibétain* (p. 5).

et tamas (opacité, inertie, inconscience). Ces trois qualités (guna) sont présidées par trois divinités : Vishnu, Brahma et Rudra, dont les puissances (Shakti) ou épouses respectives sont Lakshmi, Sarasvati et Kali (...) De même que Brahma préside au commencement des choses, Vishnu à leur milieu, Rudra préside à leur fin. Brahma gouverne la naissance et l'apparition, Vishnu l'existence et la continuité, Rudra la mort et la disparition (2). » Rudra – Seigneur de la mort – est souvent nommé le Grand Archer car le trait de la mort se compare à une flèche ou à la foudre ; mais Rudra est aussi le « Dieu qui vainc la mort » *(Mrityunjaya)* ainsi que l'enseignent les Veda. Il peut être à la fois bienfaisant et destructeur, comme Kali ou comme le Feu (Agni) (3) ; il inspire la peur aux êtres non libérés, mais il permet surtout de transcender la mort en conférant la libération et la vie éternelle.

(Photo Thoru Ogawa / Musée de l'Homme.)

Intérieur d'une sépulture creusée à même la falaise, avec les ossements de toute une famille (Okinawa, Japon).

D'après le bouddhisme tibétain – principalement le *Livre des morts* ou *Bardo Thödol* – la nature de notre être est comme une rivière qui parcourt notre vie ; toujours changeante, notre personnalité ne peut se figer sous une

2. *Le Shiva-purâna*. La légende immémoriale du dieu Shiva. Traduit du sanskrit par Tara Michaël (N.R.F.-Unesco, 1991 ; p. 19 et 33).
3. Jean-Pierre Bayard : *La Symbolique du feu.*

seule forme ; malgré ce mouvement permanent, nous conservons la même nature. La mort n'est ainsi qu'un point passage dans une éternelle création (4).

Le *Bardo Thödol,* texte fondamental du lamaïsme tibétain, est souvent nommé *le Livre des morts tibétains* alors que l'on devrait dire « l'écrit qui conduit à la libération »; ce recueil traite de la survie de l'âme, du passage de la vie à la mort et il aborde le mécanisme de la transmigration en traitant rationnellement du cycle de l'existence entre la mort et la naissance, c'est-à-dire la doctrine des renaissances ; cependant *« ce n'est pas un guide des morts mais un guide de tous ceux qui veulent dépasser la mort, en métamorphosant son processus en un acte de libération ».* Cet enseignement est attribué à Padmasambhava, le grand apôtre bouddhiste du milieu du VIIIe siècle de notre ère. Il faut pratiquer le *dharma,* la voie, le sentier qui mène à la vie spirituelle.

Divers auteurs ont parlé du *p'owa,* technique qui constituerait en l'éjection de la conscience au moment du décès. Après la mort, l'âme entre tout d'abord dans un stade d'illumination pour aller vers la réalité suprême. Au second stade – le *Chonyid Bardo* – le mort se rend compte qu'il est décédé et subit le karma, mais il peut aussi évoquer une divinité afin d'obtenir sa grâce. Enfin, au troisième stade, celui de la réincarnation, il peut rencontrer des divinités bénéfiques ou maléfiques, sans avoir le désir de se réincarner : il demande alors la grâce d'effacer le karma (5).

Ce texte est psalmodié avant, durant et après l'instant du passage final, afin d'éclairer le moribond sur l'évolution de son état, sur la succession des changements qui se font en lui. Le lama ne lui adresse pas de formules de consolation, de pieux mensonges ou des paroles lénifiantes, mais il l'affermit dans son courage afin que le mourant aborde avec sérénité et dignité ce moment auquel il a été préparé. De même, le médecin tibétain n'entreprend son traitement qu'après un diagnostic sérieux : il ne veut pas prolonger la souffrance d'un malade incurable, mais cherche à le soulager.

L'âme est prête pour séjourner durant 49 jours dans un milieu – le bardo – qui prépare au véritable au-delà. A la mort succède le *bardo de la vacuité* qui s'étend sur une période de « trois jours d'inconscience » ; en réalité il y a plusieurs bardos, dont le *Tchika Bardo,* le bardo du moment de la mort. On enseigne le bardo dès l'enfance ; ce terme tibétain désigne un

4. Satprem a exprimé les pensées de Sri Aurobindo et Mère (Mirra Alfassa, 1878-1973) sur la conscience cellulaire du corps, dans deux ouvrages publiés chez Robert Laffont : *La Mutation de la mort* et *le Mental des cellules.* Lire également, de Bokar Rimpotché : *Mort et art de mourir dans le bouddhisme tibétain.*

5. On trouve, dans l'ouvrage de Gille Boutry : *Mort, renaissance et immortalité* (Présence), les rites et les pratiques qui conduisent à la maîtrise de la mort (p. 67 à 83) ainsi que ceux qui mènent à l'immortalité (p. 94 à 120).

Tombeau des Nogi (Tokyo, Japon).
(Photo musée de l'Homme, Paris.)

intervalle temporel matérialisé par un commencement et une fin définis, que la durée en soit longue ou brève. Parmi une infinité de bardos, on considère principalement les six sphères de la vie de l'esprit humain ; ce sont des états mentaux à certaines prédominances qui agissent à des moments donnés, selon les cas psychologiques et le comportement de l'individu :

1. Le bardo de la naissance aux premiers signes de l'agonie.
2. Le bardo du rêve durant le sommeil.
3. Le bardo de la concentration durant la méditation.

Puis viennent les trois bardos de la mort :

4. Le bardo du moment de la mort allant jusqu'à la mort effective.
5. Le bardo de la nature en soi : avec l'apparition des divinités dans l'état *post-mortem*.
6. Le bardo du devenir : depuis l'état *post-mortem* jusqu'à la naissance.

Afin de faciliter le *bardo de la mort,* les cimetières tibétains ont été créés sous forme de « *charniers aux murs percés de portes basses pour que les chiens puissent entrer. Il y avait même des découpeurs, chargés de dépecer la chair et de la jeter aux bêtes. On cherchait par là à obtenir une destruction complète, rapide, du cadavre afin que le mort ne se sente pas retenu dans le corps, cette prison de son ancienne vie, et soit tout à fait libre d'entreprendre son voyage dans le bardo de la mort* (6). ».

Les textes les plus explicites sont les *Veda* et les *Upanisad* qui commentent la transmigration des âmes quittant leurs corps. Pour Bouddha, la mort précède la naissance et chaque vie est un épisode entre deux décès. Entre le début et la fin, l'état intermédiaire n'est qu'illusion ; Bouddha le nomme *dukkha,* « la misère ». Le nouveau-né n'est qu'un défunt de plus ou moins

6. Eliane Georges : *Voyages de la mort* (Berger-Levrault ; p. 229).

longue date ; on prend un nouveau corps mais le germe de la vie actuelle est contenu dans ce qui existait préalablement. Ainsi, ce qui contient la mort est déjà la mort à l'état latent. Bouddha dit : *« Impossible de savoir ce qu'est vraiment la vie si l'on n'a pas compris ce qu'est la mort. Si je parviens à les connaître, je pourrai peut-être les transcender toutes deux et accéder à ce qui les dépasse, l'une et l'autre. »*

D'après le bouddhisme, l'être qui a une âme exceptionnelle, grâce à son ascèse peut atteindre l'état de *nirvana,* mais les autres individus qui n'ont pu atteindre l'illumination spirituelle conservent de leur existence pensées et actes qui créent le karma. Celui-ci peut influencer la nouvelle existence de l'être réincarné, selon la loi de transmigration.

Tombeau élevé sous la dynastie des Lodi (XVe siècle), à Delhi (Indes).
(Photo Mireille-Joséphine Guézennec, Bourges.)

c) L'âme et le nirvana

Mais qu'est-ce que l'âme ? Plusieurs écoles du bouddhisme répondent à notre interrogation : pour l'école du Sud – ou *Theravada* – l'âme est composée de cinq agrégats qui, en se dispersant au moment de la mort, forment d'autres âmes ; pour l'école du Grand Véhicule – ou *Mahayana* – l'âme est un tout provisoire qui se transforme comme l'indique le *Bardo Thödol*. Après la mort, l'âme passe par un état intermédiaire qui peut durer 49 jours (soit sept fois sept, nombre sacré). Si durant son existence terrestre on s'est préparé à mourir, la lumière très vive, éblouissante, fait comprendre que le défunt se trouve devant un Absolu total, un Vide, le *Nirvana*. Au troisième jour le mort entre dans le *Chikhaï Bardo* avec la vision d'une lumière très douce, un éveil vers la réalité où l'âme rompt avec la matière. Mais si le décédé ne sait pas abandonner ses liens avec la terre, de cet état supérieur il descend dans le *Ckönyid Bardo* où son karma lui apparaît sous des formes

Cadavre trempant rituellement dans les eaux du Gange avant l'incinération (Bénarès, Inde).

(Photo Fouquet ; musée de l'Homme.)

souvent terrifiantes. Par contre, s'il a mené une vie mystique, il peut échapper au cycle des renaissances et atteindre le nirvana. S'il considère qu'il n'a pu accomplir tout ce qu'il devait réaliser sur terre, il entre dans le *Sidpa Bardo* et est réincarné sur terre. Tout est provisoire : que l'être se soit placé dans un état de félicité ou dans les plus sombres demeures, il doit finalement revenir sur terre, dans des conditions plus ou moins satisfaisantes.

Quant au nirvana qui, en sanskrit, signifie « arrêt du souffle », nous pouvons l'interpréter de bien des façons ; il peut aussi bien signifier extinction que quiétude, un état dans lequel toutes les illusions, tous les désirs disparaissent. Dans le *Mahayana*, le stade de la perfection peut être atteint en abandonnant la vie terrestre. Le *sûtra du Lotus* enseigne que la souffrance possède en elle la possibilité du nirvana : ainsi, naissance et mort sont l'œuvre de l'entité de la vie ; par l'Eveil on peut atteindre l'état de Bouddha et venir par l'illumination à la vérité ultime de la vie, dépassement de la mort.

d) Le cycle des renaissances

Sri Aurobindo (7) se rallie à cette théorie des renaissances, spéculation ingénieuse de la pensée humaine. Que l'on donne les noms de transmigration, métempsycose, réincarnation ou « renaissance » (provenant du sanskrit *pounarjanma,* « encore-naissance »), cette conception du karma donne une explication qui paraît simple et rationnelle aux faits de notre existence et de nos comportements ; notre être immortel subit dans cette vie présente les actions de ses existences passées, en mal ou en bien ; l'être cherche son élévation morale, une croissance continuelle vers ce qui est pure spiritualité.

7. Sri Aurobindo : *Renaissance et karma*. Ce texte, paru dans la revue *Arya* de 1915 à 1921, reste inachevé et n'a pas été repris par son auteur (1872-1949) ; il figure cependant dans ses *Œuvres complètes* publiées en 1972 (reprises par Le Rocher, 1990).

D'après les *Rituels de mort dans la Chine ancienne* (8), les trois rituels – les *San Li* qui proviennent de la doctrine confucéenne (entre 770 et 249 av. J.-C.) – confirment que la mort n'est qu'une étape nécessaire permettant à l'être de renaître dans un nouveau cycle. Les auteurs Marc Bonnard et Elisabeth Le Dru rapportent les coutumes qui en découlent : lavage des corps, règles de conduite en temps de deuil, rôle des offrandes, coutumes qui entrent dans le processus habituel. Le yoga tantrique vise à transmuer notre corps en corps divin (*divya-deha*) ou en corps parfait (*sidda-deha*) et, en ce sens, on peut également établir une comparaison entre yogi et alchimiste, tous deux cherchant à transformer non seulement la matière, mais aussi la condition de l'être.

e) L'incinération

Selon le *Rig-Veda,* les morts peuvent être ensevelis ou incinérés (9). L'incinération – qui apparaît dès le néolithique ancien avec les cendres conservées dans des jarres – n'est pas pratiquée par tous les pays d'Extrême-Orient. Les dolmens du sud de l'Inde – établis entre 2000 et 1200 ans av. J.-C. – prouvent qu'existaient des rites d'inhumation ; aux mégalithes abritant les restes d'un seul individu, des dolmens avec allées couvertes conservent les sépultures des empereurs japonais. L'incinération, aux cérémonies variées, est cependant le rite mortuaire le plus pratiqué tant par les brahmanistes que par les bouddhistes ; on désire avoir ses cendres jetées dans le Gange. En brûlant corps et offrandes on transmet la quintessence de leurs valeurs et de leurs fonctions au monde invisible. Les constructions temporaires établies pour brûler un cadavre sont parfois somptueuses ; le bois, plus ou moins précieux (souvent du santal), est disposé en croisillons ; la plate-forme reposant sur quatre pieux se situe à environ un mètre du sol. Le pavillon funéraire, recouvert d'une pièce de tissu blanc, est flanqué de quatre bannières blanches triangulaires ; le défunt y étant couché la tête à l'ouest, le chef de pagode y met le feu et les assistants, en défilant, jettent une petite torche, une bougie allumée ou une fleur de santal. Ce n'est que le lendemain, ou trois jours après, que les ossements sont retirés ; les membres de la famille apportent des offrandes de nourriture et effectuent trois fois le tour du bûcher en ayant le tas de cendres à leur gauche, c'est-à-dire dans le sens de la *prasavya.* Les os, lavés, sont arrosés d'eau lustrale, d'eau de curcuma et de lait de coco. La famille emporte une partie des cendres dans une petite urne, le reste étant soit enterré, soit jeté dans le fleuve, soit conservé dans

8. Dervy-Livres
9. Voir paragraphe « Incinération ».

Incinération d'un cadavre au temple de Kalighat (Calcutta, Inde). La face n'est pas recouverte. L'incinération dure de 4 à 5 heures et est activée avec un dérivé du beurre jeté sur le feu, qui est ensuite éteint avec l'eau du Gange en signe de purification.

(Photo Germeaux ; musée de l'Homme.)

un monument funéraire – le *stûpa* bouddhique. Lors de l'anniversaire, l'urne est sortie et on organise autour d'elle « le transfert de mérites ».

Le corps embaumé de certains moines de Birmanie est partiellement brûlé, recouvert de cire ou d'un vêtement blanc verni, de feuilles d'or ou encore de sa simple robe jaune de moine ; le corps ainsi momifié est déposé dans un sarcophage orné de scènes de la vie du Bouddha, puis installé dans le tronc d'un arbre évidé. Après avoir été exposé à la dévotion des fidèles, le corps transporté sur une charrette – que l'on doit se disputer – est hissé sur un échafaud fort haut surmonté d'un baldaquin ; l'ensemble se consume partiellement dans le feu, les os retirés du foyer étant enterrés près d'un temple. Lorsque le moine a grande renommée, ses os broyés et mélangés à de l'huile forment une pâte qui sert à créer une image de Bouddha que l'on expose dans le sanctuaire.

(Photo Bacot ; musée de l'Homme.)

Incinération sur le bord du Gange (Uttar Pradesh, Bénarès, Inde).

Les cortèges funéraires sont extrêmement complexes pour les personnages d'un haut rang social ; leur faste honore le dernier voyage du corps du défunt, mais également le premier voyage de son âme vers la demeure de l'au-delà (10), et on peut retenir l'expression du « bateau qui conduit l'âme » à la « maison de l'esprit ».

10. G. Dumontier : *Le Rituel funéraire des Annamites* (Hanoi ; 1902) et P. Huard et M. Durand : *Connaissance du Viêt-nam* (1954).

f) Voyage de l'âme en Chine antique

L'abbaye de Daoulas (Finistère) a organisé du 1er juillet au 15 septembre 1992 une exposition sous le titre « Chine antique, voyage de l'âme » où j'ai pu prendre connaissance des trésors archéologiques du Hunan (Changsha).

En 193 avant notre ère, Liu Bang (de la dynastie Han) donna tout pouvoir à Li Cang pour administrer la région de Chu, et il lui conféra le marquisat. Sa tombe ainsi que celles de son épouse et de son fils aîné (d'environ 30 ans) ont été fouillées de 1972 à 1974 ; elles étaient situées sous deux tumulus de la colline de Mawangdui, dans la banlieue de Changsha.

La tombe n° 1, celle de la marquise de Dai, « consistait en une fosse rectangulaire de 16 m de profondeur. Une rampe d'accès descendait dans la chambre funéraire où était placé un cercueil extérieur bâti en énormes madriers de cyprès. Il contenait quatre autres cercueils emboîtés en bois de catalpa laqué. Le plus petit renfermait le corps d'une femme d'une cinquantaine d'années, remarquablement conservé. Le cercueil extérieur était recouvert de 26 nattes de bambou et entièrement entouré de 40 à 50 cm de charbon de bois, puis de 1 à 1,30 m de kaolin (argile blanche très pure). Cette isolation exceptionnelle explique sans doute l'étonnant état de conservation du contenu. ».

(Photo Le Scour ; musée de l'Homme.)

Stèles dans le "Temple de la Littérature" (Ta Cheng Tien) consacré à Confucius (Hopeh, Pékin, Chine).

(Photo musée de l'Homme.)

Intérieur de la pagode des Cinq cents Génies (Yunnan, Chine).

Ce cercueil, divisé en quatre compartiments, contenait 1 400 objets : « Le compartiment nord, le plus grand, était aménagé pour évoquer un repas, accompagné de musique et de vin, servi à la défunte dans son appartement. Les parois étaient tendues de soie, le sol recouvert de nattes ; une robe symbolisait l'occupante qui était entourée de ses objets familiers : pantoufles, écran, appui-bras, oreiller, nécessaire de toilette, brûle-parfum, lampe. Un plateau posé devant elle présentait des plats dans de la vaisselle de laque (...) Au centre, on pouvait voir un cercueil laqué noir qui en contenait trois autres emboîtés. Le corps de la défunte, encore remarquablement souple et intact, était ligoté dans de nombreuses épaisseurs de vêtements. Il baignait dans 80 litres d'un liquide rougeâtre dont presque toutes les composantes provenaient de la putréfaction du cadavre, sans la cinabre ayant déjà servi à teindre les soies. »

Une bannière en soie, en forme de tau, de 2,05 m de hauteur, était posée sur le couvercle du dernier cercueil. La décoration du bas illustrait l'empire des Morts, domaine du yin ; au milieu figurait le monde des vivants et la bande supérieure le Paradis situé dans le ciel, le yang. D'après cette tradition, les humains possédaient deux âmes : *hun,* l'âme éthérée provenant du ciel, animant l'être et retournant à l'esprit immortel (shen), et *po,* l'âme sensorielle, provenant de la terre et y retournant après la mort. D'après la tradition taoïste, chaque homme possédait trois *hun* et sept *po.*

Si cette tombe donne de très beaux documents sur l'art de la table et de la mode, celle du fils contient 200 fiches de remèdes médicaux basés sur la puissance du jade. La tombe du marquis de Dai a été pillée à l'époque Tang, mais les deux autres sépultures – fort bien conservées – permettent d'apprécier le mode de vie, les techniques textiles fort évoluées (dont celle de la soie) et comment les corps ont pu être momifiés.

2. En Egypte

Le *Livre des morts* égyptien – comme le *Bardo Thödol* – enseigne comment le mort peut gagner l'autre monde (11). Le prêtre d'Osiris fait naviguer le défunt sur la barque d'Anubis en le dirigeant vers l'ouest tout en le conseillant et l'aidant par ses prières. C'est d'ailleurs du chaos primordial *(Noun)* – une vaste masse liquide – que la terre a émergé : il faut donc voyager sur les eaux. Les barques funéraires figurent dans la plupart des rites mortuaires ; si l'on peut admettre que les Polynésiens utilisaient plus facilement leurs pirogues comme moyen de sépultures, les « barques solaires » figurent dans des lieux moins marins ; on creuse un tronc d'arbre à la hache pour former le cercueil aussi bien chez les Vikings que chez les Germains.

Dans les légendes du Graal, Galaad soulevant le couvercle d'une tombe d'où sort un démon.
(Photo Bibliothèque nationale, Paris.)

11. Maurice Bouisson a, dans *la Magie* (Nouvelles Editions Debresse, 1958), fort bien résumé ces rites égyptiens (p. 57 à 61).

Les légendes celtes commentent la mort de Tristan dans une barque où Iseut le rejoint, mais on y voit aussi les « bateaux fantômes » ou le « Hollandais volant », cet étrange navire qu'il vaut mieux ne pas croiser car son équipage est formé de marins infortunés morts en mer, sans sépultures, et qui errent éternellement sur l'océan.

Le navire, habilement conduit, se rend au port du salut, comme le fait la barque d'Osiris ; Caron est aussi l'un de ces habiles passeurs, car l'âme doit franchir l'océan, la rivière, pour aborder l'autre rive : celle de la délivrance. Le mort doit payer son passage et bien des défunts, dans diverses traditions, ont entre leurs dents, dans leur main refermée ou sur leurs yeux fermés, une pièce d'argent ; même saint Pierre reçoit une obole avant de donner une place au Paradis. Le nautonier est parfois Jésus lui-même, car il sait conduire les fidèles au havre de paix et sa barque vogue aussi bien sur les flots que dans la voûte céleste ; l'église, comme bâtiment, est d'ailleurs nommée le « bateau renversé (12) ».

Le mort égyptien est conduit vers son palais funéraire.

Pour l'Egyptien, l'ombre – le « double » *(ka)* – et l'âme *(bâ)* – assimilée à un oiseau ayant le visage du défunt – sont éternelles. *Bâ* est l'âme véritable qui s'envole dans l'autre monde mais, au décès, *ka* (l'âme seconde) reste attachée au corps dont elle épouse la forme, un corps immatériel et transparent. Ce double reste au tombeau et doit y être honoré : on lui apporte des offrandes mais surtout les soins les plus particuliers car il faut conserver le corps de chair ; on le protège par des amulettes et les prêtres lisent les deux cents incantations du *Livre des morts* afin que le décédé puisse traverser les régions de l'*Amenti ;* mais encore faut-il posséder les mots de passe « ouvreurs des Portes » et ne pas se laisser dominer par les monstres.

12. Jean-Pierre Bayard : *La Tradition cachée des cathédrales* (Dangles, 1990).

Le repas quotidien dans la tombe (tombeau de Puyemré à Thèbes, Egypte).

L'embaumement. Le mythe d'Osiris concrétise la survie ; Seth devient le principe du mal tandis que Horus est, comme le Sphinx de Gizeh, le gardien des secrets. Parmi les opérations d'embaumement avait lieu le rite de « l'ouverture de la bouche » qui permettait au défunt (roi ou simple citoyen) de retrouver son âme et ses forces pour atteindre l'autre monde ; cette opération se faisait par l'instrument d'Anubis à tête de chacal, une herminette en forme d'*uræus* : le défunt retrouvait ainsi l'usage de son corps.

Comme dans les autres traditions, le *Livre des morts* décrit un au-delà qui ressemble fort à la vie courante de la civilisation égyptienne.

A la période prédynastique, les tombes creusées dans le sable peuvent contenir plusieurs corps ; les murs sont formés de plaques de granit ou de briques, l'ensemble recouvert de fûts de palmier avec couche de cailloux. Les corps sont ensevelis dans des peaux d'animaux, dans des nattes de jonc ou dans des toiles ; couchés sur le côté gauche, en position fœtale, pieds contre le bassin, mains devant la face et tête dirigée vers le sud mais le visage vers l'ouest. On procède à l'exhumation deux ou trois ans après la mort en regroupant les débris osseux que l'on éparpille dans une fosse, la tête étant souvent séparée du reste du corps. Les vases funéraires (des jarres) contiennent vivres, armes et ornements. Les embaumements apparaissent entre 4000 et 3400 av. J-.C. et les temples remplacent les simples fosses. Les rois adoptent Memphis comme lieu de leur sépulture. La momification courante va de 3400 à 2300 av. J.-C., époque où s'érigent les pyramides à gradins ou à degrés. La première pyramide de Gizeh, construite par Kheops, date d'environ 2700, celle de Khephren de 2660 avant notre ère.

Hérodote a rapporté (13) des détails minutieux concernant les cérémonies entourant la mort de l'un des leurs. Il a insisté plus largement sur la confection des momies réalisées par des spécialistes au métier lucratif (14) ; il existait naturellement différentes méthodes plus ou moins coûteuses. Diodore de Sicile (15) rapporte également les trois classes principales d'embaumement, mais donne moins de détails (16). La longue cérémonie de l'embaumement, avec ses rites très définis, pouvait cependant être simplifiée en plaçant un scarabée en pierre ou en métal dans le cœur du défunt. Ainsi préparé, bien conseillé par les « recettes » et les formules initiatiques du *Livre des morts*, l'être pouvait se justifier devant le tribunal des quarante-deux dieux lors de la « Nuit de la pesée de l'Ame ». Après la sentence d'Osiris, le défunt recevait son nom d'éternité et une nouvelle mémoire.

Osiris.

Malgré les soins apportés à leur conservation, les tombes aux incroyables richesses et aux mobiliers funéraires fort variés, étaient pillées par les malfaiteurs et même des prêtres en quête d'onguents. Aussi quelques pharaons, afin de pouvoir faire bénéficier leur âme de son immortalité, faisaient ensevelir un parent à leur place, adoptant, pour leur part, un lieu plus modeste et moins convoité.

Les pratiques égyptiennes ont été employées par les Perses et, comme en Egypte, des corps ont été momifiés naturellement dans les sables du désert. Hérodote rapporte que les Scythes enrobaient de cire le corps du roi. Mais la religion prêchée par Zoroastre, définie par l'Avesta (VIIe s. av. J.-C.), n'autorisait pas la conservation des corps.

Les momies d'Amérique du Sud sont obtenues par des procédés fort différents : on peut créer un foyer permettant le dessèchement de la peau, ou

13. *Histoire des peuples d'Orient*, Livre II (« L'Enquête »).
14. On peut lire, pour son amusement, la description d'une momie telle que la dépeint Grasset d'Orcet dans son premier ouvrage de *Matériaux cryptographiques* (p. 142).
15. *Histoire* (I, 81).
16. Léon Dérobert, Henri Reichlen et Jean-Pierre Campana ont rapporté des textes précieux sur l'embaumement dans *le Monde étrange des momies* (Pygmalion, p. 32 à 56).

Sarcophage de Ankhouf à Assiout (Egypte).

(Arch. phot. Paris / S.P.A.D.E.M.)

s'en tenir au climat sec et chaud de la région. Au Japon, des momies de bonze assis en position de lotus sont vénérées comme celles du Bouddha. Les taoïstes chinois auraient pratiqué ces rites où, par un acte volontaire, des vivants se seraient transformés en momies en restant dans l'intégrité de leur corps puisque les entrailles n'ont pas été extirpées ; l'âme reste présente dans ce corps richement paré.

3. Embaumement des Hébreux

Les Hébreux, reprenant la tradition égyptienne, apprirent l'art d'embaumer les corps. Ils lavaient avec grand soin les cadavres, les rasaient et les parfumaient avec la myrrhe et la poudre du bois d'aloès. Les membres étaient liés avec des bandelettes, un linceul recouvrant le corps et un linge fin placé sur le visage. Cette description figure lors de la résurrection de Lazare (Jean, XI, 44 ; XX), dans les soins apportés au corps de Jésus, faits rapportés par saint Jean (XIX, 10 ; XX,1), saint Matthieu (XXVII, 60), saint Luc (XXIII, 53 ; XXIV, 1, 12) et saint Marc (XVI, 1).

4. Le mazdéisme

Le prophète Zarathoustra – nommé Zoroastre par les Grecs – a réformé, au VIIe siècle avant notre ère, le mazdéisme où est vénéré le dieu Ahura-Mazdâ, qui doit lutter contre son jumeau maléfique, Angra-Mainyu.

Dans ce monde dualiste, le corps – dès sa mort – devient objet de lutte entre les anges du bien et ceux du mal. Il faut hâter la destruction des chairs habitées par les ombres, mais les forces du mal entrent aussi dans la putréfaction. Le cadavre ne peut souiller les quatre éléments (Terre, Eau, Air et Feu) et, cependant, il faut sauver l'essence divine du décédé (la *xvarenh*).

Les zoroastriens exposent les cadavres aux rayons du soleil ; ils ont élevé, au XVIIe siècle, les « tours du silence » (ou *dakhmas*) afin de rendre plus efficace le dessèchement, peut-être aussi pour que les vautours mangent les chairs et activent la destruction du corps humain. La tour circulaire comporte trois cercles concentriques avec des alvéoles rectangulaires, où l'on place hommes, femmes et enfants ; une dalle inclinée permet au liquide de s'écouler vers un puits central en passant sur des sables et charbons purificateurs. Le corps est exposé, souvent en pleine ville, jusqu'à son complet dessèchement.

Les agapes funéraires des mazdéens retiennent aussi notre attention. Que ce soit pour les zoroastriens (en Iran), les parsis (en Inde), la fête du nouvel an – le premier jour du printemps – qui commémore la création de l'homme est aussi la fête des morts. On organise des banquets rituels durant les trente ans qui suivent la mort d'un individu, avec des plats ayant sept légumes et sept condiments ; on y lit l'Avesta en ce qui concerne la résurrection.

En Inde, les défunts parsis sont actuellement inhumés dans une dalle de béton afin d'éviter tout contact avec la terre et, par salubrité, les tours du silence sont fermées.

5. Bassin méditerranéen

Jean Prieur (17) écrit : « *Les Etrusques croient en une survie dans la tombe et construisent pour leurs morts des demeures à l'image de celles des vivants : nous en avons le témoignage aujourd'hui dans les nécropoles du Ve s. av. J.-C. à Tarquinia et à Cerveteri, ou dans les tombes du IIe s. av. J.-C. à Pérouse. Les Grecs croient à un Hadès souterrain qu'Homère et d'autres auteurs décrivent avec détail et dont l'évocation au théâtre romain, d'après Cicéron, faisait frissonner la foule. Mais, dans les classes cultivées, le scepticisme domine en Italie à la fin de la République. Puis, progressivement, sous l'influence de nouvelles doctrines philosophiques, telles que le néopythagorisme ou le néostoïcisme, et surtout avec l'arrivée des religions orientales, se développe une foi en une existence future et en un séjour céleste réservé aux âmes purifiées. En se diffusant par la conquête romaine dans le monde méditerranéen, ces croyances développées en Italie se combinent avec les traditions locales : dans le même empire romain, les rites et l'art funéraires seront toujours différents des provinces orientales aux provinces espagnoles, des provinces africaines aux provinces gauloises.* »

17. Introduction à *la Mort dans l'Antiquité romaine*.

Les Grecs personnifient la mort sous la figure de Yhanatos, Hadès régnant sur les Enfers. Mors, Orcus et Fatum sont les noms romains de la mort (18).

6. Aux Canaries

Aux Canaries (19), lorsqu'un être se sentait inutile et même devenir une charge pour sa famille, il se retirait de lui-même dans une grotte en y attendant la mort. Même coutume chez les Esquimaux où le vieillard est abandonné sur la banquise, chez l'Africain s'isolant de lui-même dans la forêt.

La mort étant survenue, les embaumeurs intervenaient. Transporté à la grotte des momifications, déposé sur une dalle plate, *« on lui ouvrait la cavité abdominale à l'aide d'un couteau d'obsidienne pour extraire les viscères. Par contre on laissait le crâne intact. Le corps était ensuite lavé soit avec de l'eau froide et salée, soit avec une infusion chaude de plantes diverses, soit avec une mixture d'eau chaude et d'écorce de pin canarien très parfumé. On enduisait les parois des cavités lavées d'une pommade aux propriétés préservatrices composée de beurre, de graisse de chèvre, d'herbes aromatiques, de résine de tea, de poudre de bruyère, de pierre ponce et de quelques autres produits absorbants et dessiccateurs. Puis y était ajouté un mélange de sable, d'écorce de pin finement broyée et du suc du fruit du mocan, le tout parfumé à la lavande et à la sauge.*

« Ils passaient ensuite à la troisième opération, le séchage de la future momie. Pendant quinze jours le cadavre était exposé au soleil et la nuit à la fumée. Une fois desséché, les embaumeurs l'enveloppaient de peaux, après avoir étendu les bras des hommes, les mains sur les cuisses, et croisé ceux des femmes sur la poitrine. Les peaux étaient assemblées et cousues de façon à former des enveloppes séparées et chaque enveloppe à son tour était fermée par des lanières en cuir. Le nombre d'enveloppes dépendait du rang social du défunt. Les guayres, membres du tagoror, avaient droit par exemple à seize enveloppes de peaux. Ainsi embaumée, la momie était déposée dans un sarcophage creusé dans le tronc d'un arbre ou ligotée à une planche de bois de pin. »

18. Une très belle exposition : « Les Etrusques et l'Europe » (Paris, Grand Palais, 15 septembre-14 décembre 1992) a mis en valeur des monuments funéraires et des scènes de lamentation ; les femmes étrusques figurent aux côtés de leurs époux, à demi étendues, selon la coutume du banquet « couché ».

19. Jacques Duchaussoy a rapporté des rites guanches dans un article très documenté, publié par la revue *Atlantis* (n° 74, octobre 1973). Voir aussi Attilio Gaudio : *Ep ques et Douces Canaries* (Julliard, 1958).

Attilio Gaudio rapporte que ces grottes funéraires se situaient dans des lieux escarpés, d'accès très difficile. Les momies y étaient placées debout dans des niches. Les pauvres étaient couchés à même le sol, recouverts de planches ou de pierres plates sur lesquelles on disposait d'autres corps.

« Les parents suivaient le corps jusqu'à sa demeure éternelle et déposaient des ornements, des armes et des vases qui lui avaient appartenu. Pour eux, l'âme était fille du soleil et après la mort du corps, l'esprit continuait à vivre dans un monde invisible, mais où il y avait les mêmes douleurs, difficultés et chagrins que dans la vie terrestre. »

(Photo Homet ; musée de l'Homme.)

Ossements provenant de cérémonies funéraires nécrophages (Oussouye, Sénégal).

A propos de ces rites, Jean-Louis Bernard (20) s'interroge sur leur similitude avec les rites égyptiens, mais il y a aussi bien des ressemblances avec les rituels observés au Mexique et au Pérou. En dehors d'une influence profonde, on peut retenir que la pensée humaine dépend soit d'une tradition commune, soit d'un raisonnement obligeant l'homme à se manifester de la même manière dans un environnement différent.

20. Jean-Louis Bernard : *L'Atlantide des géants* (Albin Michel, collection « Les Chemins de l'impossible », 1980).

7. En Afrique noire

Selon la pensée africaine, chaque être possède plusieurs âmes qui doivent mourir tour à tour pour que la mort soit complète, sans qu'il y ait indestructibilité de l'être. Le trépas prend ici toute sa valeur de nouvelle naissance et donne lieu au culte des ancêtres. Cette fin – qui n'est jamais considérée comme naturelle, mais due à l'effet d'un maléfice – doit être évoquée avec apaisement ; il faut éviter la rancune, la vengeance, car tout le groupe est responsable de ce décès.

Cette mort apparaît ainsi irréelle, *« de ce fait elle n'existe pas »*, mais *« elle assure l'accès à la classe des inégalables ancêtres »*. Il n'y a pas séparation destructive.

Les décédés atteints de maladie comme les lépreux, les femmes en couches, l'initié qui meurt dans la forêt sacrée, les suicidés et noyés volontaires, les blessés dans une rixe, les envoûtés, sont bannis de la communauté ; leur enterrement s'effectue dans la clandestinité. Cette mauvaise fin peut même conduire à l'incinération.

a) Ne pas craindre la mort

D'une manière générale l'Africain ne craint pas la mort, qui n'est qu'un passage dans un autre milieu ; l'agonie d'un vieillard est bien accueillie puisque c'est venir à la transformation de son être : on se réjouit de ce passage qu'on honore par des orgies. La très vieille personne considérée comme possédant la sagesse est parfois assimilée à l'ancêtre.

Baden-Powell (21) confirme que l'individu accepte docilement son élimination lorsqu'il se sent un poids pour sa tribu, constatant son incapacité de gagner sa nourriture. Il mentionne aussi l'usage des sacrifices : non seulement les femmes du roi sont enterrées avec lui, mais ses serviteurs, ses conseillers et ses ministres suivent leur maître afin de l'escorter dans l'autre monde.

Essome Kotto écrit : *« Chez les Dogon, la vulnérabilité à des actes mortifères croîtrait au fur et à mesure qu'ils viseraient successivement les huit graines claviculaires, puis les quatre âmes de corps (dont deux mâles et deux femelles), ensuite les quatre âmes de sexe (dont deux mâles et deux femelles) et enfin le principe vital. Chez les Fang, la gradation commencerait avec l'enveloppe temporelle, elle se poursuivrait successivement avec l'ombre, l'activité de l'âme-substance, la force propre, le nom, la conscience, et s'achèverait avec le principe vital. Chez les Ga de*

21. *Mes aventures de chasse, de guerre et d'espionnage* (Payot ; chap. II : « Jokilobovu »).

l'actuel Ghana, elle irait du nom de l'âme individuelle en passant par le principe vital (22). »

Corps et âme ayant été évoqués selon la pensée africaine, Essome Kotto affirme que la mort n'est pas une division de l'être, mais son transfert : *« ...elle consiste, pour l'être, à se transporter de la sphère empirique du visible à la sphère ontologique de l'invisible ; à retrouver la nudité de sa substance jusqu'alors occultée par la dimension phénoménale. Il y a alors non point désincarnation post mortem, mais itération vers sa propre vérité retrouvée. »* L'itération ne divise pas mais transpose.

La présence du décédé aux rites de son enterrement est attestée par la symbolique pratiquée ; d'après Essome Kotto, le mort préside ses propres funérailles chez les Dioula. *« Chez les Yoruba, il arrive qu'un homme masqué représente le disparu et donne aux vivants des assurances sur les chances d'une progéniture nombreuse. Des simulations de cet ordre visent à confirmer la pérennité du groupe par-delà la contingence des individus, contingence qui, seule, se trouve concernée par la mort, à telle enseigne que Robert Jaulin, au sujet des Sara, formule cette observation applicable à toute l'Afrique : "La mort apparaît comme une privation existentielle – l'existence étant celle de l'individu – et non comme une négation essentielle"* (23). »

Le porteur de masque est identifié au défunt ; il danse en sautillant comme un ours et, lorsqu'il parle avec une voix de fausset, c'est le trépassé qui s'exprime.

Danse funéraire de la région de Mopti (Djiguibambo, Mali).

(Photo Giovagnoni ; musée de l'Homme.)

22. Essome Kotto : « Le sujet africain et la mort » (revue *Salix*, n° 4, décembre 1990).
23. Robert Jaulin : *La Mort sara* (Union Générale d'Editions, 1971 ; p. 407).

b) La perte du nom

Si l'Africain ne redoute pas la mort, il craint l'extinction de sa famille ; la disparition de son nom entraîne la perte de son influx vital, ce qui l'atteint dans l'au-delà, dans le statut de l'Ancêtre. La mort d'un adulte est donc ressentie comme un scandale car la collectivité perd son investissement. « *Si le défunt n'a laissé aucune progéniture, son plus proche parent se liera à la veuve sous le couvert d'un mariage déclaré fantôme pour lui procurer des enfants qui lui seront attribués. Et inversement si c'est une femme qui disparaît dans des conditions analogues. Ce rite de conjuration vise à garantir au disparu l'accession au statut d'ancêtre.* »

Ainsi est expliqué le rôle des pleureuses : « *Plus encore que les vivants, c'est le mort qu'il faut tromper par des larmes de crocodile et des cris de circonstance. Ainsi le sexe fort se tait, sans crainte du moribond, pendant que hurlent les femelles terrifiées* (24). »

Les **pleureuses** ne se trouvent pas seulement en Afrique noire ; d'après l'Ancien Testament, les Juifs pratiquaient de même, tout comme les Indiens d'Amérique latine, du Pérou et même certains groupes compagnonniques. Il y a peu de temps les pleureuses existaient en Bretagne. En Sardaigne, le cri de douleur « ahi ahi » a fait donner le nom d'*Attito* à cette lamentation qui se nomme en Corse le *lamento* lorsque la mort est naturelle et, en cas de mort violente, le *vocero* qui appelle à la vendetta.

c) Les rituels de la mort

Essome Kotto indique l'application des interdits durant une période de huit jours : interdiction de prononcer le nom du disparu (25), jeûne sévère, continence totale ; chez les riverains du Wuri, les veuves se laissent tondre et prennent part au saccage de leurs propres récoltes. « *Dès l'annonce des funérailles, le feu rituel s'est substitué au feu domestique : métaphore du zéro qui transpose le feu du réel au symbolique pendant les huit jours de privations étendues. Au neuvième jour de deuil, commence alors l'inversion : "blanchissement" des hommes, purification de la maison, re-participation aux mêmes repas, reprise de la vie sexuelle.* » En Afrique, le deuil se porte en blanc.

Le chef de famille est enterré dans sa propre maison et non dans un cimetière ; les autres membres de la famille le sont à l'intérieur de la concession. Le tracé de la tombe affecte la courbe de l'ellipse ; le corps est en position assise, ou les jambes repliées sur les talons, tourné vers l'Occident ; « *un*

24. Robert Jaulin, *op. cit.* (p. 356).
25. Comme dans les rites tsiganes.

treillis d'osier à claire-voie rend impossible la détérioration du cadavre et un petit canal fermé, en matière rigide, à section justement arrondie, relie la surface du sol à la bouche du défunt qui, ainsi, reçoit de la boisson, de la prise de tabac, des sacrifices destinés aux ancêtres ». Les Tsiganes pratiquent de même.

« *Comment ne pas remarquer, chez les mêmes Bantous des rives du Wuri, qu'au troisième jour des funérailles les organisateurs dressent un échafaudage en triangles qu'ils entrelacent trois par trois pour répercuter les interpellations de l'au-delà et où, symboliquement, ils n'étaleront du gibier non encore cuisiné et quelques biens immobiliers du mort que pour procéder à leur destruction rituelle, étant bien entendu que démolir sur le plan visible équivaut à reconstruire sur le plan invisible* (26). »

La mort introduit la désorganisation dans le processus de la vie journalière. Ainsi, bien des actes s'accomplissent à l'envers : « *Chez les Zoulous, les transporteurs du cercueil entrent dans la maison à reculons ; chez les Soussou (dans l'actuelle Guinée-Conakry), le veuf porte son bonnet sens dessus dessous.* »

(Photo Momet ; musée de l'Homme.)

Cérémonie funéraire en Casamance (Sénégal). La défunte est sur le cercueil.

Des amis de Dakar ont étudié les Bakiga de l'Ouganda oriental qui enterrent le défunt nu, à même la terre, l'homme couché sur le côté gauche, la femme sur le flanc droit, la tête à l'Occident et les pieds à l'Orient. Ce serait

26. Essome Kotto, *op. cit.*

un sacrilège que de fouler la tombe : aussi y dispose-t-on une grosse pierre. C'est que la mort terrestre n'est pas une fin totale, car le défunt peut vivre dans le monde souterrain ou errer autour des vivants, parfois en leur inspirant la frayeur ; mais il peut être condamné à se perdre dans la forêt ou dans le désert du Kinyamugara. Les Fon du sud du Bénin, influencés par le vaudou, pensent en la survie du défunt. Celui-ci, habillé rituellement, est enterré selon un rituel compliqué : libations d'eau, de liqueur et de vin, mais également offrandes de haricots, farine, huile, céréales nommées « ajo » ; un poulet est sacrifié et les assistants consomment ces offrandes, communiant ainsi avec le disparu tandis que trois poteries sont alors brisées.

Jean Michonet, par l'intermédiaire de Christian Dedet (*op. cit.*, p. 194), rapporte le pouvoir « de faire marcher le mort » par des initiés gabonais dans le rite *bwiti* (ou *bouity*). Un mort en état de puanteur, veillé dans sa case alors que deux torches brûlent, que les musiciens tirent sur la cithare à six cordes et sur la harpe *hombré,* que les tam-tams se déchaînent, va être attiré par les hommes qui, sans se lasser, font les gestes de haler, de faire venir à eux ce corps inerte ; après au moins un quart d'heure, le corps raide s'est relevé : « *Aucun fil visible ou invisible n'entre en jeu. Aucun artifice ne peut être invoqué. Le cadavre est libre de tout soutien, de toute attache. C'est par ses propres moyens qu'il se met sur pied. Disons plutôt par la volonté de tous les hommes présents, par l'insistance de leurs gestes hallucinants.* » Le cadavre a ainsi avancé, à pas très lents, sur une centaine de mètres pour tomber à la renverse dans la fosse préparée. Alors cesse le rythme des tam-tams.

d) Se purifier

La mort entraîne la souillure et des rites de purification sont nécessaires : on brûle les objets usuels du défunt mais les Thongas considèrent que cette impureté atteint surtout la source de la vie et Roger Caillois commente les rites qui en découlent (27) : « *Elle frappe les hommes dans leur liqueur séminale, les femmes dans leur sécrétion vaginale. Lors du deuil et depuis le début de l'agonie du défunt, tout commerce sexuel se trouve défendu aux habitants du village. Des purifications sont nécessaires pour lever les interdits qui pèsent sur tout ce que la mort a contaminé : vivres, jardins, héritages, parents, fossoyeurs. Or, le grand rite de libération est précisément alors l'acte sexuel lui-même. La cérémonie s'appelle* hlamba ndjaka, *littéralement "purification des objets du mort" ou "de la malédiction de la mort". Le mot* ndjaka, *en effet, a les deux sens et ceux qui*

27. Roger Caillois, *op. cit.* (p. 183).

recevront en héritage les objets du mort sont nommés “mangeurs de ndjaka”.

« Au jour fixé pour le rite, les hommes et les femmes se rangent à l'écart les uns des autres. Une enquête est alors menée sur l'observation de l'interdit rituel. Si quelqu'un l'a transgressé, c'est à lui de commencer, sinon c'est au meneur de deuil le plus proche parent du mort. Ainsi, de toute façon, au plus souillé est réservé le dangereux honneur d'inaugurer le rite lustral. Il s'éloigne avec sa femme dans la brousse et s'unit à elle en prenant soin de se retirer avant l'émission du liquide séminal. La femme prend alors dans ses mains leurs deux “souillures”, le sperme de l'homme et les sécrétions de son vagin et en oint leur nombril. Ils rentrent au village par des chemins détournés et la femme va laver ses mains polluées. Tous les couples agissent de même. Chaque femme purifie ses mains au même endroit qui est ensuite piétiné par les hommes. On purifie également les vêtements appartenant aux absents et aux enfants en bas âge, qui sont censés ne pas avoir la force nécessaire pour assister sans mourir à la cérémonie (en réalité ils ne pourraient pratiquer le rite) : il s'agit de débarrasser le village entier de l'impureté qui le mine. Hommes et femmes, enfin, se baignent dans une rivière, les hommes en amont, les femmes en aval, sans doute parce que celles-ci sont tenues pour plus impures... Cette émission extérieure de la liqueur contaminée constitue exactement la purification. La preuve en est que si quelqu'un, par faiblesse ou à cause de son grand âge, ne peut émettre de sperme, les autres ne cessent de lui demander avec inquiétude s'il y parvient. Dans la négative toute la cérémonie est interrompue. Il devient néfaste d'accomplir le rite et l'impuissant est soumis à un jeûne sévère, destiné à lui faire recouvrer la capacité d'expulser sa souillure. »

Roger Caillois ajoute en note que le système polynésien a même principe : *« Le pécheur se décharge de sa souillure par le contact du chef dont la sainteté plus forte que cette souillure peut l'absorber et la neutraliser sans danger. »*

Les Tin dama enduisent le défunt d'argile blanche ; entre l'ouverture et la fermeture du deuil, les interdits sont nombreux et variés, mais l'eau et les danses y ont une grande importance. L'esprit du décédé devient un fantôme qui réside à l'intérieur de la terre.

e) Les Pygmées et les rites initiatiques

Des rites initiatiques simulent la mort ; c'est le processus de mort et de résurrection : après un sommeil cadavérique, le nouvel initié renaît dans une nouvelle classe sociale.

Essome Kotto cite le R.P. Trilles (28) qui commente les rites initiatiques des Pygmées : « *Un cadavre humain est lié à l'apprenti sorcier, poitrine contre poitrine, tête contre tête, bouche contre bouche, et les deux corps sont descendus avec précaution au fond d'une fosse recouverte ensuite de branchages* (29). *Pendant trois jours entiers le néophyte reste dans cette position ; il arrive qu'il devienne fou avant l'expiration du délai. Puis se succèdent pour lui trois journées d'épreuves au cours desquelles, dans sa cage, mais toujours lié au cadavre qui, maintenant, se putréfie, il ne peut manger et boire qu'en se servant de la main du mort !... Puis, avec le couteau des initiations, il détache le poignet et prenant la main du cadavre, exécute une nouvelle danse. Cette main est mise ensuite à sécher et il s'en servira désormais pour certaines opérations magiques.* »

Le docteur Georges Jaeger a rapporté (30) ses contacts avec les Pygmées Aka de Basse Lobaye centrafricaine et, plus particulièrement pour ce qui nous concerne, les rites funéraires de cette population. Il s'agit d'une cérémonie mortuaire en forêt, accompagnant le corps d'un enfant. Le tam-tam annonce le lieu des funérailles nommé « fête de la mort ». Un trou est creusé juste derrière la hutte des parents ; en général le corps y est déposé sans linceul. « *Les pleureuses ayant longuement réalisé leur rituel de cris et de questions –* "Est-il bien mort ?", "Oui, il est mort" *– on dispose alors une feuille d'écorce au fond de la tombe, puis le petit cadavre que l'on recouvre d'une nouvelle écorce, puis de terre. Alors la danse commence autour du feu et continue toute la nuit. Des Pygmées arrivent de partout : hommes, femmes, enfants – même des nourrissons sur le flanc de leur mère ou sur le dos de leur père – qui tournent autour du feu en martelant le sol de leurs pieds, en une danse syncopée, projetant tête, épaules et hanches de droite et de gauche en un mouvement rythmé, saccadé, extrême, ponctué de "han-han" directement issus du diaphragme, le tout animé, relancé par les roulements du tam-tam dont on sèche et retend la peau au feu de temps en temps.* » Cette danse magique collective dure toute la nuit.

f) La réinsertion dans le clan

Ont lieu ensuite les rites de réinsertion dans le clan, celui des deuilleurs dans la collectivité, celui du mort dans la famille des ancêtres. Il y a alors

28. R.P. Trilles : *L'Ame des Pygmées* (Le Cerf, 1945).
29. On songe au rite maçonnique où le postulant prenant la place du Maître Hiram, est ressuscité par les cinq points de la maîtrise. Un des compagnons descend dans la fosse (scène du hurlement).
30. Revue *3e Millénaire* (n° 20, 1991 ; p. 44).

chants, danses, réjouissances et pleurs, repas plantureux : la mort, fait insolite, a un caractère banal. L'Afrique centrale dresse des cercles de pierres – particulièrement au Mali, à Tundidaro – qui délimitent des sépultures. Pour bien honorer le mort et l'empêcher de troubler les vivants, la permanence des masques éclipse toute personnalité mais rend un culte aux ancêtres. Chaque famille conserve un de ces « honneurs funèbres » ; dans un reliquaire sont conservés des crânes ou ossements d'ancêtres, dont la transmission est fidèlement observée.

Par ailleurs, Eliane Georges (31) mentionne la naissance d'un nouvel art funéraire provenant de la connaissance des nouveaux matériaux et des courants idéologiques occidentaux et brésiliens : *« Au Nigéria, on a vu s'ouvrir des "studios de statues funéraires en tout genre" ; on réalise d'étranges maisons du mort aux sculptures grandeur nature, très réalistes, aux couleurs vives. »*

8. Au Maghreb

En Afrique du Nord, la sépulture fort simple protège le corps de la venue des chacals et des hyènes ; le défunt est ainsi recouvert de pierrailles. Certains hypogées creusés dans le rocher permettent d'établir des tombes en silos.

Les dolmens les plus anciens paraissent être ceux du Maroc, remontant au chalcolithique ; certains tumulus se rapprochent des pyramides à degrés.

(Photo Métereau ; musée de l'Homme.)

Marabout funéraire construit avec les pierres roulées par l'oued Draa (province de Ouarzazate, Maroc).

31. Eliane Georges, *op. cit.* (chap. « L'Afrique à l'heure des mutations »).

9. En Océanie

Les coutumes diffèrent dans les îles d'Océanie et en Australie. Le culte des têtes, qu'il soit celui des ancêtres ou celui des ennemis, s'associe au cannibalisme. On conserve les crânes avec leur peau et on reconstitue même les traits du visage par le modelage d'une matière plastique.

Les mêmes procédés d'embaumement sont encore utilisés aux îles Marquises, mais ce sont les parents du défunt qui accomplissent toutes ces opé-

Personnages gravés sur la paroi du bwialo de Bèkmalras, grotte considérée comme le séjour permanent des morts au pays Big Nambas (Nouvelles-Hébrides, nord Malekula ; 1950).

rations. A Tahiti, seuls les corps des chefs – après avoir été séchés au soleil – sont embaumés. En Nouvelle-Calédonie, où la momification est réservée aux chefs, on craint le mort et plus particulièrement son crâne. Les corps en position accroupie sont conservés à l'air libre.

Aux Nouvelles-Hébrides, le corps n'est pas conservé mais seul le visage, détaché du corps et fumé, est reconstitué en modelant une matière plastique ; on fabrique un mannequin à l'image du mort en le recouvrant de couleurs polychromes ; les crânes-masques sont également peints de couleurs vives.

En Australie, le corps tout d'abord enterré est exhumé après plusieurs jours : cheveux et peau étant alors facilement arrachés, on l'enfume et le corps laisse sourdre des graisses dont les femmes s'enduisent les cheveux. Les corps embaumés, en position accroupie, demeurent dans la maison familiale, suivent lors des déplacements et ne sont enterrés qu'après quelques mois.

En Nouvelle-Zélande les cadavres, non embaumés, sont conservés dans des troncs d'arbres ; après nettoyage des os, certains de ceux-ci servent à confectionner des statuettes et des flûtes.

10. Les Indiens d'Amérique

Les croyances des Indiens d'Amérique du Nord sont sensiblement les mêmes que celles des autres peuples : croyance en un au-delà, réplique fortement améliorée de notre séjour terrestre.

Pour l'Indien des plaines, mourir est un honneur. Le mort est exposé, enveloppé dans une couverture de peau, placé sur un échafaudage situé hors du village, ou sur un arbre, au pied duquel on dispose quelques offrandes et nourritures. Au XIXe siècle on sacrifie son cheval favori. Il a été également retrouvé des os regroupés dans des tumuli en terre.

Chez les Iroquois, on fabrique le cercueil devant le mourant que l'on habille avec ses vêtements de cérémonie ; quatre jours après la mort son cercueil est placé dans une hutte spéciale, dans un arbre ou sur un échafaudage, selon un rituel complexe.

Chez les Indiens du Sud-Ouest – et particulièrement les Zuni – la mort est due à un acte de sorcellerie ; aussi le mort est-il enterré le plus rapidement possible, tête tournée vers l'est, et durant quatre jours le conjoint jeûne afin de libérer l'âme qui vogue au pays des morts. Les affaires du défunt sont brûlées et la famille se purifie.

En Virginie, on conserve dans un temple le corps des chefs. On enlève la peau et on gratte les chairs, puis on enveloppe le squelette dans du cuir et on replace la peau sur cet ensemble reconstitué ; les corps sont alors exposés sur un échafaudage, à l'intérieur du temple.

11. Au Mexique et en Amérique ancienne

Le Mexique célèbre le 2 novembre avec un faste bien particulier ; on se rend au cimetière où la journée est passée avec les morts ; on mange sur les tombes aux couleurs vives et chaque famille dresse un autel des morts avec cierges, roses d'Inde, friandises.

D'après les **Mayas** (600-950 apr. J.-C.), les âmes des morts se rendent dans un lieu difficile d'accès, souterrain et établi sur divers niveaux (souvent neuf degrés) ; le défunt doit être pourvu d'offrandes. Des tombes somptueuses sont alors construites, comme le Temple des Inscriptions à Palenque ; cinabre et jade entourent le corps du défunt.

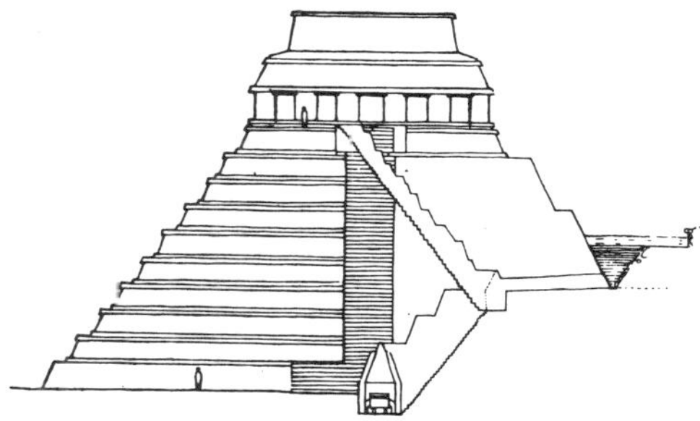

Photo et coupe de la pyramide des "Belles inscriptions" à Palenque.
(Extrait de Fernand Schwarz : *Les Traditions de l'Amérque ancienne.*)

Pour la religion **aztèque** divers paradis peuvent recevoir le défunt selon son type de mort, et non plus selon les actes de sa vie terrestre. Celui qui meurt au combat ou sur la pierre des sacrifices bénéficie de *Huizilopochtli,* le jeune soleil triomphant ; viennent ensuite les femmes qui meurent en couches ou qui ont combattu pour enfanter un guerrier ; bien d'autres morts sont répartis dans d'autres paradis, mais certains errent dans le *Mictlan,* ou séjour des morts, commandé par Mictlantecuhtli et son épouse Mictlancihuatl ; ces gardiens dressent les pires difficultés à ceux qui ne bénéficient pas de la grâce. Le corps du défunt se dissout après quatre ans d'enterrement ;

on brûle ses vêtements, mais également ses femmes et esclaves, ainsi que ses chiens gras, sans poils et sans voix, élevés pour être mangés.

Si en Colombie, au Pérou, en Bolivie et au Chili la momification joue un rôle prépondérant, d'autres contrées utilisent des moyens de sépultures légèrement différents. La crémation est le mode le plus répandu ; le *Popol Vuh*, livre sacré du Guatémala, donne le ton aux cérémonies funéraires.

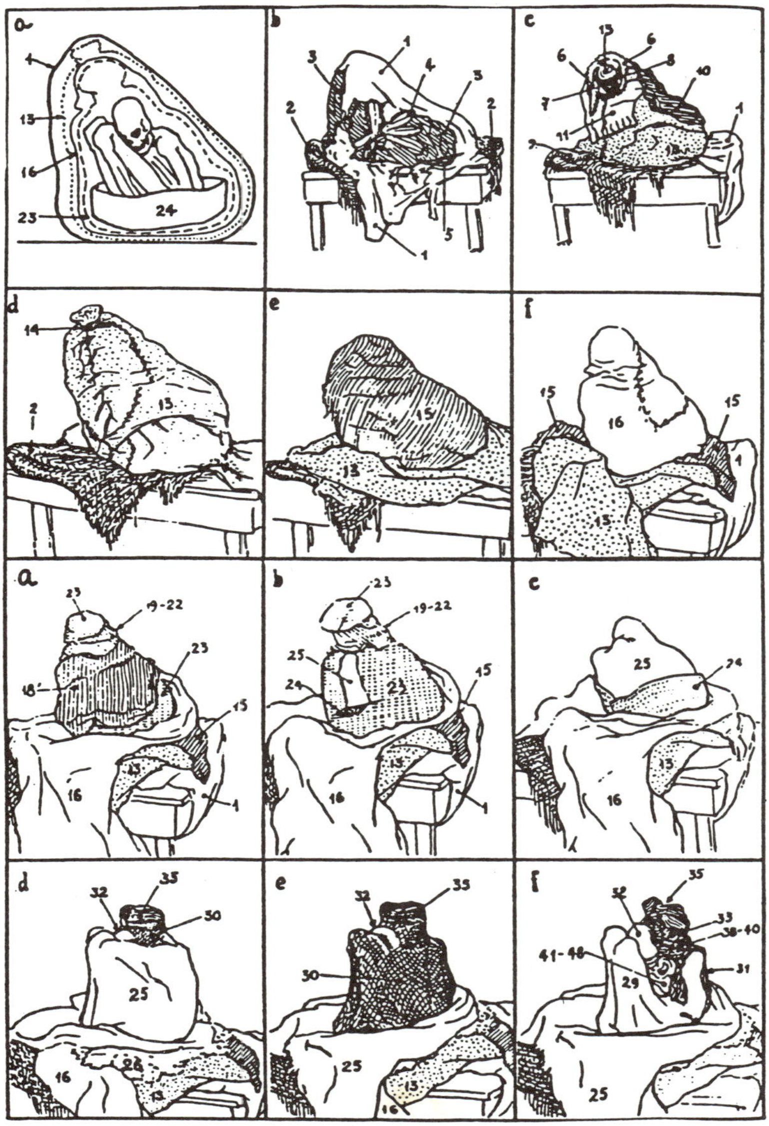

Constitution d'un fardeau funéraire en Amérique ancienne : le fardeau apparaît enveloppé d'une toile de coton blanche ; la momie est protégée par plusieurs couches de toiles de coton décorées, et posée sur un petit panier.

(Extrait de Fernand Schwarz : *Les Traditions de l'Amérique ancienne.*)

En Amérique du Sud des urnes funéraires en céramique décorée et peinte contiennent cendres et restes incinérés, ou des os humains, parfois même le squelette d'un jeune enfant, ainsi que les offrandes. Ces urnes sont en général enterrées sous des pyramides ou sous des plates-formes. Pour les morts au combat on établit une momie artificielle en bois que l'on brûle au quatrième jour ; les malades et ceux morts accidentellement sont enterrés profondément, en position assise.

Le Pérou a largement pratiqué la momification ; les momies sont aussi nombreuses qu'en Egypte. Le mort revêtu de ses plus beaux habits doit arriver dans l'au-delà muni de ses biens (armes, outils, aliments). Le corps replié en position accroupie, genoux ramenés au menton, avant-bras fléchis ou entourant les genoux, imite la position du fœtus. Le mort, souvent placé dans une enveloppe funéraire, le *fardo*, devient une sorte de paquet totalement recouvert, orné d'une tête postiche en coton. A la hauteur du nombril une ceinture en corde retient de petits sacs contenant des feuilles de coca, des épis de maïs et des poudres de couleur – accessoires magiques permettant de franchir les obstacles de la route mortuaire (32).

Tous ces rites donnent lieu à de grandes fêtes où l'on pleure, mais aussi où l'on chante et danse.

12. Le vaudou

En parlant de l'âme nous avons vu, d'après le vaudou, que l'être possédait deux principes spirituels : le *Gros bon Ange* (comparable à l'âme chrétienne) et le *Petit bon Ange* (un esprit d'origine africaine). Lorsque le Gros bon Ange quitte le corps, il entraîne la mort de l'individu, mais le Petit bon Ange continue de vivre avec le décédé et ne part qu'après la cérémonie du *Désounin*, rite funéraire qui se pratique avant l'enterrement dans le cercle étroit des initiés supérieurs puisque le nom ésotérique et le chiffre sacré de l'esprit y sont révélés. Le corps est successivement orienté aux quatre points cardinaux puis, finalement, vers l'ouest. L'officiant dépose près de la tête du cadavre un vase en terre empli d'eau où l'on immerge une pierre dans laquelle le Petit bon Ange pourra s'installer. Après les litanies, on ordonne au mort de se lever et on fait exploser de la poudre à canon ; le Petit bon Ange s'échappe alors par la bouche du mort, se transforme en pierre polie ou entre dans la pierre placée dans le vase, ou se change en reptile, ou s'incarne dans la tête d'un membre de la famille.

32. Roger et Simone Waisbard : *La Vie splendide des momies péruviennes* (Julliard, 1960).

La toilette du mort est effectuée par des professionnels – souvent des vieilles femmes – mais la famille peut craindre que la mort soit due aux maléfices d'un sorcier : elle fait alors appel à un « baigneur » qui effectue une toilette très soignée, tout en empêchant, par la récitation de formules incantatoires, le rapt de l'âme qui, alors, animerait le corps d'un *zombi.* Dans l'eau employée pour le lavage soigné du corps ont été infusées des plantes aromatiques qui évitent la rigidité cadavérique. Si le mort avait un dernier « renvoi », le « baigneur » mal préparé pourrait mourir. Ce spécialiste se lave mains et visage avec du clairin, des feuilles de citronnier, comme le font d'ailleurs les fossoyeurs. Le cadavre est alors couché dans le cercueil.

Le mort est veillé par ses proches et tous ses voisins ; c'est une fête collective où la famille offre durant toute la nuit, dans la cour de la ferme, café et thé au gingembre, où les lamentations, les *rëls,* doivent être très bruyantes. Des récitants lisent des poèmes religieux, les *Marseilles,* compositions établies à partir des passages de l'Ecriture, tandis que des hommes jouent aux dominos ou aux cartes ; on organise des jeux de devinettes.

L'enterrement a lieu à l'aube ; alors que les lamentations reprennent, le mort doit sortir les pieds vers la porte si on ne veut pas qu'un nouveau deuil frappe la famille ; le « père-savane » asperge le cercueil d'eau bénite et récite des prières chrétiennes. Les parents plus âgés que le défunt ne suivent pas la dépouille et restent à la maison. Le cercueil déposé en terre reçoit, après les prières, les trois premières pelletées de terre. Tous ceux qui ont touché le cercueil se purifient les mains en les lavant dans une eau aromatisée (les juifs font de même en sortant du cimetière). Les cimetières familiaux restent la propriété des descendants, même en cas de vente de la propriété. Le monument funéraire doit être très somptueux.

Huit jours après un décès, parents et amis assistent aux « dernières prières » ; après le coucher du soleil ils se réunissent dans la maison mortuaire, dressent un autel improvisé avec une nappe blanche brodée de fleurs ; le « père-savane » lit des prières chrétiennes reprises par l'assistance. Après le punch on parle du défunt et la bonne ambiance est coupée de cris perçants, de sanglots. On dresse une croix sur la tombe.

Le deuil est un devoir envers le mort ; il est de durée variable : 18 mois pour une mère, 12 mois pour un père ou un parrain, 12 mois pour les grands-parents, 6 mois pour frères et sœurs aînés et 3 mois pour les frères et sœurs cadets, 3 mois pour les oncles et tantes. On ne porte des vêtements noirs que pour le deuil de personnes plus âgées que soi.

Chaque automne le Gros bon Ange et le Petit bon Ange se réunissent lors de la fête sacrificielle ; après une messe chrétienne, le service vaudou invoque principalement le Petit bon Ange placé sous l'invocation de Ioa.

On peut aussi songer au culte magico-religieux *Macumba*, qui amalgame le christianisme aux traditions secrètes de la magie africaine et de celles des Indiens (33).

13. A Madagascar

Les rites malgaches reflètent les préoccupations habituelles : les êtres continuent leur vie terrestre dans un monde invisible et éternel. Le monument funéraire, construit pour l'éternité, est somptueux. Dans le cas où le mort ne peut intégrer son tombeau familial définitif, on réalise une sépulture provisoire *(faniritampaty)*.

On estime que les morts se fatiguent de reposer toujours sur le même côté : aussi l'opération du « retournement » *(famadihama)* consiste-t-elle à placer un nouveau suaire sur l'ancien (34), ce qui donne lieu à une nouvelle cérémonie rituelle.

33. Serge Bramly : *Macumba* (Seghers) et David Saint-Clair : *Macumba* (Denoël, 1972).
34. Raymond Decary : *La Mort et les coutumes funéraires à Madagascar* (Maisonneuve et Larose, 1952).

Vanité et trompe-l'œil de Jean-François de Le Motte (seconde moitié du XVIIe siècle). (Musée des Beaux-arts, Dijon.)

CHAPITRE IV

Mœurs des sociétés traditionalistes

1. Rites abrahamiques

Les religions nées de la pensée abrahamique ont des interprétations communes. J'étudierai plus spécialement le judaïsme – dont certains rites marquent le christianisme – puis l'islamisme.

2. Rites israélites

Daniel Bacry, à qui je dois une grande partie de cette documentation, a pu prendre contact avec le rabbin Michel Serfaty qui a émis de judicieuses observations. Notons tout d'abord que le judaïsme proscrit tout culte des morts ; d'après les rabbis on honore la mémoire des disparus en s'inspirant de leurs meilleurs exemples.

Les coutumes juives diffèrent selon les pays d'adoption et surtout selon deux rites principaux : *achkenaz* et *séfarad*. Le judaïsme proclame la pérennité de l'âme : la mort n'affecte que le corps physique pour qui sa mission terrestre s'achève. Le juif n'éprouve ni terreur ni désarroi devant la mort : cette interprétation codifie les rites de deuil qui *« ne sont pas stériles, mais salutaires et édifiants pour ceux qui les observent. Ils les conduisent à prendre conscience du sens véritable de la vie, et de la nécessité pour chacun de "rentabiliser" de manière optimale le court passage dans le monde ici-bas ; à minimiser l'importance du physique et du matériel ; à refuser, enfin, d'identifier leur être à leur propre corps, pour ne pas disparaître avec lui au temps où il rejoindra la poussière »*, déclare le rabbin Michel Gugenheim (1).

1. Rabbin Michel Gugenheim : *Les Derniers Devoirs. Le rituel juif du deuil.*

(Photo Champault ; musée de l'Homme.)

Tombe juive ancienne (XVIIe – XVIIIe siècle), dans la province de Tetouan (Maroc).

D'après le Talmud, mourir des suites d'une maladie est un don du Ciel, mais « l'assistance aux malades » n'en est pas moins une obligation sacrée ; la visite aux souffrants, *bikour 'holim,* représente une *mitsva* (2) de valeur exceptionnelle ; en leur présence on prie pour leur guérison.

a) De la mort à l'inhumation

Lorsque le malade est prêt de s'éteindre, on prie à son intention mais on se garde de tout préparatif mortuaire ; dès l'entrée en agonie on ne quitte plus le moribond car l'âme souffre de se trouver seule ; on ne doit pas toucher le mourant, même retirer un oreiller, car ce serait hâter sa mort ; toute pratique euthanasique est donc formellement proscrite. Les assistants murmurent :

Une fois : *Adonaï melekh Adonaï malakh ;*
Trois fois : *Baroukh shém Kevod malkhouto lé ôlam vared ;*
Sept fois : *Adonaï hou haélohim ;*
Une fois : *Chema Israël Adonaï Elohenou Adonaï Ehad ;*

2. *Mitsva* (pluriel : *mitsvoth*) : commandement.

première phrase de la prière essentielle, le *chema,* que l'on peut ainsi traduire : Ecoute *(chema)* Israël *(Israël)* l'Eternel *(Adonaï)* est notre Dieu *(Adonaï).* L'Eternel *(Adonaï)* est un *(Ehad).* C'est sur le dernier mot *Ehad* (un) que l'âme quitte son enveloppe terrestre.

Dès que le décès est constaté, les assistants disent : *Baroukh dayan Emet* (Béni soit le Juge de Vérité), l'annonce laconique de « que tout est consommé ». On ferme alors les yeux du défunt, le fils accomplissant le plus souvent ce geste rituel. On entoure sa tête d'une serviette, d'une écharpe ou d'un grand mouchoir pour le soustraire aux regards et afin que sa bouche reste fermée ; on étend ses membres, particulièrement ses bras, le long de son corps. A sa tête on allume une veilleuse à huile ou une bougie – parfois aussi aux pieds – suggérant que l'âme est immortelle ; on voile miroirs et portraits ; on récite des prières ; le défunt, déshabillé, est entièrement voilé dans son linceul blanc (*sargueness),* car il ne doit plus être vu. Son corps est posé à terre, sur une planche ou sur de la paille suivant une ancienne coutume, la tête légèrement soutenue, et il est aspergé d'eau tiède.

b) La Aninout

Depuis le décès jusqu'à l'inhumation, particulièrement au rite séfarad, les veilleurs se succèdent en une garde ininterrompue *(chemira) ;* le défunt ne doit jamais être laissé seul, prières et psaumes devant être récités tout au long de la nuit. Il n'est pas d'usage que le défunt soit veillé par ses enfants (rite achkenaz), mais ses amis récitent des psaumes *(tehillim)* ou font de pieuses lectures.

Le rabbin Michel Gugenheim note que « *la Tora défend à un Cohen de toucher un mort, et même de se trouver avec lui sous un même toit. Aussi un Cohen ne peut visiter la famille en deuil si le corps se trouve dans la maison. Il lui est même interdit de pénétrer dans un appartement voisin, dès lors qu'un même toit recouvre l'ensemble de ces habitations. Ces défenses sont levées si le défunt est l'un de ses sept proches parents à l'exception de la sœur, si elle était mariée. Le Cohen pourra alors rester à proximité du défunt, sa présence pouvant être utile à ceux qui préparent et organisent la tahara et les obsèques. Une consultation rabbinique est cependant nécessaire pour déterminer dans quelles conditions il peut assister à l'enterrement, dans la mesure où, en règle générale, un Cohen n'est pas autorisé à entrer au cimetière.* ».

La loi juive interdit tout traitement dégradant pour le corps, en particulier l'autopsie et tout acharnement thérapeutique voulant prolonger indûment et d'une manière artificielle un corps végétatif.

Le mort, lavé selon le rite nommé *Tahara* ou *Rehitsa* (3), doit subir une toilette très complète, supprimant toute souillure et toute impureté avant de se présenter devant son Seigneur. Cette toilette du mort, plutôt rite de purification, se fait avec les mêmes égards qu'on aurait pour un vivant. Le corps reçoit sept pintes d'eau ou, en une seule fois, neuf mesures d'eau (21,6 litres de préférence), tandis que sont prononcés les versets d'Ezéchiel : « *Je verserai sur vous de l'eau pure et vous serez purifiés ; de toutes vos impuretés et de toutes vos souillures, je vous purifierai.* » Sous les conseils du rabbin, des personnes spécialisées, laïques bénévoles – des *Haberim* (4) de la *Sainte Confrérie* ou *Hévra Kadicha* – lavent à l'eau chaude et massent très soigneusement toutes les parties du corps ; cette opération s'effectue en général au domicile, rarement à la morgue (5) ; après la *Tahara* on sèche le corps ; une large *kippah* blanche recouvre la tête ; les jambes sont collées l'une à l'autre, les doigts écartés (6).

C'est un rôle prestigieux que d'être *Haber* et ces rites ne peuvent être exécutés que par la *Hévra,* en dehors de la présence de toute personne. Laver les morts est une coutume générale que nous trouvons plus ou moins développée dans la plupart des civilisations ; ce rôle est souvent réservé aux femmes mais, dans le compagnonnage, quatre hommes sont désignés pour rendre les soins funèbres à leur camarade. Les Tsiganes lavent leurs morts avec de l'eau salée. La toilette funéraire a une portée sacrée et conditionne le devenir *post mortem* du défunt : toute souillure doit disparaître.

Suivant le statut des règles de deuil, la *Aninout,* le défunt habillé de vêtements de toile blanche *(takhrikhin),* installé dans un cercueil, le visage tourné vers le ciel, la tête reposant sur un sachet de terre d'Israël, reçoit la demande de pardon *(me'hila*) de ses enfants et de ses proches qui se reprochent les torts qu'ils ont pu lui causer.

Lors de l'ensevelissement du mort, on continue les prières nommées *Hachkaba*.

3. Jean-Luc Henning en fait une description – parfois avec un vocabulaire approximatif – dans son ouvrage : *Morgue, enquête sur le cadavre et ses usages* (Editions Libres/Hallier).

4. *Haberim*, pluriel de *haber*.

5. Une *Hebra Kadicha*, reconstituée en 1962, est dirigée par les soins du Consistoire israélite de Paris (17, rue Saint-Georges, 75009 Paris). Il en existe d'autres dans différentes communautés. La *Guemilouth-Hassadim* (Dernier Devoir) accomplit toutes les prescriptions religieuses (18, rue Saint-Lazare, 75009 Paris).

6. Laver soigneusement les morts est une coutume générale ; les Iafar de Nouvelle-Guinée (Océanie) lavent leurs morts avec l'eau extraite des tiges de bananier.

Stèle de l'ossuaire juif d'Hydda (Palestine).

(Arch. phot. Paris / S.P.A.D.E.M.)

c) La déchirure rituelle, Keria

Le deuil israélite a pour signe le plus apparent celui de la « déchirure » *(Queriah ou Keria),* les sept proches parents (7) ont l'obligation de pratiquer une déchirure à leur vêtement : debouts, récitant la bénédiction envers le Juge de vérité, *« ils déchirent leur vêtement à hauteur du cœur, à partir du bord et de haut en bas, sur une longueur de 10 cm ».* Parfois un simple bouton de la chemise est arraché. Si dans le rite séfarad on déchire la chemise, dans le rite achkenaz c'est à la veste que l'on pratique la déchi-

7. La famille en deuil, les *Avelim*, a son propre statut, la *Aninout* ; les sept proches parents sont le père, la mère, le conjoint, les fils et filles, les frères et sœurs. Chacun est *onen*, c'est-à-dire affligé, soumis aux interdictions rabbiniques : alimentaires (*cachrout*), ne prendre ni viande ni vin, relations conjugales interrompues, respecter le chabat, etc.

rure ; ce n'est qu'après trente jours qu'on peut recoudre l'endroit de la *keria*, le raccommodage devant rester grossier pour les enfants.

La déchirure, qui ne peut se pratiquer pour les prêtres par respect des vêtements sacrés, semble provenir de rites de dénuement. Jean-Thierry Maertens note (*op. cit.* p.85) que « *les femmes Luba du Kasaï et leurs voisines Bateke se dénudent, gardant seulement un cache-sexe qui protège leur vagin d'une pénétration impromptue du mort* ». La veuve Lodugan « *mise à nu au début du deuil, porte ensuite la ceinture des adolescentes pour revêtir enfin le pagne des femmes adultes au terme du deuil* ». Des veufs sont également déshabillés.

d) Les obsèques

Je me réfère à l'étude du rabbin Michel Gugenheim : « *Escorter le défunt jusqu'à sa dernière demeure (Levaya) constitue une mitsva essentielle, promise à une récompense exceptionnelle.* »

D'après la religion juive, le corps devrait être placé en pleine terre, sans cercueil ; celui-ci est néanmoins exigé par la réglementation française. La famille n'a pas le droit d'approcher le mort.

L'incinération est interdite car le corps doit retourner à la poussière afin que l'âme puisse rejoindre son lieu d'origine ; midrash et kabbale professent que la relation corps-âme se prolonge après la mort. Priver le corps de sépulture revient à priver l'âme des félicités éternelles.

e) Les cimetières

Au cours du convoi il n'y a ni fleurs ni couronnes mais, si des personnes étrangères à ces rites en apportent, celles-ci ne sont pas écartées. Les cimetières juifs ne sont pas fleuris.

Dans le *Guide de la France mystérieuse* (8), on peut lire cette note sur les usages funéraires rituels israélites pratiqués au XIXe siècle sur le territoire de Belfort : « *Au cimetière des juifs, situé à 2 km de la ville, entre les routes de Montbéliard et d'Héricourt, les tombes sont orientées vers l'est. Une seule femme pouvait faire partie du cortège funèbre, et seulement si c'était une femme qu'on enterrait. Elle avait la charge de placer, sous la tête de la morte, un petit sachet de terre. Quand on amenait un mort au cimetière, nulle femme ne suivait le convoi, pas même la mère ou l'épouse.* » D'après Michel Gugenheim, le rite se continue ainsi :

« *En arrivant devant les tombes juives, on récite, si on n'est pas venu au cimetière dans les trente jours, une bénédiction particulière. Après*

8. Collection « Les Guides noirs » (Tchou, 1964).

l'oraison funèbre et la lecture du Tsidouk Hadin – hommage à la justice divine – le cercueil est descendu dans la tombe tandis que le rabbin et les assistants récitent le Psaume 92 : "Celui qui demeure à l'ombre du très-Haut." *Puis, tour à tour, ils lancent chacun trois pelletées de terre en prononçant, en hébreu de préférence, les versets :* "Tu viens de la poussière et à la poussière tu retournes (Genèse, III, 19)." *Si certains endeuillés n'avaient pas pratiqué le rite du déchirement, ils le font à cet instant. Ils récitent le* kadich Deit'hadeta *en proclamant leur foi en la résurrection des morts. »* La cérémonie s'achève par la consolation des endeuillés *(Ni'houm)* : les assistants se placent sur deux rangs et, tandis que les affligés passent en leur centre, ils leur adressent la formule traditionnelle, au rite séfarad : *« Puisse le Ciel vous apporter la consolation ! »* et au rite achkenaz : *« Que le Seigneur vous console, au milieu des affligés de Sion et de Jérusalem ! »*

Jusqu'à l'inhumation on ne peut ni se saluer ni se congratuler ; on y est ensuite autorisé à condition de s'éloigner d'au moins 2,40 m des tombes. En quittant le cimetière, on se lave les mains ; il est d'usage de ne pas les essuyer pour exprimer symboliquement qu'on reste en pensée avec le défunt et avec les endeuillés.

Dans la terminologie hébraïque, le cimetière est désigné par des termes assez surprenants : *Beth Olam* (maison d'éternité), *Beth ha'hayim* (maison de vie) ou, dans le rite alsacien *Gut-Ozt* (le bon endroit).

f) Le deuil, Avélout

Jusqu'à l'inhumation la famille ne porte pas le deuil et peut vaquer à ses occupations. Après l'enterrement débute la première période de deuil, de sept jours nommée *Chive'a* : suivant le rite – strictement observé – les offices religieux doivent être célébrés à l'intérieur de la maison mortuaire et non à la synagogue ; dans la pratique un *minyan* étant difficilement réalisable, les fils se rendent à la synagogue où ils récitent le *Kadich* (9).

Amis, parents éloignés ou visiteurs ne peuvent partager le repas de la famille, *seoudat havraa,* mais, par contre, ils peuvent apporter leur nourriture et même celle des affligés ; ce premier repas est constitué de pain et de thé ou de café, avec souvent des œufs durs et des lentilles ; ensuite les repas sont à nouveau normaux. Les sephardim d'Afrique du Nord s'abstiennent de prendre viande et vin durant la période des sept jours.

9. *Kadich* signifie « sanctifié ». Rédigé en araméen, il est consacré à la sanctification du Nom divin. Il ne peut être récité qu'en présence d'un *minyan* (dix hommes) ; sa valeur rédemptrice est tout à fait exceptionnelle.

g) Cas de rites alimentaires

En général, les femmes endeuillées ne peuvent faire la cuisine (Cameroun, Indonésie, chez les Tsiganes) ; d'une manière générale on proscrit le sel dans les aliments consommés. Au Brésil, veufs et veuves ne peuvent manger de la viande bouillie mais uniquement rôtie, celle-ci ayant perdu son suc.

Par contre, on assiste à de larges consommations d'alcool dans de nombreux pays (Bornéo, Madagascar, Afrique, Tsiganes...) ; chaque fois que l'on boit on verse quelques gouttes par terre en l'honneur du défunt. Il n'est pas rare de voir des porteurs de civières ivres. Le jeûne participe au même rite funéraire.

h) Les interdits après l'inhumation

En dehors du père, les membres de la famille – le *Cohen* (ou les *cohanim*) – ne peuvent entrer dans la chambre mortuaire. Durant au moins ces sept jours une veilleuse reste allumée.

Durant la *Chive'a* (les sept jours) les membres masculins de la famille ne peuvent, en signe d'affliction, ni se raser ni se couper cheveux et ongles. Ils ne peuvent exercer une activité professionnelle mais la femme peut vaquer aux soins du ménage. On ne se lave que le visage, les mains et les pieds, uniquement à l'eau froide et sans employer de cosmétiques ; on ne met pas de chaussures en cuir ; les relations conjugales sont suspendues. On ne peut étudier la Torah – qui réjouit le cœur – mais on récite les prières de deuil. On ne peut s'asseoir qu'en position basse ; on ne peut laver ses vêtements ni en porter de neufs, mais on peut reprendre du linge préalablement lavé ; on ne doit pas quitter sa maison.

i) Fin des Chive'a et les Trente jours

Au terme de ces sept jours existe une cérémonie de fermeture, avec ses prières rituelles dites *hasguer* aux rites algérien et marocain – prononcées en présence de dix hommes *(minyan)*. Débute alors la seconde période de deuil d'une durée de trente jours *(Chelochim)*. La barbe continue de croître ainsi que les cheveux et les ongles ; on ne peut se laver à l'eau chaude, la chemise déchirée est portée durant la même période, on ne peut porter de vêtements neufs et on ne peut participer à des festivités. Les autres interdits sont supprimés.

j) Les douze mois

Les trente jours écoulés, se déroule une nouvelle cérémonie de fermeture *(hasguer)* comportant une sortie au cimetière avec récitation des prières rituelles dites *hasguer du mois.*

La troisième période de deuil s'étend sur les onze mois qui suivent l'inhumation ; c'est durant ce temps que l'âme du défunt est jugée. Tous les jours, le fils aîné – ou les fils – se rendent à la synagogue et y récitent le *Kadich des orphelins* (10). Avec la pratique du rite séfarad, les parents se rendent à certains moments sur la tombe, tandis qu'avec les rites achkenaz, alsacien ou allemand on ne peut se rendre sur la tombe qu'après l'achèvement de l'année de deuil, pour « éviter tout amalgame avec un culte des morts ».

Ce sont enfin les anniversaires de deuil dits *Jahrzeit* ou *Na'hala* chez les achkenazim, *Limoud* chez les séfardim ou « derach de l'année » dans le rite tunisien. Dans les rites alsaciens, l'anniversaire correspond a une année après l'inhumation alors que, pour les années à venir, l'anniversaire correspond à la date du décès. Une lumière commémorative est allumée pour vingt-quatre heures, cet anniversaire commençant dès la veille au soir, à la venue des étoiles. En général, en ce jour on recommande de jeûner mais, dans le rite hassidique, on offre à la synagogue, à l'issue de l'office du matin, une petite collation, le *Tikoun*. La prière des morts se nomme *El molé ra' hamim* :

« Que le Seigneur accorde sa grâce à l'âme de ...

« En considération de l'acte de charité dont je fais vœu pour honorer sa mémoire, puisse son âme être recueillie dans le sein des immortels et être unie aux âmes de nos saints patriarches Abraham, Isaac et Jacob, de nos pieuses mères Sara, Rébecca, Rachel et Léa, et à celles de tous les autres justes qui jouissent de la béatitude éternelle. Amen ! »

La prière essentielle est le *Kadich,* mais il existe des prières spéciales pour les enfants le jour anniversaire de la mort de leur père ou de leur mère, pour la femme sur la tombe de son mari ou du mari sur celle de son épouse.

k) Les tombes

La pierre tombale *(matséva),* simple et sobre, permet d'identifier le lieu de la sépulture et il est recommandé d'y avoir une inscription hébraïque ; on s'y recueille en lisant des psaumes. Dans les communautés alsaciennes on limite ces visites à une par an ; on ne dépose aucune fleur.

10. Le *Kadich des orphelins* se récite toujours après la prière finale (*Alenou*) et après chacun des psaumes qui suivent les prières journalières. Le *Kadich* paraphrase le verset : *« Dieu a donné. Dieu a repris. Béni soit le nom de Dieu.»*

D'une manière générale la loi juive interdit les exhumations, même pour le cas de transferts : on doit respecter la dépouille, la laisser dans son lieu de repos ; la modification du lieu de sépulture ne peut être que douloureusement ressentie par l'âme du défunt. Cependant, un an après l'inhumation un transfert en terre d'Israël peut être autorisé afin de retrouver le lieu originel. Mais lors de l'exhumation les règles de deuil s'appliquent à nouveau, celles pratiquées durant la période des « sept jours » avec principalement le rite de la « déchirure rituelle » (11).

3. Rites chrétiens

Dans l'Europe chrétienne, on considère que le corps doit retourner à la terre et on constate, par rapport aux coutumes généralement pratiquées dans le monde, une sorte de désintérêt envers l'enveloppe charnelle. Aussi les rites mortuaires européens n'ont ni la complexité ni le raffinement que l'on trouve dans d'autres civilisations. La résurrection est envisagée sur un plan spirituel.

On pratique principalement les rites d'inhumation ; on incinère lors des épidémies et dans les pays protestants, sans y inclure la motivation hindoue ; n'ayant pas à conserver le corps physique, le rôle des embaumeurs est fort réduit, sauf dans les pays anglo-saxons qui cherchent actuellement une représentation théâtrale.

Dans quelques régions – particulièrement en Scandinavie – des corps en excellent état de conservation ont été retrouvés enfouis dans des tourbières : ce ne sont là que des raisons climatiques naturelles, non réalisées par l'homme et ne répondant pas à une pensée religieuse. Des conservations semblables ont lieu dans le grand froid ou dans une atmosphère très chaude et non humide ; ce sont des conditions climatiques naturelles dont l'homme bénéficie.

a) Sentiment chrétien devant la mort

Le chrétien redoute la mort subite qui ne lui permet pas de recevoir les saints sacrements ; comme l'indique l'Eglise, il faut également mettre ses affaires matérielles en ordre, avoir rédigé son testament en prévoyant dons et legs.

Il est sain que le mourant soit éprouvé par la maladie, celle-ci étant voulue par Dieu comme châtiment et purification ; la maladie corporelle développe la santé de l'âme. Il faut se soumettre à la volonté de Dieu, souverain méde-

11. Dans *la Mort, dernière étape de la croissance*, documents rassemblés par Elisabeth Kübler-Ross, intéressants commentaires p. 66 à 82.

La Dormition de la Vierge (portail du bras sud du transept de la cathédrale Notre-Dame, à Strasbourg ; 1220-1230).

cin des corps et des âmes. L'extrême-onction purifie le corps, lui restitue la santé en détruisant ses impuretés ; donnée après la confession et la communion, elle est l'ultime secours de la religion. L'huile de ce sacrement adoucit l'état du malade, le fortifie et même, parfois, le guérit. Le rituel indique que les sept onctions doivent être faites sur les cinq organes des sens – mains, bouche, nez, yeux, oreilles – et une sur les pieds ; lors d'épidémies les onctions sont faites sur le malade à l'aide d'une grande baguette que l'on brûle ensuite.

Lors des derniers moments, prêtre et assistance récitent les prières des agonisants avec les paroles d'espérance en la miséricorde de Dieu. L'âme doit rejoindre soit le Paradis (peu évoqué), soit l'Enfer (souvent imaginé) ; entre ce dualisme a été placé au XIIe siècle un troisième lieu de l'au-delà, le Purgatoire, qui est espérance de salut au sein de nouvelles relations entre les vivants et les morts (12).

12. On peut prendre connaissance de l'admirable essai de Jacques Le Goff : *La Naissance du Purgatoire* (Gallimard, 1981).

On évoque aussi la maladie comme l'œuvre du diable qui peut agir par l'intermédiaire d'un sorcier ; l'extrême-onction chasse alors le démon enfermé dans la maladie. Les maladies collectives signifient que toute la société se trouve en état de péché grave ; le fléau est un avertissement afin que le peuple reprenne une vie plus convenable. Remarquons que ces maladies collectives caractérisent une époque : la peste au Moyen Age, les dysenteries au XVIIe siècle, la tuberculose à l'époque romantique, le cancer au XXe siècle, le sida lorsque la sexualité s'affranchit de toutes les contraintes.

Synodes, sermons et catéchismes confirment que le malade est coupable, qu'il doit expier ; sa mort le met à l'abri des embûches diaboliques.

b) La foi qui guérit

Le malade peut combattre son mal en priant et en faisant pénitence, en sollicitant la miséricorde divine. Lors des grandes épidémies, d'importantes processions implorent le pardon du Seigneur. Les nombreux saints guérisseurs intercèdent en notre faveur ; il est plus aisé de s'adresser à un saint homme qui a connu nos misères qu'à Dieu, sommet de la hiérarchie. La Vierge, par sa grâce féminine, est sollicitée sous divers vocables comme Notre-Dame-sous-Terre, Notre-Dame-de-Charité, Notre-Dame-du-Chêne...

Au-delà de réels pouvoirs guérisseurs qui donnent lieu à des miracles, les remèdes thérapeutiques sont souvent donnés par des hommes agissant empiriquement, sachant mêler habilement la superstition à la crédulité.

Le Christ en croix, huile sur toile de l'atelier Philippe de Champaigne (musée du Louvre, Paris). Le Christ en croix associé au crâne (que l'on distingue au pied de la croix) formule la clef de la foi chrétienne.

c) Le spectacle de la mort

François Lebrun, dans un livre très riche (13), remarque que « *dans un village d'un millier d'habitants où il n'y a aujourd'hui en moyenne qu'une dizaine de décès par an, il y en a trois ou quatre fois plus en année normale aux* XVIIe *et* XVIIIe *siècles. Entre les deux chiffres, il y a la différence, considérable, entre le rare et le familier. Si aujourd'hui la vie du village n'est troublée qu'une dizaine de fois dans l'année par un enterrement, sous l'Ancien Régime c'est trente ou quarante fois que le glas est sonné au clocher, se faisant entendre jusque dans les fermes éloignées du bocage, et que le lendemain ou le surlendemain le lugubre cortège se rend de la maison mortuaire à l'église et de là au cimetière. Selon le mot célèbre de Jean Fourastié, la mort est alors "au centre de la vie comme le cimetière au centre du village". Très souvent, aux derniers moments d'un mourant assistent non seulement les membres de la famille, y compris les enfants, mais parfois les voisins et les amis. Dès que celui-ci a rendu le dernier soupir, les portes de la maison sont ouvertes et le restent pendant toute la veillée funèbre, comme une invitation à venir rendre une dernière visite à celui qui n'est plus. Dans les couvents, toute la communauté entoure le lit du religieux ou de la religieuse à ses derniers moments.* »

Cette fréquence des décès, principalement la mort des nourrissons, provoque la résignation devant une loi inexorable de la nature, qui est celle de la volonté divine. On admet même que le jeune enfant est soustrait aux rigueurs de la vie, délivré de son lot de souffrances ; s'il est baptisé il accède directement au paradis : aussi, dès la naissance prend-on le soin d'ondoyer le nouveau-né.

d) Pénombre et miroir

Dès la mort de l'individu des règles strictes sont observées. On fermait les volets, établissant la pénombre dans la salle mortuaire ; la bougie allumée sur le rebord d'une fenêtre – petite flamme vacillante comme le souffle du mourant – était éteinte ; des cierges allumés entouraient le corps exposé, vêtu de ses plus beaux habits, ses décorations sur la poitrine où reposaient ses mains jointes. Dans l'eau bénite trempait une feuille de laurier ou autre plante permettant de bénir le corps par un signe de croix.

Notons plus spécialement la coutume de mettre un crêpe aux ruches, d'arrêter les pendules dont les balanciers forment en leur partie terminale un

13. *Op. cit.* (p. 300).

soleil, mais surtout l'habitude de voiler tout miroir. On peut songer à la profonde réflexion d'Ibn' Arabi : « *Dieu est dans le miroir dans lequel tu te vois toi-même, comme tu es Son miroir dans lequel Il contemple Ses Noms ; or ceux-ci ne sont rien d'autre que Lui-même, en sorte que l'analogie des rapports est inverse* (14). » Le soufisme a souvent évoqué la valeur du miroir et j'ai, pour ma part, repris ce thème dans divers de mes écrits car il y a identification de l'esprit humain avec le sujet divin. Dans la profonde révélation du soi, par un acte de dédoublement, nous nous intégrons dans l'esprit supérieur qui se regarde et s'interroge ; c'est l'être suprême qui, ainsi, se contemple et analyse ses qualités en fonction de la manifestation. Le sujet relatif, l'ego, devient objet par rapport au sujet universel. L'homme, en cherchant à s'intégrer dans le divin, prend conscience de lui ; il s'analyse et se regarde. Par ce miroir il dépasse la contemplation de sa propre nature pour s'intégrer dans le milieu divin ; mais il ne peut voir Dieu. Il voit donc sa propre forme à travers la contemplation divine ; le miroir lui renvoie une image qui déjà n'est plus la sienne. Dans le miroir matériel on ne considère plus le support (la glace) mais la forme réfléchie tout en sachant que le reflet n'est dû qu'au miroir.

L'être suprême devenu miroir est la révélation : on prend conscience de soi. On voile cette communication entre deux mondes mais, par contre, dans le Cabinet de Réflexion de la première épreuve maçonnique, le postulant peut se regarder dans ce miroir ébréché ; lors de la cérémonie d'initiation au 1er degré, lorsque le néophyte est invité dans la chaîne d'union à pardonner à un ennemi éventuel, il lui est précisé que ce n'est pas toujours devant soi que se tiennent les ennemis mais aussi derrière soi : le postulant se retourne et découvre son visage dans le miroir tenu par son parrain qui lui donne l'accolade fraternelle.

e) Annonce du deuil

Tandis que le glas sonnait à l'église annonçant à tous que leur concitoyen venait de les quitter, parents, amis et voisins correctement habillés venaient, graves et silencieux, apporter leurs condoléances à la famille éplorée dans ses vêtements noirs ; l'usage du deuil en noir ne se généralise enfin qu'au XVIe siècle (sauf pour les reines). L'avis de deuil placardé à la porte et dans quelques lieux publics préludait aux visites et le garde-champêtre, à sons de trompette ou de tambour, annonçait aux maisons éloignées la fatale nouvelle. Chacun entrait, silencieux, soucieux et parlant bas ; on se proposait de veiller le mort, de rester près de lui à prier. Jean Giono, dans un récit étince-

14. Ibn' Arabi : *Sagesse des prophètes* (chapitre sur Seth).

lant, a décrit cette atmosphère si particulière à nos campagnes, cette longue veillée des morts où aux sentiments attristés se mêlent tous les cancans villageois. Ces coutumes sont restées plus vivaces en Espagne où l'on craint de déchaîner des pouvoirs maléfiques par une non-observation des coutumes. Souvent, des pleureuses professionnelles faisaient entendre leurs lamentations.

Des crieurs annonçaient le décès et indiquaient la date du service funèbre, mais « *Louis XIV décide, en 1690-1694, dans un but purement lucratif, de créer dans toutes les villes du royaume, grandes et moyennes, des offices de jurés-crieurs d'enterrement, avec privilège exclusif* (15) ». Ainsi naissent les services des pompes funèbres.

Aujourd'hui, le faire-part de décès imprimé (qui débute au XVIIe siècle) est envoyé par les P.T.T., placardé sur les murs des petites villes, reproduit par la presse. Depuis 1785 (16) on y mentionne nom, âge, profession et titres du défunt ; on invite à se rendre aux obsèques en y inscrivant, dans l'ordre de parenté, les membres de la famille. Les avis sont en général bordés d'une marge noire, avec des thèmes romantiques comme en Grèce. En Espagne, les frais de ces avis sont supportés par la famille et les amis du mort. Il est d'usage d'adresser une lettre de condoléances à la famille éprouvée.

f) Le décor mortuaire

Depuis le Moyen Age on drape de noir la maison du défunt. L'église est elle-même tendue de noir ; selon l'importance d'une des sept classes définies par le clergé, on fait varier le nombre et la qualité des tentures, catafalques, nombre des officiants et des cierges. L'importance de la cérémonie dépend du rang social du défunt et les honoraires demandés par les curés restent fort variables. Selon la classe retenue, les catafalques recouvrent également le corbillard qui n'apparaît qu'au XIXe siècle. Les membres de la famille reçoivent un cierge allumé, symbolisant la résurrection.

La cérémonie protestante, simple, sans faste et sans prières particulières, est empreinte de l'esprit de la résurrection.

Aujourd'hui les voitures automobiles sont peintes en gris, parfois en violet, et les classes d'enterrement sont supprimées. Les grands voiles des veuves ont également disparu et le deuil n'est pratiquement plus porté.

15. François Lebrun, *op. cit.* (p. 339).
16. D'après Michel Ragon, *op. cit.* (p. 167 et suiv.).

Procession des Blancs de Caumont à Notre-Dame de Lumières.

Pélerinage des pénitents blancs de Grasse à Notre-Dame de Vie à Mougins.

g) Exposition du corps

Puis il y a la mise en cercueil, le nouveau défilé de ceux qui veulent rendre un dernier hommage à leur ami, le transport à l'église, le corbillard (traîné par des chevaux il y a encore peu d'années), la cérémonie à l'église puis au cimetière et l'interminable cérémonie des condoléances où la famille, placée suivant son degré de parenté, recevait les quelques mots et les baisers de réconfort de tous ses amis, tous venus, tous groupés : une réunion qui assemblait tout le village, car on remarquait celui ou celle qui n'avait pas participé à ce dernier hommage. Les enfants se rendaient sur les tombes ; actuellement on craint que l'émotion soit trop forte pour l'enfant à qui on cache, dans les manuels scolaires, les réflexions sur la mort... alors que bandes dessinées et films font bon marché de la vie humaine !

h) Notre cérémonial

Comment, actuellement, parler des obsèques alors que nos logis écartent l'hypothèse de la mort ? Nos habitations aux surfaces réduites ne sont construites que pour des êtres vivant normalement, les ascenseurs ne sont pas prévus pour recevoir un cercueil ; la circulation dans les grandes villes ne peut s'accommoder de la lenteur des convois funéraires (17). Georges Brassens chante :

« Mais où sont les funérailles d'antan ?
On ne les r'verra plus,
Et c'est bien attristant,
Les belles pompes funèbres de nos vingt ans... »

– Et il dit également :

« Maintenant, les corbillards à tombeau ouvert
Emportent les trépassés jusqu'au diable vauvert,
Les malheureux n'ont même plus le plaisir enfantin
D'voir leurs héritiers marron marcher dans le crottin. »

On a pu se réjouir aux baptêmes, aux communions et aux mariages, mais la participation est celle d'une simple sortie plaisante ; au moment de la mort, tous les liens affectifs se tissent autour de ce moment énigmatique : la cérémonie funéraire réunit tout le village. Même lorsque le corps a disparu – à la suite d'un incendie, d'un naufrage, de l'explosion d'un avion – on accomplit les rites mortuaires et le corps est figuré par un cercueil, l'ouver-

17. Dans les *Bulletins de la Société de thanatologie* de langue française, on peut prendre connaissance des articles de C. Dumousseau : « Problèmes de la mort dans les écosystèmes urbains » (t. III, n° 2, 1969) et de A. Violet : « Réflexions sur l'habitat urbain et la thanatologie » (t. XXII, n° 4, 1974).

ture d'une tombe, une croix en cire comme on le faisait à Ouessant. Il nous faut un support matériel ; on conçoit mal l'absence de quelques tombes : on regrette de ne pouvoir se recueillir sur la dalle de Mozart (mort le 4 décembre 1791), mais il nous reste son admirable *Requiem,* émouvant exemple d'une œuvre interrompue (18).

Des rites, bien qu'affaiblis, sensibilisent encore nos villages, mais plus la ville devient importante plus le sens cérémoniel s'émousse. Le décès a de moins en moins lieu chez soi, dans son cadre de vie, mais dans une salle anonyme et froide d'un hôpital ou d'une maison de retraite, devant une équipe de spécialistes qui s'activent avec fébrilité alors que tout devrait être douceur, repos, rapports humains pour faire que le mourant parte avec son identité personnelle. La nouvelle formule « d'accompagnement des mourants » demeure bien dérisoire par rapport aux coutumes anciennes. Il faut préparer à la mort « douce » selon l'expression de Georges Barbarin, et transformer cette angoisse en une « véritable volupté ».

Comment donner une réalité au cortège funèbre pris dans l'embouteillage de notre circulation automobile ? Comment se recueillir lorsqu'il faut penser à ses rendez-vous en regardant sa montre ? Très vite, presque en cachette, on conduit dans un cimetière éloigné un corps qui nous échappe ; l'intimité de la mort n'existe plus et le défunt perd ainsi son prestige qui pouvait nous faire oublier les frivolités de l'existence.

Il faudrait pouvoir réapprendre à se réconcilier avec la mort en la réintroduisant dans notre vie avec une nouvelle perspective, comme savaient le faire nos ancêtres des civilisations archaïques qui avaient plus de bon sens que nous en sachant se rattacher aux grands cycles de la nature, en vivant simplement dans l'environnement du sacré.

i) L'enterrement

Chaque corps est déposé dans un cercueil plus ou moins luxueux suivant la fortune du défunt ; aucune définition sur le bois à employer, allant du sapin au chêne ou à des bois magnifiquement vernis comme l'acajou. Autrefois le sarcophage était en pierre ; à l'époque carolingienne on en vit en plâtre puis, au XIIe siècle en plomb, alors que les pauvres et les moines, dans un simple linceul, étaient directement mis en terre. On peut citer le cas du cercueil de l'empereur Napoléon Ier, semblable à ceux de nos rois, avec un

18. On sait que « l'homme en gris » qui commanda le *Requiem,* ce « Messager de la mort » qui effraya Mozart, était le comte Walsegg Zu Stuppach, mélomane qui désirait produire sous son nom cette œuvre dont il termina l'écriture, mais dont l'éditeur de Leipzig (Breitkopf) identifia l'original écrit par la main de Mozart.

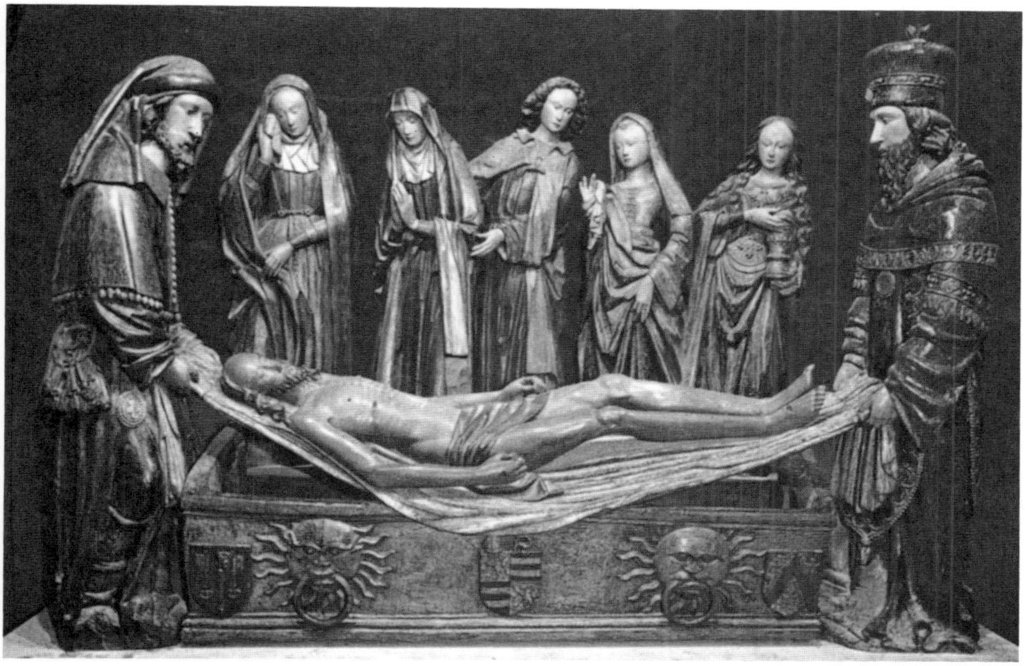

Mise au tombeau (abbatiale Saint-Pierre, à Moissac ; fin XVe siècle).

Le tombeau de Napoléon Ier aux Invalides (Paris).

(Photo J. Feuillié – C.N.M.H.S. / S.P.A.D.E.M.)

revêtement intérieur en étain, une partie intermédiaire en plomb et la partie extérieure en acajou, l'ensemble pesant 2 400 livres (19) ; l'état de conservation du corps de l'empereur était remarquable et a fait songer à celui d'Alexandre le Grand qui était apparu comme momifié.

19. Philippe de Rohan-Chabot : *Les Cinq Cercueils de l'empereur* (France-Empire).

Quelques rares couples sont enterrés ensemble. Abailard, mort le 21 avril 1142 et transporté au Paraclet, ouvre ses bras pour recevoir Héloïse en 1164 ; tous deux sont maintenant inhumés au Père-Lachaise à Paris. Léopoldine, fille aînée de Victor Hugo, est ensevelie avec son mari Charles Vacquerie après leur mort accidentelle à Villequier.

j) Les soins mortuaires

L'incontinence étant habituelle, la toilette du mort est une nécessité hygiénique, mais elle donne lieu à un véritable rituel pratiqué par certaines religions.

Une ceinture périnéale repose sur un drap doublé d'une alèse imperméable. Ce drap, non bordé et formant suaire, permet de mettre facilement le corps en bière, dans un délai de 48 heures. A l'origine, le linceul recouvrait le corps nu, placé directement en terre. Les moines ont pris l'habitude de se faire ensevelir dans leur robe ; le Moyen Age crée des enveloppes de cuir de bœuf cousues, inhume les évêques en habits sacerdotaux et les chevaliers en armure. Aussi, au XVIIIe siècle prend-on l'habitude d'habiller les morts.

La bouche est maintenue fermée par une mentonnière, les yeux lavés sont fermés et les cheveux brossés ; le rasage est souvent nécessaire. Dans la chambre mortuaire, obscurcie et aux portes fermées, on évite toute circulation d'air mais on peut pulvériser des produits légèrement parfumés. Le mort – habillé de préférence avec des habits de ville, parfois avec ses habits de nuit – a le plus souvent les mains croisées ; on y dispose souvent un objet de piété.

k) Célébration chrétienne

Le culte catholique donne de plus en plus la parole aux laïques afin, paraît-il, de mieux évoquer la mémoire du défunt. Bien que ce rituel fasse de moins en moins appel au symbolisme, le deuil chrétien reprend les thèmes de la cérémonie du baptême et du mystère pascal. Nous y retrouvons les aspersions d'eau purificatrice, la vision de la lumière et du feu avec les flammes et les cierges, la purification par l'encens dont la fumée monte vers Dieu comme l'âme entreprend son ascension, ainsi que les prières qui implorent la divinité.

l) Confréries des agonisants. Confréries de charité

Afin de bien assister le mourant dans ses derniers moments, de lui assurer une bonne mort, de nombreuses « confréries des agonisants » aident les familles. Ces laïcs, aidés par des prêtres, récitent les prières des agonisants et chantent lors des messes faites dans l'année pour le repos des âmes ; ils viennent plus particulièrement en aide aux indigents, conduisant l'enterrement selon un protocole d'apparat précis. Il existe encore une centaine de ces confréries.

Saint Eloi, saint André, saint Nicolas et sainte Barbe patronnaient des confréries de charité chargées d'enterrer les morts, principalement à Arras, Saint-Omer et Béthune. Ces hommes, montrant leur solidarité et leur humanisme, recevaient des fonds alimentant une caisse nommée « boîte des trépassés » permettant de dire des messes pour les morts.

Il faut faire une place particulière à la confrérie des Charitables de Saint-Eloi de Béthune qui, 800 ans après sa fondation, dispense aux malades les mêmes soins et inhume les morts. Cette institution est restée fidèle au message de Germon et Gautier, deux maréchaux-ferrants de Beuvry et de Béthune qui ont voulu combattre la peste en 1188. *« Depuis la fin du Moyen Age, quelles que soient les qualités et convictions du défunt, les confrères réconfortent les vivants éprouvés. Leur présence, la pompe et le cortège toujours identiques rassurent, rappelant qu'au terme d'une vie*

Procession de Charitables (photo de Frédéric Cornu : *Charitables*).

toutes les illusions disparaissent plus vite que l'éclair : ainsi passe la gloire du monde (20). » Les photographies de Frédéric Cornu (21) montrent les Charitables en « grand costume » ou en « demi-noir », dans leurs capes et habits noirs, gantés de blanc, bicornes noirs. Ces hommes, cooptés, perdent leur identité sociale pour n'être que les serviteurs d'une volonté collective envers des familles en peine ; ils prêtent serment d'accomplir charitablement leur mission, de rendre hommage aux décédés : un anachronisme que l'on doit admirer puisque, dans nos grandes villes, le mort est refoulé.

Procession de Charitables (photo de Frédéric Cornu : *Charitables*).

m) La danse des morts

Catéchismes et sermons entretiennent le chrétien dans la crainte de la mort : en état de péché, plongé en enfer, le mauvais homme subit de terribles tourments et supplices éternels ; les colporteurs présentent des ouvrages où, tant par le texte que par les gravures, on évoque les bienfaits de la vie vertueuse en l'opposant au monde diabolique. *Le Calendrier des Bergers* et *la Danse macabre* sont des ouvrages fort répandus.

Sous l'influence des rites, l'art dote la mort d'une personnalité anthropomorphe : le plus souvent elle apparaît sous forme d'un squelette armé d'une faux ; on l'entoure d'un appareil d'horreur ; la torche avec sa flamme représentant la vie est maintenant retournée. Les religions anciennes ne donnaient pas des traits hideux à la mort : « *Elle était comme une belle jeune fille dormant dans les bras de la Nuit, sa mère, et de son frère, le Sommeil.* »

20. Didier Deroeux, conservateur, préface au catalogue *Ainsi passe la gloire du monde* (Musée de Béthune, 1991). Des ex-voto montrent la richesse et la foi entourant ces confréries.

21. Frédéric Cornu : *Charitables*, textes de Christian Caujolle et Marie Cegarra (ville de Béthune, 1991).

On danse en accompagnant le mort, on regrette son départ, mais on se réjouit du stade où il est parvenu car il bénéficie maintenant des bienfaits de l'au-delà (22). Ces danses, plus répandues en Amérique du Sud, en Afrique et en Océanie, possèdent leurs rites magiques ; dans ces sociétés initiatiques les masques établissent la liaison directe avec le mort, d'autres avec des ancêtres, et ils portent le nom d'un héros mythique. Le tambour, par ses rythmes, exprime la voix du disparu.

Danse macabre de la chapelle de Kermaria (Côtes-du-Nord).

Est-ce la même idée qui prévaut avec les danses des morts qui ornent les murs de nos églises ? Elles apparaissent au début du XIVe siècle ; n'est-ce pas pour conjurer la peste noire qui vient de sévir de 1346 à 1348 ? Le *Répit de la mort* de Jehan Lefevre (1375) en est un bon archetype. Les représentations se multiplient en Allemagne et en Suisse. Citons celles de Cambrai (1349), Dijon (1436), Londres (1438) et de Bâle (1439), ce qui peut faire supposer qu'elles sont plus nombreuses dans les pays protestants ; elles sont d'ailleurs absentes en Italie. Cependant Littré, dans son très bon article sur « Macabre » songe à la fresque de l'église de Kermaria (Côtes-d'Armor) ; citons encore Kernascleden (Morbihan), La Chaise-Dieu, Meslay-le-Grenet (Eure-et-Loir) et Brianny (Côte-d'Or). A la fin du XVIe siècle les têtes de morts ont des attributs maléfiques : c'est l'*Assemblée des sorcières* de Francken (1607), la gravure allemande de Brenner, les peintures de Goya, de Valder Leal.

22. Philippe de Felice : *L'Enchantement des danses* (Albin Michel, 1957 ; p. 225).

Danse macabre (peinture sur bois du XVe siècle ; Le Bar-sur-Loup, Alpes-Maritimes).

(Arch. phot. Paris / S.P.A.D.E.M.)

La danse macabre de Kernascléden (Morbihan).

Le thème populaire de « la danse des morts » montre l'égalité de tous devant la mort ; que l'on soit roi ou pape, riche ou pauvre, la mort atteint chacun d'entre nous sans considération de sexe, de richesses morales ou matérielles. Les *Mystères* qui sont joués à la même époque s'établissent sur le thème du « Triomphe de la Mort », base de la célèbre fresque de l'abbaye de La Chaise-Dieu (Haute-Loire), conçue entre 1380 et 1410 avec ses 67 personnages répartis sur 2 m de haut et 26 m de long. Les défilés débutent par

Eglise de La Chaise-Dieu (Haute-Loire). Peinture murale du xve siècle : *"La danse macabre"* : l'aristocratie, la bourgeoisie, les artisans et la mort.

Adam et Eve, ou par le pape. J'ai indiqué par ailleurs (23) que ces fresques intègrent les défunts dans le monde des vivants, en participant aux mêmes festins et aux mêmes réjouissances dans une sarabande d'un bel humour (24).

On peut noter que le moine Hélinand et le poète Gautier de Mapes avaient enregistré les doléances des personnages de toutes conditions dès le XIIe siècle (25). Ce n'est que vers 1486 que l'orchestre macabre fait son apparition, avec les trois morts-musiciens jouant de la cornemuse, de l'orgue portatif et de la harpe. Cette figuration plastique montrant l'égalité de tous devant la mort, souvent ornée de sa faux, est aussi le thème de contes, dont celui de la fin du XIIIe siècle, *le Dict des trois morts et des trois vifs* : trois jeunes cavaliers, un duc, un comte et un fils de roi, passent près d'un calvaire où, *« tremblants comme feuille »*, ils voient se dresser trois cadavres

23. Jean-Pierre Bayard : *La Tradition cachée des cathédrales* (p. 336 à 341).

24. Grasset d'Orcet : *Matériaux cryptographiques*, t. II (p. 225 à 260) et A.J. Donzet : *Les Danses macabres*. On peut également songer aux figurines plastiques, articulées, des enfants, qui sont parfois installées à l'arrière des voitures et dont les yeux s'illuminent en vert ou en rouge. Plus artistiques, les *Frivolités* du XVIIIe siècle sont peintes avec le même sentiment de la précarité de la vie humaine devant les honneurs factices.

25. Dans *Deploratio et Lamentatio pro Morte*.

desséchés qui les apostrophent : « *Vous serez ce que nous sommes, d'avance mirez-vous en nous. Puissances, honneurs, richesses ne sont rien. A l'heure de la mort il n'y a que les bonnes œuvres qui comptent* » ; ce thème est sculpté au portail de quelques églises.

On songe également aux frises de l'Ankou, ce personnage de la mort qui hante la Bretagne ; *Le Mirouër de la Mort* (1519) a inspiré bien des peintures, des sculptures et des poèmes (26).

n) Les tombeaux

L'Eglise cistercienne, en général de dimensions modestes et au décor dépouillé, répond aux vœux de Pierre le Chantre qui, au XIIe siècle, a su imposer un plan simple pour célébrer le culte. Dans le même esprit de simplicité et d'humilité, les grands du royaume sont ensevelis sous le porche afin que chaque passant foule de ses pas une misérable dépouille. Don Juan Manara, qui meurt en odeur de sainteté en 1679, repose ainsi avant le chœur de la chapelle de la Caridad à Séville, « *pour y être piétiné et méprisé de tous, dans la mort, puisqu'il n'a pu être humble dans la vie* (27) ».

Mais certains monuments funéraires deviennent somptueux, comme les tombeaux fondés en 1187 par Alphonse VIII et dona Leonor pour la maison de Castille à Santa Maria de Las Huelgas près de Burgos. A l'abbaye cistercienne de Royaumont, à Asnières-sur-Oise, le tombeau de Henri de Lorraine, comte d'Harcourt, est dû au talent d'Antoine Coysevox. Celui de Phi-

Cénotaphe de Théodechilde (face nord), dans la crypte mérovingienne de l'abbaye de Jouarre (Seine-et-Marne).

26. Gwenc'hlan Le Scouëzec : *Pierres sacrées de Bretagne* ; photographies de Jean-Robert Masson (Le Seuil).
27. Jean-Pierre Bayard : *Les Pactes sataniques* (Idégraf, 1980 ; p. 119).

lippe Pot, sénéchal de Bourgogne, mort en 1494, est aujourd'hui au musée du Louvre (département des sculptures), après avoir été dans la chapelle de Saint-Jean-Baptiste de Cîteaux : des pleurants encagoulés portent la dalle sur laquelle repose le très riche cénotaphe. Combien de tombeaux remarquables nous pourrions citer, établissant ainsi la grande richesse de notre art.

(Photos Mireille-Joséphine Guézennec, Bourges.)

Trois pleurants (en marbre et albâtre) au musée du Berry (Bourges), datant du XVe siècle.

o) Le mystère pascal

Le mystère pascal rappelle que Jésus, le Bon Berger, a subi la Passion et la mort pour ses brebis ; après sa mort sur la croix de souffrance, il ressuscite, renouvelant la vie en sortant du tombeau au matin de Pâques.

Cette grande solennité que saint Grégoire de Nazianze appelle la « fête des fêtes », célèbre la mémoire de cette résurrection. Pâques, qui signifie « passage », s'écrit, selon l'usage, *Pâque* pour exprimer la fête des juifs, ou *Pâques* pour la consécration chrétienne. La Pâque juive commémore aussi le passage de la mer Rouge.

Pâques se situe entre le 22 mars et le 25 avril ; le concile de Nicée, en 325, a fixé cette célébration dans la première nuit de samedi à dimanche après la pleine lune de printemps ; c'est le 14e jour de la lune se situant au plus tôt au 21 mars, après l'équinoxe de printemps. Comme l'épacte – l'âge de la lune nouvelle à la veille du 1er janvier – peut varier de 29 jours, la date de Pâques reste fort variable : on note trente-cinq positions possibles.

Jusqu'en 1564, sous le règne de Charles IX, une grande partie de la France – dont la région parisienne – faisait débuter l'année civile le jour de Pâques. En 532, l'Eglise avait cependant admis – sur la proposition du moine scythe Denis le Petit – de compter les années à partir du 1er janvier, immédiatement après la naissance de Jésus fixée au 25 décembre, le solstice d'hiver. Mais d'après le calendrier Julien – créé par Jules César – la naissance de Jésus est le 7 janvier, date conservée par l'Eglise orthodoxe.

Jésus, condamné le Vendredi saint, ressuscite trois jours après : c'est Pâques. Il monte au ciel quarante jours après, c'est l'Ascension, et, dix jours plus tard – quarante-neuf jours après Pâques – le Saint-Esprit éclaire l'âme des apôtres : c'est la Pentecôte. Le temps pascal s'étend de Pâques à la Pentecôte, mais les huit premiers jours, nommés « octave de Pâques », sont célébrés comme les solennités du Seigneur.

Le Christ, crucifié lors d'une pleine lune, doit attendre la venue d'une autre pleine lune. L'astre, en se gonflant, facilite cette ascension ; il est un marchepied dans un rite de passage célébré mystiquement. Fête du sacrifice qui va jusqu'au don de soi, on se sépare d'un connu pour pénétrer l'inconnu ; le tabou alimentaire de « faire maigre » prépare cette cérémonie saisonnière qui appartient ainsi à un rituel initiatique : dans l'esprit de mort et de résurrection, le vieil homme se dépouille pour faire peau neuve dans le monde du renouveau et revêt des vêtements nouveaux.

La lune scande ces renaissances rituelles et marque pour nous le mystère de Pâques.

p) Les cloches

Du Jeudi saint au Samedi saint les cloches se taisent afin de commémorer le temps qui s'est écoulé entre la mort du Christ et sa Résurrection. Cet usage est cependant récent : ce n'est qu'au VIIIe siècle, à Rome, que cloches et clochettes cessent de retentir. Au mont Cassin on remplace les carillons métalliques par des instruments de bois.

La coutume actuelle a été codifiée au début du XIIIe siècle ; le jeudi, après le *Gloria in excelsis,* on voile images et statues et on ne fait plus tinter ces instruments jusqu'au *Gloria* de la messe du samedi. Pour expliquer ce silence, on évoque leur voyage à Rome ; afin qu'elles puissent s'envoler pour recevoir la bénédiction du pape, on remonte souvent les cordes dans le clocher : on coupe tout lien terrestre susceptible de les retenir à terre.

Dans les cultes d'Atys, de Dionysos et d'Adonis existe une *période de marge* entre le moment de la mort du dieu et sa résurrection ; durant cette période, les règles habituelles de vie sont temporairement suspendues. La même désolation règne à la mort du Christ ; les Evangiles content comment les éléments se sont déchaînés avec tremblements de terre, bruits effrayants qui, à l'époque médiévale, sont attribués aux démons.

Pour faire cesser cette léthargie, il faut réveiller toutes les forces naturelles, rétablir l'ordre et, après trois jours d'affliction, les cloches scandent la reprise des activités humaines journalières. En frappant, en faisant du bruit, on chasse les démons et on oblige cloches et clochettes à revenir au domicile habituel. A leur retour, elles laissent tomber dans les jardins les œufs qui vont être découverts par les enfants, des œufs souvent colorés qui ajoutent au merveilleux. Peut-être est-ce là *« l'œuf du phœnix qui ne demande qu'à éclore pour se montrer sous l'aspect rayonnant de la pierre philosophale »,* écrit Bernard Roger (28) ? Ces coutumes sont de plus en plus oubliées et, cependant, si nos fées existaient ? Si le visible n'était que partie de l'invisible ?

Les fascinants carillons des Flandres, les cloches baptisées, ponctuent les heures, marquent les événements de la vie de la cité ; leurs timbres se réjouissent aux baptêmes, aux mariages mais, graves, ils indiquent dangers, guerres, épidémies, incendies ou accompagnent les cérémonies funèbres. Tous les moments de la vie citadine sont scandés aux rythmes de la cloche qui domine le village.

Le pouvoir des cloches dépasse le cadre de la cité. Leur force puissante retentit au loin, plus loin que le simple écho perçu par nos sens. Le son se répercute dans le ciel et sa force vibratoire chasse tout ce qui est néfaste ; on écarte le nuage de grêle, on chasse les démons qui s'effraient du bruit, de l'éclat métallique de ces voix baptisées qui parlent au nom de Dieu. Alors ne faut-il pas évoquer le charivari ?

q) Le charivari

En créant les sons les plus discordants, on oblige cloches et clochettes métalliques à rejoindre leur domicile.

Au cours de l'office des Ténèbres, le Vendredi saint, on évoque la mort de Jésus dans un profond silence ; brusquement le prêtre tape par trois fois de

28. *A la découverte de l'alchimie* (Dangles, 1988).

son missel sur une stalle et frappe des pieds, « *afin de rappeler le tremblement de terre qui survint au moment de la crucifixion et pendant lequel le voile du Temple se déchira en deux du haut jusqu'en bas* (29) ».

Dans certaines régions de France les fidèles participent au vacarme dirigé par le prêtre mais, souvent, ces bruits discordants ont lieu à l'extérieur du temple. Les fêtes des fous, de l'âne et de toute une série de manifestations semblables se déroulaient cependant autrefois à l'intérieur de l'édifice religieux, espace attribué à toute la population ; seul le chœur était réservé au culte.

Les enfants munis de sifflets, crécelles, martelets, claquoirs, cornes de terre cuites ou de diverses planchettes astucieusement assemblées, font le tour de l'église, parfois même du village. On joue la Passion, on établit les processions des Flagellants, des Pénitents en cagoules, ou le très luxueux défilé de Brugges qui commémore l'affreux supplice de Jésus, l'arrivée de la fiole du saint Sang. Ces bruits sourds qui évoquent les grondements de la terre sont fort semblables à ceux de la conque marine, du tam-tam, du shofar qui annonce le shabbat, instruments non métalliques. Bruits insolites, non orchestrés et donnant l'impression d'un désordre chaotique, ils reflètent la période de l'origine. La musique ordonne et harmonise les rythmes de la nature. Ces usages marquent le Vendredi saint, les rites funéraires ; or Matthieu (XXVII, 53) nous apprend qu'après la mort de Jésus « *des morts sortirent de leurs tombeaux et entrèrent dans la ville sainte et apparurent à plusieurs* ».

On cherche à éloigner le mauvais esprit des ténèbres ; il faut que la lumière chasse l'obscurité ; il faut effrayer tous les démons de la nuit, de l'obscurantisme. Que ce soit avec des cris, des lamentations ou des instruments aux sons les plus étranges, on organise le vacarme le plus insolite, le plus extravagant, le plus bruyant jusqu'à danser en bonds désordonnés autour de la dépouille du mort, ou autour de l'effigie de la vieille année brûlée au cours de ce carnaval qui exalte la joie d'accueillir la nouvelle année en qui on espère tous les bienfaits. Avec les masques qui évoquent des ancêtres et même des dieux, les tambours font parler les morts : ce sont leur voix que l'on entend. En Nouvelle-Guinée, on introduit dans le tambour une statuette représentant le disparu et les assistants cherchent à déchiffrer le message ainsi transmis.

Certaines survivances de ces coutumes apparaissent actuellement dans des cérémonies rituelles. Dans les rites initiatiques du compagnonnage et de la franc-maçonnerie, les symboles des mystères antiques sont conservés ;

29. Luc, XXIII, 45 ; Matthieu, XXVII, 51. C. Kh. Iablokoff : *Bulletin de la Société de mythologie française* (n° 92, 1974).

sans doute faut-il effrayer le candidat, le mettre à l'épreuve pour s'assurer qu'il est « libre et de bonnes mœurs », qu'il n'agit pas par cupidité ; mais on veut aussi le soutenir, lui permettre de vaincre ses dérisoires passions en chassant tout ce qui est impur et néfaste. On éloigne encore les démons en klaxonnant pour accompagner les cortèges nuptiaux. En rompant avec son passé, en « enterrant sa vie de garçon », l'homme établit un nouveau foyer, convoitise des mauvais esprits qu'il faut chasser.

Ainsi les sons discordants du charivari soulignent-ils l'importance d'un changement d'état, d'une rupture avec le passé, ce qui permet à l'ordre de régner sur la chaos ou au mort de gagner son nouvel état.

r) Fêtes des morts

Bien que les chrétiens – pratiquants ou non – célèbrent avec ponctualité les fêtes consacrées à nos morts, nous en prendrons connaissance en parlant du celtisme.

4. Rites islamiques

Pour l'islam, la mort donne accès à l'intimité d'Allah. Jugé sur sa vie terrestre, le fidèle est récompensé ou puni selon ses actions. La mort est acceptée avec sérénité.

A la mort de Mahomet (VIIe siècle), ses fidèles se regroupent autour de son gendre Ali (chiites), les autres forment « les gens de la tradition » (sunnites). Lors de l'*ashura,* point culminant du deuil chiite, les flagellants se fouettent en cadence avec un martinet dont les chaînes sont terminées de sept couteaux effilés, le *zanhjir.* Ce deuil collectif en mémoire du martyre de Husayn, petit-fils du Prophète, dure dix jours, dans l'atmosphère d'un enterrement ; les hommes s'enduisent le visage de cendres, les femmes sans bijoux prennent des vêtements noirs. Aux excès suicidaires de ces cérémonies – qui varient selon les pays dans lesquels elles se déroulent – s'est maintenant substitué un rituel plus symbolique.

Les rites islamiques varient peu par rapport aux deux premières religions, puisque Mahomet présente son message comme un complément de ceux de Moïse et de Jésus, comme un retour au monothéisme original, alors que juifs et chrétiens se contentent de déviations ; ses prédications, basées sur l'unicité d'Allah, sont essentiellement morales. Mahomet oppose les élus aux damnés, décrit les tourments de l'enfer et, en termes très poétiques, commente la comparution des hommes devant Dieu lors du jugement dernier (30). On peut retenir que le cadavre doit être respecté, qu'on ne peut le mutiler par une autopsie, l'incinérer ni l'embaumer ; il subit les mêmes rites de purification.

Les cimetières, non entourés de murs, sont établis près des mosquées ; quelques pierres, aux pieds et à la tête, marquent la position des corps orientés vers La Mecque ; les tombes, souvent anonymes, tranchent fort peu sur l'étendue du désert. Contrairement à la loi coranique, dans les villes on trouve de riches mausolées ou des dalles funéraires parfaitement décorées. On y dépose de menues offrandes : de l'eau fraîche pour abreuver l'âme du mort, des dattes, des pièces de monnaie. Par contre, la tombe du marabout – fort honorée et donnant même lieu à un culte populaire – reçoit des objets de dévotion riches et variés.

5. Rites celtiques

La pensée celte – qui a imprégné considérablement le christianisme – se rapproche énormément de la tradition orientale : les âmes doivent parcourir des cycles de vie afin de pouvoir s'améliorer spirituellement ; la croix celtique, avec ses trois cercles concentriques, résume symboliquement ce principe.

Le guerrier celte n'a pas peur de mourir car il doit renaître dans un monde meilleur. Cette bravoure, nous la retrouvons chez les peuples d'origine nordique ; les Vikings aux belles légendes qui font nos délices s'apparentent aux soldats nippons de la dernière guerre, tout comme l'encouragement au sacrifice du « Vieux de la Montagne » qui décrit à ses soldats fanatisés les beautés ensorcelantes de l'au-delà.

Sur la terre de Bretagne, où les coutumes sont vivaces et dures comme le granit, les saints sont nombreux et ont conservé, sous des dehors christianisés, bien des antécédents païens. Pour les Celtes, le monde des morts se situe à l'extrême ouest de l'Océan et Christian Guyonvarc'h note que ce lieu se compose de trois fois cinquante îles. Dans cette tradition solaire, les morts reposent dans le pays où le soleil se couche. La journée celte débutant avec la nuit, le héros doit atteindre cette région du repos avant le coucher du soleil : la renaissance de l'individu débute avec le jour nouveau, mettant bien en évidence le mythe de mort et résurrection.

Le pays d'outre-tombe, ou île des Bienheureux, où séjournent les âmes immortelles, est entouré d'eau ; l'eau vive, celle des fontaines, et surtout l'eau de la mer pénètrent largement les légendes celtiques. Cette conception

30. Coran 56, 27-44 ; 81, 1-14 et 84, 10-11.

s'oppose au royaume des morts situé sous la montagne, dans la caverne, mais on retrouve cependant l'idée d'œuf primordial, d'un centre nommé Avallon où l'homme se régénère. L'île d'Avallon, séjour des héros défunts, se nomme aussi « île des Pommiers ». La pomme demeure un fruit fort mystérieux ; la fleur du pommier dessine une étoile pythagoricienne que nous retrouvons au cœur même du fruit ; les deux coupes de la pomme (suivant l'axe du pédoncule et suivant un plan perpendiculaire à ce dernier) permettent d'observer le caractère androgyne de ce fruit (31).

La tradition hellénique et les sagas irlandaises font de cette île le lieu de l'éternelle jeunesse ; maladies, luttes et vieillesse n'existent plus. Des légendes de Nouvelle-Calédonie, de Nouvelle-Guinée ou celle d'Ahura-Mazdâ reflètent la même pensée. Ce bienfaisant lieu du repos s'identifie au lieu de notre première naissance et au « pays de dormition ». Ce n'est cependant qu'une étape dans le cours de l'existence des âmes. Il faut savoir parcourir des cycles, transcender les trois cercles de la destinée : *Keugant,* celui du vide et de l'inconnaissable ; *Abred,* celui de la mort et des épreuves ; *Gwended,* celui de la lumière et de la félicité.

Morgane et Arthur, à l'image du soleil qui se couche à l'Occident mais se lève à l'Orient, attendent des jours meilleurs pour revenir vers le monde des humains. Il faut savoir naviguer, aller vers cette île des morts en prenant la barque des morts *(Bag-Varu)* ou la barque de nuit *(Bag an Noz)* ; mais en prenant une de ces embarcations, il faut se méfier de ne pas monter dans un de ces « vaisseaux fantômes » que l'on peut aussi nommer « Hollandais volant » ou « barque de la nuit », dont l'équipage est constitué par des morts qui sont au nombre de sept (ou un multiple de sept), nombre qui apparaît ici comme un nombre maléfique.

D'après le Purgatoire de saint Patrice et selon maints autres auteurs, le Paradis se situe ainsi à l'ouest, ce qui n'est pas l'avis de saint Avit qui, en 530, le place à l'est derrière l'Himalaya. Virgile, missionnaire (32), diffuse cette théorie situant l'Eden à l'occident ; le pape Zacharie, en 748, nomme une commission d'enquête pour vérifier les dires de Virgile, et celui-ci se réfère à l'autorité de saint Brendan (33) qui a pu atteindre le Paradis...

Sur cette terre de l'Armor existe un personnage surnaturel bien connu des poètes et dont Anatole Le Braz (34) a rapporté maints échos : l'*Ankou,*

31. Jean-Pierre Bayard : « Croquez la pomme... » (revue *l'Anjou*, n° 11, décembre 1990).
32. Virgile, évêque de Salzbourg, meurt en 784 et est canonisé en 1293.
33. *La légende de saint Brendan qui erra sept ans sur mer et des merveilles qu'il trouva.* Voir J.-P. Bayard, traduction et commentaires (Guy Trédaniel).
34. Anatole Le Braz (1859-1926) a écrit notamment *la Légende de la mort chez les Bretons armoricains* (1893).

squelette humain drapé dans son suaire, armé d'une faux, parcourt aussi bien landes que mer, ravissant les vivants rencontrés. Dites aux veillées, les légendes sont intarissables et l'on songe à Charon qui, chez les Grecs, avait même mission. Maintes églises bretonnes conservent encore le souvenir de l'*Ankou* (35).

La tradition nordique honore l'ours, vraisemblablement vestige d'un culte fort ancien déjà évoqué. Dans les légendes le loup prend souvent la place de l'animal polaire et, s'il faut en croire Aristote, le loup porte dans son ventre l'âme des morts qu'il restitue le 2 février, la grande fête celtique d'Imbolc ou de sainte Brigitte, proche de Brigit d'Irlande, fêtes christianisées qui deviennent le Mardi gras. On songe aux contes comme *Jean l'Ours* mais surtout au *Petit Chaperon rouge,* plus spécialement dans sa version de Grimm.

6. Rites tsiganes

Si certains de leurs rites mortuaires peuvent être comparés à ceux des compagnons du Tour de France (36), il faut reconnaître que nous sommes en présence d'un peuple à part, qui ne s'est guère intégré dans les usages de notre civilisation. Afin de se soustraire aux tracasseries administratives, ils se plient à nos lois, ou à quelques cérémonies religieuses, tout en respectant leurs propres coutumes.

Chaque mort laisse une partie de son esprit vital dans le corps d'un de ses descendants mais son « esprit protecteur » *(butyakengo),* sorte d'ange gardien qui a son siège dans le petit doigt de la main gauche, reste sur terre et protège la famille (37). Les démons cherchent à pénétrer le corps humain en y apportant maladie et mort. Les tsiganes croient à l'immortalité de l'âme qui est envisagée sous un aspect matériel ; celle-ci ne quitte le corps que lorsque celui-ci est en décomposition et elle doit alors traverser sept montagnes, subir de nombreuses épreuves, errer dans un monde hostile où toute perspective de béatitude est bannie.

Si l'un des leurs meurt à l'hôpital, les Tsiganes refusent l'autopsie ; le nom du disparu ne doit plus être prononcé. Le corps lavé, qu'on ne peut toucher sans nécessité, est revêtu de ses plus beaux habits. On veille le mort durant trois jours et trois nuits, avec des lamentations et souvent des complaintes appropriées ; les hommes ne se rasent plus et les femmes endeuillées ne font plus la cuisine mais, grâce à la nourriture apportée et disposée autour

35. Notamment à Ploumilliau (Côtes-d'Armor), à Kernascléden (ouest de Pontivy) et à Kermaria-an-Iskuit (près de Plouha).

36. Voir paragraphe « Rites initiatiques ».

37. Comme on me le fait remarquer, on peut sans doute y voir l'expression : « *Mon petit doigt me l'a dit.* »

du défunt, ont lieu de très copieux repas largement arrosés de vin et d'eau-de-vie. On brûle tout ce qui a appartenu au défunt ou on vend roulotte et meubles.

Dans le large cercueil, percé de trous permettant au défunt de respirer ou de boire, on place quelques objets familiers (couteau, montre et même violon), parfois quelque nourriture et un peu d'argent afin de pouvoir payer son passage par-delà la rivière de la mort. Au cimetière, on joue du violon sur la tombe et les femmes extériorisent largement leurs peines. La famille porte le deuil durant un an, toute musique étant interdite et le nom ne pouvant être prononcé ou transmis à un nouveau-né.

Le bannissement du nom se retrouve dans d'autres tribus nomades comme en Australie, en Afrique noire, chez les Touareg ou en Sibérie. Le *mulo*, qui est corps et esprit malfaisant, sorte de vampire, cherche à revenir au milieu des vivants et même à prendre femme ; le *mulo*, par la transmigration de son âme, peut revenir sous une autre forme comme chien, chat ou grenouille ; cette possession diabolique aboutit à un tabou sexuel, car la fille tsigane doit rester vierge jusqu'à son mariage. Aussi est-il utile de se mettre à l'abri de certaines souillures et de se concilier l'esprit du défunt.

La *Pomana* a lieu six semaines après l'enterrement : dans un repas de qualité, au rituel défini, on y fête le mort qu'un des convives représente et imite le plus fidèlement possible ; c'est ainsi soutenir le disparu.

On honore le mort aux dates commémoratives, en déposant du pain et du vin, de l'alcool, en organisant des repas à la Toussaint, Noël, nouvel an, Pâques et Pentecôte. Le jour anniversaire de la naissance du mort on dispose sur sa tombe autant de bougies qu'il y a de morts dans la famille. On peut aussi déposer d'autres offrandes alimentaires. Ces rites varient selon les pays dans lesquels séjournent les Rom.

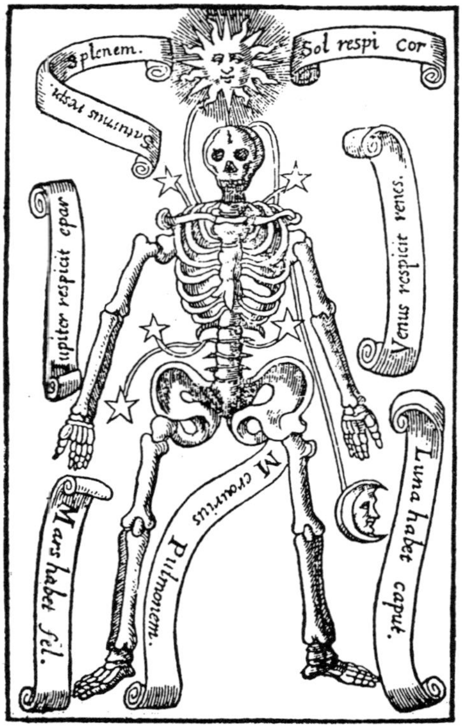

Allégorie de la mort,
d'après Jean Belot (*Œuvres,* 1662).

CHAPITRE V

La mort initiatique

« Je ne suis d'aucune époque ni d'aucun lieu,
mon être spirituel vit son éternelle existence. »
Cagliostro.

1. Du rituel funéraire à l'initiation

D'après les rites funéraires des diverses religions, l'âme du défunt se conduit comme le ferait celle d'un mortel : à la recherche d'un lieu privilégié, elle traverse des pays inconnus, entreprend un long et pénible voyage ; après bien des embûches le défunt parvient à un autre monde dont l'organisation ressemble à celle du clan que l'on vient de quitter ; la vie y est cependant beaucoup plus clémente.

Pour atteindre ce lieu plus hospitalier on doit, de son vivant, préparer son voyage posthume, se munir de recettes qui font franchir les obstacles. Avant la mort charnelle, on se prépare par une mort que l'on imagine et qui doit permettre d'entrevoir l'état dans lequel nous nous trouverons ; anticipant sur la mort réelle, par une recherche consciente, on espère que l'on accédera sans crainte à cet au-delà. Ainsi des rites initiatiques éduquent-ils l'homme.

Le dolmen remplace la grotte, premier lieu sépulcral. La grotte est à la fois le ventre de la Terre mère, mais aussi sa bouche et son utérus : l'homme y naît et y meurt. L'être initié, perdant son corps, conserve le souvenir des principes de sa vie terrestre grâce à son âme immortelle.

2. Mort et résurrection

Le soleil meurt chaque soir, traverse le monde des ténèbres et ressuscite chaque matin pour reprendre son voyage quotidien, tout en conservant le souvenir des régions obscures. Pour vivre dans la lumière il faut aussi connaître ce qui est infernal : ombre et lumière ! Dans l'athanor, après la décomposition de la matière, on doit atteindre le stade de la putréfaction pour pouvoir renaître dans un autre milieu.

L'Egypte ancienne identifie Osiris au soleil ; tous deux ressuscitent chaque jour ; Osiris transcende la mort puisque, Dieu démembré, il revient à la vie grâce aux soins d'Isis tout en conservant son expérience de la mort. Le rite funéraire s'intègre dans un acte magique, un rituel initiatique commentant la renaissance d'Osiris, le dieu incarné.

Ainsi toute initiation est-elle basée sur les rites de la mort ; le néophyte meurt à sa vie de chaque jour pour renaître dans un monde que, jusqu'ici, il avait mal interprété et qu'il voit maintenant avec des yeux nouveaux. « *Perit ut vivat* (il meurt afin qu'il vive). » La « nouvelle naissance » suppose nécessairement la rupture avec l'ancien état, qu'il s'agisse d'un individu ou d'un monde ; mort et naissance (ou résurrection) sont les deux aspects inséparables, *« car ce ne sont en réalité que les deux faces opposées d'un même changement d'état* (1) *».*

En vivant les rites initiatiques, le candidat subit une expérience qui laisse des traces physiques et morales sur son comportement. Le docteur Pierre Simon, ancien Grand Maître de la Grande Loge de France, écrit : *« Le sens de la mort a changé pour moi quand je suis devenu un initié. »*

Les rites initiatiques réservés à un groupe limité d'individus ne sont divulgués qu'à ceux qui ont effectué la même démarche ; les mystères anciens, plus particulièrement celui d'Eleusis, n'ont pu être entièrement percés. Chaque civilisation a ses groupes fermés pratiquant des cérémonies ayant le même but : situer l'individu dans une nouvelle prise de conscience, lui faire découvrir les concepts éternels qui animent toute vie, les lui rendre sensibles et dynamiques.

Mourir à une vie matérielle que l'on connaît pour renaître, régénéré, dans une vie supérieure où tout sera parfait, tel est le rêve de l'homme qui veut se survivre ; par ce thème initiatique, à la mort fictive succède la résurrection symbolique. La mort initiatique n'est donc pas une fin, mais bien un recommencement.

J'ai montré (2) que le sacre royal, principalement en France puis en Angleterre, donnait une investiture initiatique au monarque ; le prince mourait à sa vie de dauphin, prenait un nom nouveau et recevait d'étranges pouvoirs comme ceux de guérir les écrouelles. J'ai noté qu'au Mexique la tête du roi intronisé reposait sur un capuchon enluminé d'os et de têtes de morts et que le vêtement royal était décoré comme le capuchon. Le roi de Suède, après son couronnement à Upsal, couvert d'un manteau de deuil semé de figures de morts, se couchait dans un cercueil de pierre près de l'autel. En

1. René Guénon : *Symboles fondamentaux de la science sacrée* (N.R.F., p. 174). Dans le même ouvrage (p. 333), Guénon indique que, dans le symbolisme, le Soleil s'identifie à la mort.
2. *Sacres et couronnements royaux* (p. 215).

Grèce on présentait au nouveau chef un vase empli de cendres et d'ossements humains en même temps qu'une étoupe où le feu était mis. Le prince oublie sa vie d'autrefois et entreprend son règne de monarque.

Lors de l'ordination d'un cardinal, c'est-à-dire un pape en puissance, le nouveau prélat s'étend sur le tombeau de saint Pierre : lorsqu'il se relève, symboliquement il est saint Pierre. Le nouveau prêtre étendu sur le sol même est recouvert d'un drap. La religieuse, cheveux coupés, se couche dans un cercueil pour accéder à sa nouvelle vie.

Des signes de deuil accompagnent ces réjouissances spirituelles fastueuses et montrent que nous avons compris notre insignifiance, que les honneurs n'ont qu'une valeur éphémère.

3. Les rites de passage

Les rites de passage de l'enfance à l'adolescence, bien que collectifs et non totalement désirés par le sujet, agissent dans le sens d'une initiation. Il y a séparation et réclusion du sujet avec le milieu antérieur, et c'est bien là une mort fictive. Pendant toute la durée de son noviciat, l'apprenti n'a plus de communication avec sa famille de sang, plus particulièrement avec sa mère et ses sœurs. On exorcise le mauvais esprit qui a pu se glisser en lui tout comme le baptême chrétien chasse Satan. Diminué physiquement et mentalement, cet enfant reçoit un enseignement oral ; lors de la cérémonie magique, religieuse, il subit une mutilation rituelle identique à celles des membres du clan : cicatrice sur les joues, enlèvement d'une dent, incision du pénis.

Arnold Van Gennep a rapporté, dans l'ensemble de son œuvre, de nombreux détails sur les cérémonies d'admission. Dans une hutte sacrée, l'adolescent attaché et souvent nu, doit donner l'impression d'avoir perdu toute personnalité jusqu'à avoir oublié sa langue maternelle ; les Anciens, aux costumes rituels (avec masques, tatouages ou peintures transformant leur aspect extérieur), sont tués symboliquement par le prêtre sorcier qui, ensuite, les ressuscite ; le père et le parrain accompagnent le jeune garçon ; la mère et la marraine la jeune fille. Lors des rites de réintégration, le « nouveau-né » réapprend les gestes de la vie commune, comme marcher, manger ou parler ; alternent alors processions, chants sacrés, tambour et, au cours d'un repas pris en fin de soirée, le néophyte reçoit son nom.

Les initiations se réfèrent toutes au même processus. « *On voit que, dans ses grandes lignes, l'initiation aux mystères d'Eleusis répond, pour la séquence des rites, aux cérémonies de la même catégorie que nous avons examinées déjà. Cette même séquence se trouve également avec la dra-*

matisation de la mort et de la renaissance du novice, dans l'initiation à l'orphisme, aux sociétés religieuses thraces, de Dionysos, de Mithra, d'Adonis, d'Isis (3). »

Pour indiquer cette re-naissance due à des rites initiatiques, il est souvent employé le terme de « deux-fois-nés (4) ». Tonsure, voilement avec de nouveaux vêtements, sont des rites à la fois de séparation et d'agrégation.

4. La puissance initiatique

L'initiation, qui confère une influence spirituelle à l'adepte rattaché à un centre traditionnel, recherche le perfectionnement de l'être intérieur ; elle le situe dans un ordre hiérarchisé. Par cet acte magique l'homme transcende sa propre nature et cherche l'accès à un stade supérieur ; il subit une « seconde naissance ».

L'initiation est également un rite de passage car elle appartient à un phénomène social : par une constante psychologique l'être acquiert la fraternité, une forme de l'humanisme, mais il sait aussi voir les événements sous un jour nouveau, lui permettant d'agir avec plus d'efficacité pour le bien de la collectivité.

L'initiation, par un ensemble de rites et d'enseignements oraux, *éveille* l'être, le met sur « la voie », l'engage dans un chemin qui le relie au Principe. Celui qui participe à cette recherche doit mourir à sa vie profane pour renaître dans un nouveau cercle (5). La mort d'Hiram paraphrase la mort du Christ, mais celle-ci était déjà connue dans son esprit universel par les plus antiques civilisations, même avant le mythe d'Osiris. Mythes et légendes montrent cette recherche de l'immortalité, souvent un rajeunissement obtenu par le feu qui détruit tout ce qui est impur. Le forgeron – un démiurge – se tient dans les entrailles de la terre où il faut savoir descendre afin de s'y régénérer, car c'est là que l'on peut établir la récapitulation de nos états précédents.

Temps et lieux terrestres disparaissent ; Cagliostro, dans les salons mondains et même devant le tribunal, provoque l'étonnement de tous en déclarant : « *Je ne suis d'aucune époque ni d'aucun lieu, mon être spirituel vit son éternelle existence.* » Le franc-maçon prend l'âge de son degré initiatique : il a aussi bien trois ans, quarante-cinq ans, un siècle ou plus, car la nature matérielle de l'adepte est dépassée.

3. Van Gennep (*op. cit.* ; p. 121). Simon Monneret : *Vivre sa mort. Enquête sur l'imaginaire dans « l'entre-deux-vies »* (Denoël, 1978 ; p. 217).
4. Margaret Sinclair Stevenson : *Les Rites des deux fois nés* (Le Soleil Noir, 1982).
5. René Guénon : *Aperçus sur l'initiation* (p. 178).

La crucifixion (miniature d'un psautier, école catalone). Saint Jean, tenant le livre d'Ordre, est à l'ordre maçonnique ainsi que la Vierge Marie (à un autre degré). Soleil et Lune complètent la scène.

Comme l'a fort bien montré René Guénon, deux sociétés initiatiques émergent à notre époque, parmi tous les groupes que nous pouvons côtoyer (6) : le compagnonnage et la franc-maçonnerie. Leurs rituels, assez comparables, basés sur la symbolique du métier de constructeur, font appel à des légendes concernant l'édification du temple de Jérusalem.

5. Les rites maçonniques

La franc-maçonnerie demande à ses adhérents, selon sa déclaration de principes, de reconnaître le Grand Architecte de l'Univers et de croire en l'immortalité de l'âme (7). Le mythe de mort et résurrection est la base de cette recherche initiatique qui entend transformer l'individu et améliorer ses qualités morales. Cependant, au cours des cérémonies aucun précepte précis ne commente l'immortalité de l'âme, la vie dans un au-delà possible ; la franc-maçonnerie laisse parler les symboles ; la vraie maîtrise est réservée à ceux qui ont franchi les portes de la mort.

Crânes et squelettes figurent à divers degrés maçonniques : 1er degré (avec le Cabinet de réflexion) ; 3e degré ; premier appartement du Souverain prince Rose-Croix au 18e grade, mais également aux 23e, 30e, 32e et 33e degrés.

6. Jean-Pierre Bayard : *Le Guide des sociétés secrètes* (Philippe Lebaud).

7. Ces principes ne sont plus appliqués par le Grand Orient de France ni par celui de Belgique.

Analysons quelques points particuliers des rituels d'une franc-maçonnerie symbolique, aux valeurs sacrées et traditionnelles (8).

a) Le Cabinet de réflexion

Dans la plupart des rites maçonniques, le postulant subit au début de son initiation une série d'épreuves dont la première est celle du Cabinet de réflexion, dite « épreuve de la terre (9) ». Le néophyte est laissé seul dans une minuscule pièce, peinte en noir, entouré de divers symboles : sablier et faux, coq qui surmonte l'inscription « Vigilance et persévérance », la formule hermétique « V.I.T.R.I.O.L. », tibias croisés, larmes d'argent. Sur la table sont disposés un flambeau (seul éclairage du lieu), un crâne, un miroir, du pain ou un épi de blé, une cruche d'eau et trois coupelles contenant respectivement du mercure, du soufre et du sel.

Le frère expert qui a conduit le nouveau venu, après lui avoir donné quelques directives, prononce : *« Les objets et les images qui s'offrent à vos regards ont un sens symbolique et vous inciteront à la méditation. Ce caveau est le lieu de votre mort philosophique. Vous allez rédiger votre testament, en donnant vos réponses écrites aux trois questions qui sont posées sur la feuille que voici et en formulant à leur suite vos dernières volontés* (10). »

Le frère expert a retiré au postulant tous ses métaux, *« tout ce qui brille d'un éclat trompeur »*. En se dépouillant de son argent, montre, bijoux et décorations, l'être renonce aux biens matériels, à une richesse illusoire : un sacrifice librement consenti. Les rites compagnonniques, plus que ceux de la maçonnerie, insistent sur le fait que la remise des objets implique l'entrée dans une vie nouvelle, dans un monde nouveau. Se dépouiller de ses métaux c'est venir à la simplicité, à la libération de l'être ; par ce renoncement moral on abandonne tout ce qui a été et qui n'est qu'illusion, la Maya des hindous. Le rite initiatique met en évidence le besoin de faire ressentir le passage dans un autre monde et, si le postulant n'est pas dans une nudité rituelle – celle de la naissance – il est dit qu'il *« n'est ni nu, ni vêtu »*.

Généralement placé en sous-sol, le cabinet de réflexion – situé symboliquement au centre de la terre – représente la matrice, la caverne. Tout le symbolisme conduit à envisager la transformation de la matière : le grain de blé enfoui fournit une riche tige nouvelle. Toute génération passe par le

8. On peut se référer au livre de Jacques Trescases : *La Symbolique de la mort.*

9. Jean-Pierre Bayard : *La Symbolique du cabinet de réflexion ou la lumière luit dans les ténèbres* (Edimaf, 1984).

10. Jean-Pierre Bayard : *Symbolisme maçonnique traditionnel*, t. I (p. 234 à 248).

Le Cabinet de Réflexion maçonnique.
(Extrait de Jean-Pierre Bayard : *La Spiritualité de la Franc-Maçonnerie*.)

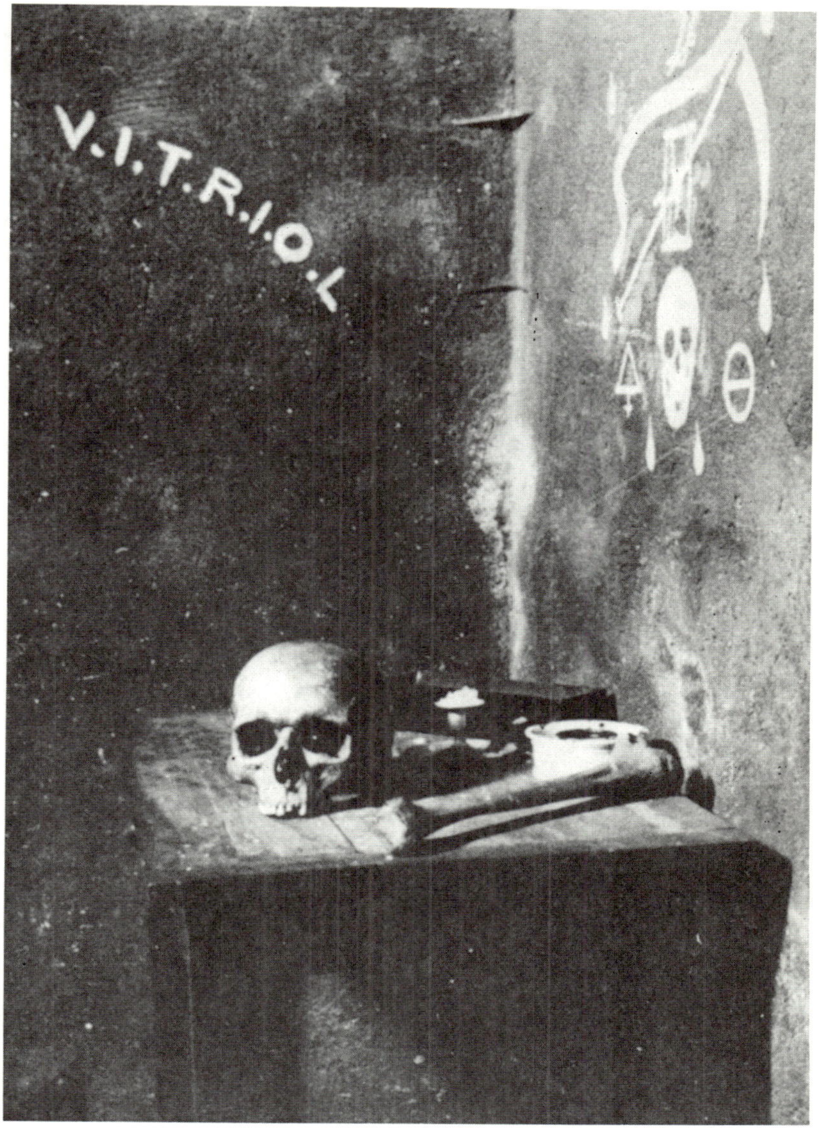

stade de la putréfaction préalable ; par cette mort symbolique l'homme réintègre la nuit cosmique, peut-être grâce à la mystérieuse formule alchimique V.I.T.R.I.O.L. qui orne les murs. Tous les objets disposés en ce lieu font songer au temps qui s'écoule, à notre courte existence ; le crâne humain montre la vanité de toutes choses, mais n'est-ce pas aussi nous introduire dans des rites archaïques où l'ancêtre vénéré peut nous conseiller, car il peut établir une liaison entre les deux mondes, celui des vivants et celui de ceux qui ont pénétré l'ultime mystère ?

b) Le grade de Maître, 3e degré

Au 3e degré des divers rites, avec la mort et la résurrection d'Hiram, le futur maître peut recevoir à la fois la plénitude de la pensée initiatique et l'affirmation du dépassement de la mort, qui le fait participer au cycle de la régénération. La légende d'Hiram conduit à une aspiration vers l'infini ; le maçon espère y trouver un esprit éternel et universel.

Pour le franc-maçon la mort devient l'ultime initiation, celle par laquelle on accède finalement à la connaissance ; par la disparition du maître le disciple peut s'épanouir et enfin atteindre sa pleine liberté. Si nous voulons devenir nous-même, il faut nous dégager de toute emprise et de tout dogme, il faut tuer notre maître, notre père et toutes nos passions.

C'est en ce sens que le mythe d'Hiram est des plus significatifs. De maître fondeur tel qu'il est défini dans la Bible, il est devenu, d'après la légende maçonnique, l'architecte du Temple de Salomon. Il est tué par trois mauvais compagnons qui désirent s'approprier le mot des maîtres afin d'être payés en conséquence. Ces trois hommes n'ont pas compris le sens de leur initiation aux deux premiers degrés et, avec les outils de leur corporation, ils tuent le maître architecte. Hiram ne se défend pas et meurt. Le néophyte qui a pris la place d'Hiram et qui gît sur le pavé mosaïque – une mort réelle puisque *« la chair quitte les os et tout se désunit »* – renaît grâce aux cinq points de la maîtrise qui s'effectuent par l'union du Vénérable maître et de ses deux surveillants, donc trois initiés. La branche d'acacia restée verte après les trois jours de l'ensevelissement d'Hiram devient une promesse de vie. Cependant la parole perdue, non communiquée par Hiram, peut faire songer que celui-ci vient de faillir à son devoir, car il faut toujours transmettre ce que l'on a pu apprendre ; détenteur d'un dépôt sacré, nous avons la mission de le communiquer à celui qui en est digne ; nous n'avons pas le droit de le conserver ; or il semble qu'Hiram n'a su transmettre le bien qui lui a été confié.

La mort d'Hiram paraît être aussi un sacrifice ; son message ne peut-être entendu que si sa mort sert d'exemple. Architecte mourant âgé sur un lit de parade, entouré d'honneurs, il n'aurait su accréditer une légende qui marque chaque individu ; cette mort est un mal nécessaire : Hiram le sait et ne prend aucune précaution, tout comme Jésus sait qu'il doit mourir ; il connaît la pensée de Judas mais ne se dérobe pas à son destin. Pour que vive la pensée il faut qu'il y ait sacrifice sanglant, mort violente, un fait exceptionnel. Hiram n'échappe pas à son destin, mais l'assume jusqu'à la limite de sa résistance physique.

Celui qui va devenir Maître peut considérer l'assassinat d'Hiram comme une injustice : est-ce normal que celui qui sait, qui a la pleine maîtrise de ses conceptions architecturales et philosophiques, soit assassiné par trois ouvriers qui n'ont pu acquérir la connaissance totale de leur métier, qui ne sont pas reconnus aptes à posséder cette fonction et qui, ainsi, détruisent un équilibre de la société ? Injuste, la mort du Maître qui ne peut être remplacé ; ce n'est pas ici le disciple qui s'est instruit au contact de son maître, de son père, qui a fait un large apprentissage et qui a maintenant besoin de devenir lui-même en se libérant : ici, trois mauvais ouvriers démolissent l'ordre établi sans savoir reconstruire. Mais de cette imposture naît le mythe de la résurrection, car l'esprit ne peut être bafoué ; Hiram, en revivant dans chaque nouvel initié, a su vaincre la mort.

Réception maçonnique au grade de Maître (gravure du XVIIIe siècle).

Ce corps mutilé ressuscite grâce à la puissance de l'esprit. Son message ne prend sa signification qu'à partir des grades supérieurs qui, petit à petit, donnent la vraie valeur du message. Pour donner un fil conducteur aux divers rituels, résumons l'anecdote de la légende : les coupables, retrouvés après une longue quête, sont durement châtiés, mais à chaque degré on s'élève dans la compréhension du drame humain, c'est-à-dire dans la pénétration de sa propre identité.

Dans un climat fermé, intime, apparaissent les vraies valeurs ; elles ne sont cependant réellement accessibles que lorsque trois élus peuvent unir leurs connaissances pour faire revivre le Maître. Le coffre des compagnons ne s'ouvre qu'avec trois clefs détenues chacune par un être qualifié, tout comme au Régime Ecossais Rectifié le Vénérable et ses deux adjoints détiennent des baguettes de longueurs bien particulières qui, rassemblées, forment le fameux triangle 3-4-5, une trinité qui marque aussi toutes les religions. Le triangle est la première forme géométrique fermée et stable ; étrange coïncidence, au sein du diagramme triangulaire de Feret on reconstitue les mortiers en y équilibrant leur granulométrie. Dans notre vie à trois dimensions, tout entre dans des systèmes triangulés. Chaque degré maçonnique élève la compréhension du mythe d'Hiram, rend sensible notre quête qui s'élève vers un absolu que, cependant, nous ne pourrons jamais atteindre ; à l'un de ces sommets réside l'ultime secret, la mort.

Nous sommes toujours à la recherche de quelque chose que nous avons perdu : la parole, une coupe comme celle du Saint-Graal, une clef... En réalité, la recherche du paradis ou des îles vertes, un lieu de délices où la mort était alors inconnue...

c) Jusqu'au 33e degré

Le rituel du Conseil Suprême des Souverains Grands Inspecteurs Généraux 33e et dernier degré du Rite Ecossais Ancien et Accepté (R.E.A.A.) indique que sur les murs tendus de pourpre, sur les tentures sont peints ou brodés des tibias entrecroisés et des squelettes. Sur le côté nord, au pied de l'estrade, un squelette debout tient en main gauche l'étendard blanc de l'Ordre, le poignard dans la main droite. A la question *« Où allons-nous ? »*, il est répondu : *« Vers la mort et, de là, vers l'éternité. »* Ainsi jusqu'au plus haut grade, la franc-maçonnerie accepte l'idée d'une vie au-delà de la disparition du corps physique, mais elle ne définit pas la qualité de l'autre-monde bien que disant : *« Inclinons nos intelligences et nos cœurs devant Dieu, puissance inconnue et mystérieuse que la raison humaine est aussi incapable à définir qu'à nier et que notre institution reconnaît et proclame sous l'invocation du Grand Architecte de l'Univers. »*

d) Rituel de tenue funèbre

La franc-maçonnerie a établi, comme pour les principaux événements de la vie, une cérémonie spéciale rendant hommage au membre « passé à l'Orient éternel ». Selon les vœux exprimés par le défunt et sa famille, il peut y avoir un court hommage rendu dans la maison même, autour du cercueil où est déposé le tablier de maître quel que soit le grade du défunt. Après la « chaîne brisée » – le défunt est un maillon qui manque parmi ses frères – et après des paroles d'espérance, la chaîne est « ressoudée » afin que circule la « parole d'espérance » : *« Rien ne meurt ! tout est vivant ! »* Il sera également prononcé au cours de ce rituel : *« Rien ne se perd, tout se transforme. »*

Lors de la cérémonie dans le cimetière – après passage ou non par un culte religieux – les frères, considérés comme appartenant à la famille, suivent immédiatement les parents dans le cortège. Décorés de leur cordon de maître retourné (côté deuil), ils forment cercle autour du cercueil sur lequel est déposé l'insigne du frère décédé, au degré symbolique le plus élevé qu'il détenait. Après l'éloge funèbre, la chaîne d'union à laquelle manquait un maillon est ressoudée et le président fait de nouveau circuler de bouche à oreille la « parole d'espérance ». Chaque frère jette une branche d'acacia ou de mimosa dans la fosse. Le président se joint à la famille pour recevoir les condoléances de l'assistance.

A une date plus ou moins éloignée de la cérémonie funèbre, on commémore la mémoire du défunt dans sa loge. Dans celle-ci tendue de noir et faiblement éclairée, se dresse le catafalque, placé sur le pavé mosaïque, encadré des trois colonnettes ; une branche d'acacia – ou de mimosa – est posée sur le catafalque. La batterie de deuil, aux intonations fort assourdies, se fait en répétant le mot *« Gémissons »* mais, à la troisième acclamation, il est dit : *« Mais espérons ! »* Le président ajoute : *« Notre chaîne symbolique ne saurait être rompue, car elle se reforme dès qu'un anneau se brise. Nous restons à jamais intimement unis et à cette union participent ceux dont nous ne pouvons plus étreindre les mains fraternelles. Ils ont disparu, mais ne sont pas morts pour nous. »* Puis il est dit :

« L'initiation n'impose rien, n'oblige pas à croire, mais elle incite à penser, elle sollicite l'intelligence à découvrir par elle-même la vérité.

« Fidèle à cette méthode, la franc-maçonnerie ne professe aucune doctrine métaphysique concernant la vie future. Elle laisse parler ses symboles.

« Or, ceux-ci nous suggèrent que nous ne sommes dans la vie qu'apprentis et compagnons, la vraie maîtrise étant réservée à ceux qui ont franchi les portes de la mort.

« Le grand mystère de nos destinées ultimes ne se dévoile pas à nous avant l'heure de l'initiation suprême.

« Nous ignorons ce qui est hors du cercle limité de nos constatations et nous évitons donc d'affirmer ou de nier avec présomption.

« Au-delà de la tombe commence pour nous la nuit sacrée, dont il serait impie de profaner le mystère. Devant ce mystère, inclinons-nous humblement, conscients de l'étendue de notre ignorance et de l'infinitude de ce qui dépasse notre savoir. »

Puis, après une pause, le président reprend :

« Mes frères, méditons sur notre impuissance à pénétrer les secrets de l'au-delà. Rendons hommage à ceux qui nous ont précédés dans la nuit

où nous irons à notre tour. Ne confondons pas cette nuit avec le néant, car aucune réalité ne saurait correspondre à la négation de ce qui existe. L'humanité n'est pas composée uniquement de quelques générations qui s'agitent à la surface du globe. Elle dure à travers les siècles en tant qu'être collectif réel et permanent, dont nous ne sommes que la manifestation multiple et transitoire. Pour comprendre l'homme, il faut le concevoir comme une cellule vivante du Grand Etre que constitue l'humanité. »

Après avoir parlé de cet « *impérissable passé dont l'influence détermine l'avenir* » que la vie est une et que « *nous sommes unis à tout ce qui vit, a vécu et vivra* », la « parole d'espérance » circule dans une chaîne d'union maintenant bien fermée. Ces deux courtes phrases : « *Rien ne meurt* » et « *Tout est vivant* », murmurées à l'oreille, prennent un étrange relief.

Quelques ateliers, au moment de l'appel des frères constituant la loge, nomment leurs frères disparus afin de bien entretenir le souvenir de leurs compagnons décédés ; à chaque nom le Vénérable répond : « *Passé à l'Orient Eternel.* »

Un franc-maçon se faisant incinérer au Père-Lachaise (Paris) avait préparé ses funérailles en adressant un dernier message à ses amis : il avait enregistré une cassette où, avec beaucoup d'humour, il faisait ses adieux, demandant à chacun d'être gai ; il terminait son allocution par *le Chant des adieux* (« *Ce n'est qu'un au revoir, mes frères...* »). Ce franc-maçon savait conduire son enterrement en montrant à ses amis que ce n'était là qu'un passage nécessaire et qu'il avait compris le sens de « mort et résurrection ».

e) Rituel : commémoration des morts

D'un cahier manuscrit de 44 pages, intitulé *Grades de la Maçonnerie théorique* (daté de 1786), voici un extrait intitulé « Dialogue à l'occasion de la commémoration des morts » :

– *Mon frère craignez-vous la mort ?*
– Je ne la crains pas.
– *Qu'est-ce qui vous donne la possibilité d'une telle réponse ?*
– Ma qualité de franc-maçon.
– *Pourquoi ne craignez-vous pas la mort ?*
– Parce qu'elle fait partie de l'existence universelle.
– *N'y a-t-il pas lieu de craindre l'existence universelle ?*
– Il ne faut pas que je la craigne.
– *Pourquoi ne faut-il pas que vous la craigniez ?*
– Parce que je me suis harmonieusement uni à cette existence universelle.
– *Quelle est la place de la mort dans cette suite d'idées ?*

Peinture de Jean Beauchard (Olivet, Loiret), comportant différents emblèmes maçonniques.

– La mort est une modalité de la vie.
– *Le franc-maçon contemple-t-il la mort ?*
– Le franc-maçon contemple la mort.
– *De quelle façon le franc-maçon contemple-t-il la mort ?*
– Par la commémoration de ceux qui le précédèrent dans la mort.
– *Comment les commémorons-nous ?*
– Par une loge de deuil.
– *Pourquoi portons-nous le deuil de ceux qui nous ont quittés ?*
– Nous avons perdu des amis fidèles, des combattants dévoués dont l'absence agrandit notre tâche. Dans le deuil nous honorons leurs actes, leur charité et leur appui. Nous regrettons leur départ pour l'Orient éternel.
– *Quelle est la consolation pour ceux qui sont abandonnés de leurs regrettés frères ?*
– Le souvenir de ceux qui, francs-maçons fidèles, s'efforcèrent sérieusement de réaliser leur idéal de vie, comme des hommes de bonne volonté. Que leur exemple soit pour toujours devant nos yeux.
– *De quelle façon allons-nous les commémorer maintenant ?*
– En mettant trois roses blanches sur le catafalque élevé au milieu de ce temple.
– *Que voulons-nous exprimer par cela ?*
– Que leur Sagesse et leur Force se sont réalisées par la Beauté.
– *Quelle pensée la mort évoque-t-elle en vous ?*
– L'inéluctabilité de l'anéantissement.
– *Pourquoi l'anéantissement est-il inéluctable ?*
– Parce que notre vie terrestre n'est que temporelle.
– *L'inéluctabilité s'applique-t-elle aussi à ceux qui aspirent à la perfection ?*
– La perfection des humains ne peut interrompre la chaîne des événements.

6. Particularités du compagnonnage

Le compagnonnage honore Salomon ainsi que deux ouvriers d'élite ayant travaillé avec Hiram à la construction du Temple : maître Jacques et le père Soubise (11). Nous ne savons pas à quelle date le compagnonnage a intégré la légende d'Hiram, peut-être d'origine maçonnique mais qui répond au mythe général « Mort et Résurrection ». Les rites mortuaires compagnonniques proviennent de traditions fort anciennes qui dépassent le cadre des inhumations chrétiennes.

11. Jean-Pierre Bayard : *Le Compagnonnage en France* (Payot ; p. 244).

En dehors de la solidarité entre les compagnons (les frais des obsèques étaient pris en charge par la Société), les rituels mentionnent l'enterrement et non l'incinération. Le cercueil, souvent porté par six d'entre eux, était paré de l'équerre et du compas entrelacés, de cannes disposées en croix et des couleurs de la Société. Les compagnons, un crêpe noir attaché au bras gauche, tenaient à la bonne orientation du corps, la tête devant regarder l'orient. Les compagnons se sont préoccupés de faire la « Grande Conduite » à leurs coteries. Il arrive cependant qu'un compagnon meure sans que l'Ordre en soit averti ; même si un temps assez long s'est écoulé, dès qu'un compagnon apprend cet ultime passage il se rend sur la tombe et procède à une courte cérémonie au nom du Saint-Devoir.

Gauche : pierre tombale d'un maître d'œuvre (église Saint-Guen de Rouen).
Droite : pierre tombale du maître maçon William de Wermington.

Les menuisiers du Devoir de Salomon, avant de descendre le cercueil dans la fosse, écoutent le discours de l'un d'entre eux, puis tous mettent un genou à terre et adressent une prière à l'Etre Suprême.

Remarquons que dans divers groupes (Indonésie, Afrique, Zaïre) seul le silence règne, peut-être afin d'imiter le mort maintenant silencieux. Les communautés juives respectent le silence, tout comme nous pratiquons une minute de silence pour honorer nos disparus.

Voici, d'après Martin Saint-Léon (12), le cérémonial très particulier :

« On place près de la tombe sur le terrain le plus uni, deux cannes en croix. Deux compagnons en cet endroit, l'un près de l'autre, le côté

12. Martin Saint-Léon : *Le Compagnonnage* (p. 250) et Agricol Perdiguier : *Livre du Compagnonnage*, t. I (p. 67).

gauche en avant, se fixent, font demi-tour sur le pied gauche, portent le droit en avant, de sorte que les quatre pieds puissent occuper les quatre angles formés par le croisement des cannes ; ils se donnent la main droite, se parlent à l'oreille et s'embrassent. Chacun passe à son tour par cette accolade, pour aller de là prier à genoux sur le bord de la fosse, puis jeter trois pelletées de terre sur le cercueil. Quand la fosse est comblée, les compagnons se retirent en bon ordre. »

Cette cérémonie, nommée « guilbrette » ou « accolade », est une sorte de danse propre aux compagnons ; les trois pelletées peuvent être remplacées par trois poignées de terre. Dans certains corps d'état – et plus particulièrement chez les charpentiers – a lieu une coutume beaucoup plus étrange à laquelle mon ami Raoul Vergez m'avait convié. Un des compagnons descend dans la fosse et s'installe sur le cercueil ; un drap noir recouvre l'ensemble ; l'homme hurle des mots qui paraissent inconnus et que les compagnons n'écrivent pas, ne les transmettant avec leurs intonations que de mémoire. Le compagnon étendu sur la bière, sa face tournée vers le mort, donne pour la dernière fois les mots de passe, ainsi que cet étonnant « L.D.P. » qui figure au 15e degré des rites maçonniques (Chevalier d'Orient et de l'Epée) et que l'on a traduit par « Liberté de passage ». Liberté de passer à l'Orient éternel ?...

On a voulu attribuer à ces gémissements les abois du chien de Maître Jacques ; or le chien a été fort honoré en Egypte ancienne : le dieu Anubis, « l'aboyeur » à tête de chien ou de chacal, présidait aux funérailles ; le chien Cerbère veille aux portes de l'Enfer. Ce hurlement, langage mystérieux, fait surtout songer aux funérailles de l'Antiquité, aux pleureuses de l'Inde, d'Afrique ou même de Bretagne. Le prêtre du *Bardo Thödol*, le *hpho-ho* (« extracteur du principe conscient »), pratique une psalmodie mystique afin que le défunt puisse trouver facilement le chemin du paradis. Durant trois jours, le mort tibétain reçoit sa nourriture habituelle (solide et liquide) pour capter l'essence subtile et invisible des aliments ; la nourriture est ensuite déposée sur sa tombe pendant quarante-neuf jours. Or, les compagnons déposaient sur le cercueil une corbeille contenant pain, vin, parfois de la viande, une branche de vigne, un épi de blé et, bien entendu, des outils symboliques. Avec cette nourriture, ces lamentations si proches des rites de l'Inde et d'autres civilisations (13), n'est-ce pas retrouver des valeurs ésotériques de la survie, de la germination ? Mais les offrandes de pain et de vin sont les véritables prémices de la nature telles que les considérait Melchisédeq, roi de Salem et prêtre du Dieu Très-Haut. Peut-être, grâce à cette transsubstantiation, parviendrons-nous à faire évoluer notre esprit ?

13. Jean-Thierry Maertens : *Le Jeu du mort* (Aubier ; p. 79 à 83).

Probst-Biraben a remarqué que des rites semblables étaient pratiqués par les bohémiens, les juifs, les Arabes et les compagnons : ils lavent les cadavres, prononcent des litanies hurlées avec des rites ambulatoires autour du corps (14).

Je songe encore à d'autres rites : ceux des Tsiganes qui usent de lamentations semblables, qui lavent le cadavre à l'eau salée alors que quatre compagnons doivent effectuer la toilette du défunt sans que les femmes puissent intervenir. D'autres coutumes pourraient être évoquées entre ces « gens du voyage » et ceux qui « font la France », et qui tous portent des anneaux à l'oreille. Si les bohémiens placent les bijoux sur le cercueil, les compagnons y déposent les couleurs avec l'équerre et le compas ; c'est encore sur la bière que l'on brûle « l'affaire » ou passeport compagnonnique. Si la destruction de ce document important n'a pu être faite, le « trait carré » est brûlé au domicile : dans une pièce où sur une table on étale un drap blanc pour figurer le cercueil et le linceul ; on recueille les cendres qui, mélangées au vin, sont ainsi bues par tous les assistants dans un geste de communion. Les « Indiens », charpentiers du Devoir de Liberté, brûlaient une barque au-dessus de la fosse en tournant très lentement autour, formant une chaîne d'alliance dont le centre était occupé par le défunt. Les « coteries » chantent une longue mélopée : *« Il est renversé le vaisseau, il est renversé... »*

Perdiguier (15) note la position de la canne lors de l'enterrement ; tenue de la main droite près du pommeau, de la main gauche vers le milieu, le compagnon penche sa canne contre terre, la relève lentement en lui faisant décrire une courbe jusqu'à ce que son extrémité inférieure pointe vers le ciel. Chez les compagnons boulangers ce mouvement était accompagné de cris plaintifs émis par deux d'entre eux qui formaient au-dessus du cercueil une sorte de « voûte d'acier » – celle de la franc-maçonnerie – en se transmettant des paroles de bouche à oreille. Perdiguier mentionne encore (p.185) que les compagnons cloutiers, qui portaient *« queues et tresses nattées sur l'occiput »*, déliaient leurs chevelures lors de l'enterrement, *« les laissaient pendre, flotter, voltiger autour de leurs cous »*... Dans de nombreuses traditions les femmes laissaient flotter leurs longs cheveux et se couvraient de cendres.

La Mère des compagnons reçoit aussi des honneurs funèbres particuliers, différents de ceux des compagnons. Sur son cercueil, qui est aussi orienté la tête regardant l'est, on dépose une branche de vigne, un épi de blé, sym-

14. Probst-Biraben, dans *Etudes traditionnelles* (n° 195, mars 1936 ; p. 106).
15. *Mémoires d'un compagnon* (p. 149).

boles de ce qui doit être enfoui pour renaître en se multipliant et qui sont sources de vie et attributs de Melchisédech. Mais il n'existe ni cérémonie de hurlement, ni « guilbrette ».

TROISIEME PARTIE

Le culte du corps

(Musée des Beaux-arts, Marseille.)

Vanité et instruments de musique de Simon Renard de Saint-André (XVIIe siècle).

CHAPITRE VI

L'accompagnement à la mort

1. Soins mortuaires

De tous temps, soins mortuaires et rites religieux ont permis que l'âme puisse se présenter dignement et respectueusement devant le tribunal suprême. En cas de privation de sépulture, le défunt risque d'errer éternellement sans pouvoir trouver le repos. Ainsi, chaque famille se fait un devoir de prendre soin du corps, de procéder aux funérailles selon des rituels rigoureusement établis et d'élever ensuite un monument convenable à la mémoire du parent ou de l'ami. Si un corps est perdu dans une bataille on lui édifie une tombe fictive. Seuls les condamnés, les suicidés et les persécutés ne reçoivent pas d'ensevelissement rituel.

Il est bon de résumer brièvement la teneur des rites que nous venons de parcourir dans leurs généralités et qui existent, pour la plupart, depuis les époques les plus anciennes.

Après reconnaissance de la mort de l'individu, le corps est exposé plus ou moins longuement dans une pièce de la maison ou dans un couloir de celle-ci. En général il y a veillée par la famille ou par des amis ; parfois des « pleureuses » renforcent cette veillée. Puis ce sont les rites de l'ensevelissement ou de l'incinération.

Dans toutes les civilisations, on prend soin du corps auquel on fait subir des préparations. La sépulture peut se faire en un ou deux temps ; on peut, avec des rites appropriés, enterrer directement ou, au contraire, après une mise en terre provisoire aux fins de putréfaction, retirer les os, les nettoyer afin de les déposer définitivement dans un abri – souvent une grotte. De nombreuses civilisations pensent que le mort ne peut rejoindre le royaume des morts que lorsque toutes les chairs sont tombées. Il faut donc faciliter cette décomposition : on peut ôter les chairs et nettoyer les os. Après une cérémonie d'attente, par une nouvelle solennité on peut alors ensevelir le squelette dans sa véritable tombe ; parfois on ne conserve que les têtes, sièges de l'âme immortelle qui continue sa vie dans le monde de l'au-delà.

On observe les mêmes principes avec l'incinération : les cendres ayant été recueillies, certaines offrandes ne sont brûlées que quelques mois plus tard ; l'ensemble est souvent enfoui, un cercle ou des rangées de pierres debout délimitant cette sépulture.

L'embaumement du corps prépare à la vie future, et ce rite mortuaire largement répandu a pris toute son ampleur dans l'ancienne Egypte. Le corps, saupoudré d'ocre rouge ou jaune, acquiert sa vie immortelle. Huiles et parfums ont vraisemblablement été également employés.

De nombreux sacrifices honorent le mort qui souvent parle à travers un masque ou une musique rythmée.

2. Au moment de la mort

Même lorsque des êtres sont préparés à la mort, l'entourage se croit obligé de manifester la plus grande compassion. Ces traits qui veulent témoigner de l'attachement d'un être à un autre, ces yeux rougis, ces voix étouffées n'encouragent pas le mourant mais, au contraire, l'amoindrissent et le rendent plus vulnérable. Les proches cherchent les indices de la mort prochaine et en discernent l'odeur âcre et douceâtre.

Dans les établissements médicaux, infirmières et personnels se hâtent fébrilement autour du mourant, prennent fréquemment pouls et tension, isolent le moribond essayant de retarder le moment fatal, alors que l'homme préparé n'aurait eu besoin que de silence et d'une pression de main pour lui dire courage. Certains malades se révoltent, deviennent anxieux et injurient le personnel. Au nom de l'humanisme, on prolonge inutilement le passage crucial ; on vole à cet être sa propre mort. Divers groupes prétendent aider les mourants ; la thanatothérapie (ou T.T.) est l'une de ces méthodes.

Pour faciliter ce passage, les Eglises ont mis en place des paroles consolantes basées sur la foi. L'extrême-onction peut réconforter le mourant et le réconcilier avec son Dieu malgré ses péchés. Le *Consolamentum* a même valeur pour les cathares.

3. Lamentations et pleureuses

Les lamentations expriment la douleur ressentie par les proches ; elles ont un caractère d'obligation sociale. Seules les femmes se lamentent, les hommes devant conserver un caractère ferme et déterminé.

Parfois, seuls les membres de la famille doivent se lamenter : la veuve, les parentes du côté masculin ; d'autres fois ce sont des femmes qui exercent normalement ce rite et qui sont payées en conséquence. Ces manifestations bruyantes peuvent avoir lieu au moment du décès, durant la veillée, lors des obsèques ou pendant les trois jours qui suivent et qui vont jusqu'à neuf jours chez les Iroquois.

Les cris sont parfois sans sens, reproduisant une plainte stéréotypée, mais des chansons avec refrains connus de tous vantent et clament également les qualités du défunt, décrivent les beautés du pays auquel il accède. Certains peuples ont pris l'habitude de réciter la généalogie des ancêtres ; des compositeurs y trouvent une source de revenus. Il en est de même pour l'Eglise chrétienne où les chants alternent avec les Psaumes selon l'ordonnancement prévu au concile de Tolède en 589. Juifs, orthodoxes, islamiques et africains ont des oraisons semblables.

Les pleureuses vocifèrent professionnellement ; souvent elles lavent et habillent les morts. Leurs pleurs, aux sons lugubres et stridents – je me souviens de leur lente et affligeante mélopée à Concarneau en 1934 – font songer aux rites des compagnons charpentiers du Tour de France, rites que j'évoque en parlant des rites initiatiques (1).

4. Conservations naturelles. Prodiges post mortem

Bien des prodiges ont lieu après la mort de l'individu. L'Eglise catholique reconnaît ces faits puisque, pour être canonisé, le saint doit avoir à son actif au moins deux miracles après sa mort.

En dehors de la cryogénie ou congélation obtenue par des moyens artificiels, quelques corps se conservent normalement sans réfrigération et sans embaumement : la thanatose – dérivant de Thanatos, dieu grec de la mort – cherche à cerner ce phénomène où les fonctions sont arrêtées sans que l'organisme se décompose. Hubert Larcher a commenté plusieurs de ces cas (2), en donnant les facteurs généraux de l'incorruptibilité.

5. Odeurs de sainteté

Des phénomènes accompagnent parfois la mort de certains individus, plus particulièrement ceux qui meurent en état de grâce : ceux-ci dégagent

1. Jean-Pierre Bayard : *Le Compagnonnage en France* (Payot ; p. 244 à 251). Jean-Thierry Maertens, *op. cit.* (p. 79 à 83).
2. *Le sang peut-il vaincre la mort ?* (N.R.F., 1957).

de douces odeurs, un parfum intense et tenace, souvent celui de la rose. Dans le langage populaire, on dit « mourir en odeur de sainteté ».

De nombreux témoignages (3) relatent que lorsque le corps d'un mystique a été relevé après bien des années pour être transféré dans un autre monument, le corps parfaitement conservé émet un agréable parfum, signe que l'on se trouve devant un être honoré par Dieu. Les relations de ces cas inexpliqués sont très nombreuses et, en 1968, des témoins ont déclaré qu'à la mort du padre Pio plusieurs sortes de parfums embaumaient la pièce.

D'après l'Eglise orthodoxe, le corps d'un saint ne se corrompt pas.

6. Le deuil

Dans la société, le deuil est un « état de marge » aussi bien pour les vivants que pour les morts. Le veuf (ou la veuve), celui qui a le lien le plus étroit avec le défunt, a une partie de sa vie sociale momentanément arrêtée ; si on pleure la mort d'un chef ou d'un roi, toute la communauté participe à la suspension des activités, ce qui ne peut plus s'effectuer dans nos pays, les nécessités économiques interdisant de telles pratiques. Au Moyen Age, tout Français devait porter le deuil de son roi pendant un an, temps ramené à six mois au XVIIIe siècle. Les rites africains ont conservé les préceptes les plus authentiques.

Souvent les rites de levée de deuil coïncident avec un anniversaire : lorsque la famille, selon ses degrés de parenté, peut quitter les règles prescrites, on imagine que le défunt est également agrégé dans le milieu de l'au-delà. En général des aspects physiques et vestimentaires ainsi que des repas rituels accompagnent les cérémonies d'anniversaire : avec la levée de deuil les activités normales peuvent reprendre.

7. L'incinération

En se faisant incinérer, on ne craint plus de mourir enfermé dans un cercueil et on économise du terrain : ce ne sont cependant pas ces raisons qui motivent le rite de la crémation ; le corps, en se consumant, rejoint rapidement les parties éthérées de l'univers. Au paléolithique supérieur, on trouve des traces d'incinération qui semblent se développer au néolithique. Comme nous avons pu le voir, à la fin de l'âge de bronze la crémation paraît supplanter l'inhumation. Les cendres n'ont pas toujours été rituellement conservées et nous ne pouvons avoir que des renseignements incomplets sur ce rite.

3. Notons, plus spécialement, Hubert Larcher : *La Mémoire du soleil* (p. 157 à 229).

(Photo Barbot ; musée de l'Homme.)

Restes de tombes à crémation sur l'Ahu Akivi (île de Pâques, Polynésie).

Euripide dit que le corps de Clytemnestre est purifié par le feu qui libère l'élément divin et l'immortalise. Héraclès et Scylla obtiennent cette immortalité sur le bûcher de l'Œta (4) ; l'homme frappé par la foudre de Zeus est divinisé, parce que touché par l'extériorisation et l'énergie du feu divin. Les hindous cherchent à s'unir le plus rapidement à l'Absolu pour revenir se parfaire par une autre réincarnation.

a) Dans les diverses traditions

Par contre, le judaïsme, l'orthodoxie, l'islamisme et les catholiques s'opposent à l'incinération, comme profanation de l'enveloppe charnelle. L'incinération est mieux tolérée dans les milieux protestants. Le bûcher funéraire est admis au temps des grandes épidémies ; d'après l'*Iliade,* les Grecs brûlent les corps dans la crainte de la peste (5). L'Eglise catholique romaine a proclamé que le corps devait être enterré et non incinéré : « *Tu es*

4. Max Müller : *Essais sur la mythologie comparée* (p. 114).
5. *L'Iliade*, II, A, 52.

poussière et tu dois retourner en poussière. » En réalité, cette Eglise a incinéré ses morts jusqu'au IVe siècle mais elle préfère la transformation naturelle, non activée par le feu. Par contre, elle brûle les hérétiques, non dans le but de les martyriser mais afin de détruire leurs impuretés par une flamme purificatrice, un baptême rédempteur. Elle honore le phénix : « *La jeunesse parfaite du phénix, Dieu la renouvelle par le feu, et le vieillard consumé sort de la tombe en pleine force* (6). »

Je ne partage pas l'opinion de Paul Wernert pour qui « *le foyer funéraire a été réalisé pour réchauffer le mort qui a froid* (7) » ; nos ancêtres, vivant au contact de la nature, n'étaient pas stupides. Audin dit, avec plus de justesse (8), que les Anciens brûlaient leurs morts afin de pouvoir emporter leurs cendres là où ils émigraient ; nous rejoignons le culte des ancêtres.

La mort par vieillesse est considérée comme honteuse ; pour les Perses, brûler une chair morte constitue une insulte suprême au principe de vie. Les philosophes soutiennent que le feu ne peut recevoir que des hommes sains : leur souffrance leur donne la vie éternelle, de même que l'alchimiste torture les métaux afin de les faire accéder à un nouvel état. On soutient même, dans l'*agnipravésa,* que l'âme d'un homme bien portant est plus puissante que celle d'un homme affaibli : pour gagner le ciel dans d'excellentes conditions il faut mourir en pleine santé, soit au cours d'une bataille – ce qui explique le détachement du guerrier qui accepte la mort comme une récompense divine – soit au cours d'une cérémonie rituelle. Ainsi Evadné saute-t-elle du sommet de l'Agelastos Petra dans le foyer allumé par son époux Capanée. Edsman rapporte que la mort d'Hercule sur le bûcher est si symbolique qu'un rite en découle et Pérégrinus « *se fait brûler vivant afin de prendre place aux côtés d'Héphaïstos et du conquérant Héraclès, comme dit Lucien* (9) ». Pline l'Ancien, Solin et Quinte-Curce indiquent que de nombreux peuples pratiquent la mort volontaire par le feu.

Il faut distinguer l'*agnicayana* (ou incinération des morts), de l'*agnipravésa* (mort volontaire par le feu). Le *Râmâyana* exalte la mort volontaire par le feu qui figure dans les *Upanisad* (10). Shiva représente l'essence du sacrifice et possède un double aspect, celui de la destruction et, en même temps, celui de la génération. Les brahmanes âgés attendent la mort sans crainte et montent en se réjouissant sur le bûcher.

6. Edsman : *Ignis Divinus* (p. 195).
7. Paul Wernert : *Le Rôle du feu dans les rites funéraires des hommes fossiles.*
8. Audin : *Les Fêtes solaires* (p. 123).
9. Edsman, *op. cit.* (p. 245).
10. Edsman a commenté (*op. cit.* ; p. 270) les sources de l'*agnipravésa* que j'ai présenté dans *la Symbolique du feu* (p. 151).

L'incinération des veuves vivantes ne peut plus être considérée comme un geste de désespoir, mais comme la recherche de la béatitude. Cet acte de réjouissance peut devenir collectif : cette cérémonie de *sattra* figure dans l'école de Taittirîya (11).

L'incinération du corps ne suffit pas pour le repos du mort : il faut brûler tous les liens qui le relient à la civilisation, détruire tout ce qui lui a appartenu, comme vêtements et objets personnels imprégnés de son fluide. Il n'est pas bon de porter les effets d'un parent disparu car c'est attirer sur soi son influx. Les Esquimaux, tout comme les Aïnous du Japon, les Benuas de Malacca et toute la péninsule malaise, pensent que la hutte polluée doit être détruite (12). Les Katchins de Birmanie se contentent d'un simulacre. En brûlant la maison, on décourage l'esprit qui ne se reconnaît plus et repart ainsi vers sa tombe ; dans le cas contraire, il hante sa demeure, ensorcelle ses descendants, rend les femmes stériles et flétrit les récoltes ; il agit par envie, malice ou haine. Frazer note qu'on ne brûle plus les maisons, mais qu'on construit une hutte à la personne âgée : elle y meurt puis on met le feu à cette pièce. Dans de nombreux pays les descendants abandonnent la maison.

En Amérique du Sud, particulièrement chez les Aztèques, les morts avant d'être incinérés étaient exposés durant cinq jours, habillés et assis dans un fauteuil, ce qui nécessitait une conservation temporaire : on étendait sur le mort une couche de gomme de copal et des aromates provenant du trèfle et des feuilles d'aloès étaient versés sur sa couche. Un masque peint recouvrait le visage du mort auquel on coupait des mèches de cheveux comme souvenir. Une pierre introduite dans sa bouche était récupérée et conservée après son incinération. Un chien rouge, appartenant au défunt, était sacrifié et placé aux pieds de son maître.

b) Crématoriums actuels

Actuellement, dans les pays industrialisés et de religion catholique, l'incinération reste moins pratiquée que l'inhumation. Cependant l'interdiction de se faire incinérer ayant été levée en 1963 par le pape Paul VI (13), les cré-

11. *La Symbolique du feu* (p. 150).
12. Frazer : *La Crainte des morts dans la religion primitive* (Geuthner, 1937).
13. L'ancien code du canon 1240, datant de 1917, a été rapporté par un décret de la Sainte Congrégation pour la doctrine de la foi le 5 juillet 1963. Le *Rituel des Funérailles*, publié le 2 février 1972, reprend les dispositions du décret de 1963 et dit : « *A ceux qui ont choisi l'incinération de leur corps, on accordera les funérailles chrétiennes, sauf s'il est évident qu'ils ont fait ce choix pour des motifs contraires à la foi chrétienne.* » Voir : *Prières pour les défunts à la maison et au cimetière. Nouveau rituel des funérailles* (Desclée-Mame, 1972).

matistes sont de plus en plus nombreux (14) et atteignent environ 10 % en France alors qu'ils sont 75 % en Angleterre, 60 % en Suisse, 25 % en Amérique ; dans les régions protestantes de France (Gard, Alsace), les crématistes sont de l'ordre de 25 %. Une cérémonie religieuse peut être faite au crématorium avant l'incinération, bien que la religion catholique romaine préfère que le culte soit célébré dans l'église de la paroisse du défunt : les autres cultes chrétiens ont toujours laissé le choix entre les deux traditions pour aller rejoindre l'au-delà. Le nombre de fours crématoires, fort réduit en France, empêche le développement de la crémation (15) : on cherche à en établir au moins un par département. Par son retard, la France bénéficie des progrès industriels en matière de fours ; avec le recyclage des gaz, ces installations sont d'une salubrité totale. *« Choisir la crémation : c'est préférer la pureté des cendres à la pourriture de la matière. »* Théophile Gautier (16) a évoqué ce *« résidu léger de la vie* (17) *»*. Il est bien certain que les crématistes ne polluent ni la terre, ni l'air, ni l'eau – plus particulièrement les nappes phréatiques – et que l'on donne une solution élégante aux cimetières des grandes villes à la recherche de plus en plus de place.

Le corps nu, placé dans un cercueil d'incinération en peuplier, bouleau ou sapin, sans vis ni clou mais chevillé en bois (18), est installé dans un four (homologué par les pouvoirs publics) à combustion rapide, non polluant ; en Amérique on observe la possibilité de remplacer ce cercueil par une enveloppe en carton. Les corps sont déposés sur une sole dans un four dont la chauffe, tout d'abord de 600°, est ensuite poussée à 1 000° ; la chaleur ambiante détruit les tissus corporels (sans action directe de la flamme, le corps étant désagrégé par autocombustion), puis les os sont broyés dans un concasseur. L'opération dure entre une heure et une heure quinze (19) et les cendres – d'un poids d'environ 1,3 kg, le volume restant sensiblement le même quelle que soit la stature du crématisé – recueillies en présence de la famille sont versées dans une urne scellée. Cette urne est ensuite déposée dans une case du columbarium (ou « Jardin d'urnes »), ou remise à la famille pour être déposée dans un caveau, ou conservée chez soi, ou dispersée au

14. Je remercie, pour ces renseignements, M. Pierre Gillot, président de l'Association crématiste de l'Anjou (siège : 24, Résidence Beauséjour, 49460 Montreuil-Juigné).

15. D'après des sondages, 30 à 35% des Français interrogés souhaitent pouvoir être incinérés à leur décès ; 1% font relever des parents de leurs sépultures pour les crématiser.

16. Dans *Emaux et camées* (« Bûchers et tombeaux »).

17. Voir revue *la Flamme* (n° 173 ; p. 18).

18. La crémation de cercueils de chêne laisse des calcius incandescents et des cendres noires préjudiciables à une bonne présentation. Les vernis sont également interdits, pouvant donner lieu à des incendies.

19. Après les fours alimentés au fuel ou au gaz, on prévoit des chauffes au laser, d'où accélération du temps de combustion.

(Photo Longchamp-Delehaye – C.N.M.H.S. / S.P.A.D.E.M.)

Gravure représentant l'ancien crématoire du cimetière du Père-Lachaise (Paris).

« Jardin du souvenir » – cas le plus courant et pratiqué à 70%, puisque de telles aires ont été aménagées dans de nombreux cimetières (20) – ou encore répandue dans la nature (sauf sur la voie publique).

Principalement en Angleterre, les cendres sont éparpillées dans la nature, ou dans le « Jardin du souvenir ». En Asie, l'incinération faite au bois de santal durait entre trois et dix heures et était coûteuse. Sans doute moins coûteuse que ce besoin de se distinguer en faisant disperser ses cendres sur le mont Blanc, comme cela a été pratiqué en août 1988 : depuis, les pompes funèbres proposent la location d'avions, d'hélicoptères ou même de montgolfières pour répandre cette poussière sur la terre. On peut alors se demander si l'urne ne sera pas prise en charge par une fusée afin de bénéficier d'une mise sur orbite dans un voyage interplanétaire...

Les crématoriums doivent posséder un minimum de deux fours de crémation, de chambres et salons funéraires servant de funérarium, de petites salles de réception, d'une salle de cérémonie d'au moins 50 personnes. Les

20. La revue *la Flamme* indique (n° 167) une description du « Jardin du Souvenir » et du rituel de la dispersion des cendres (p. 21).

chambres funéraires sont indispensables pour les décès par maladie infectieuse. Les urnes cinéraires, de formes libres, en grès, métal ou en toute matière choisie par le crimatisé, d'environ 40 x 40 cm, doivent posséder un couvercle pouvant être facilement scellé ou collé, avoir une plaque d'identification, posséder une enveloppe ou sachet intérieur de sécurité.

A cause de la suspicion judiciaire, deux certificats médicaux étaient nécessaires pour obtenir l'autorisation du maire ; la circulaire du 30 novembre 1974 du ministère de l'Intérieur et de la Santé ne demande plus qu'un certificat du médecin, tant pour l'incinération que pour l'inhumation. L'urne contenant les cendres peut voyager librement en France : en cas de déplacement à l'étranger, la déclaration d'usage doit être faite, l'urne étant scellée. Les suicidés, assassinés et les décès suspects ne peuvent être crimatisés car, le plus souvent, les corps doivent rester à la disposition de la justice pour autopsie. Les malades incinérés entrent dans la catégorie de la salubrité publique, mais on doit noter que les stimulateurs (pacemaker) et les prothèses fonctionnant à partir de piles doivent être récupérés par un médecin, car les radio-éléments artificiels et les piles à lithium peuvent présenter des risques d'explosion lors de la crémation.

L'incinération n'interdit en rien le don d'organes et de tissus humains qui sont prélevés pour une véritable chaîne de solidarité (21).

Les frais par incinération devraient être de l'ordre du tiers par rapport aux frais d'enterrement, mais le prix de concession d'une case du columbarium a été fixé comme celui d'une place dans un cimetière. Le columbarium du Père-Lachaise, l'ancêtre si renommé, possède près de 30 000 cases fort visitées et vendues fort chères. La Fédération française de crémation (22), qui n'est pas encore reconnue d'utilité publique, et la Mutuelle des associations crématistes (M.U.T.A.C.) (23) luttent contre les abus de la mort commercialisée, contre tout monopole ou nationalisation : elles veulent assurer l'égalité de tous devant la mort.

Au Japon, en dehors du bouddhisme et du shintoïsme, la pratique de l'enterrement était la voie normalement employée. Les cadavres des guerriers japonais tués loin de leur pays posaient un problème de rapatriement ; par l'incinération sur les lieux, les cendres devenaient facilement transportables. Actuellement l'incinération s'effectue à 92 % des décès, les cendres étant surtout déposées au cimetière communal. Notons que le couvercle de cette urne (en général en porcelaine blanche) n'est pas scellé afin de permettre à l'âme de pénétrer son corps.

21. Fédération des dons d'organes et de tissus humains : 1, avenue Claude-Vellefaux, 75010 Paris.

22. Fédération française de crémation : 50, rue Rodier, 75009 Paris.

23. M.U.T.A.C. : 4, rue du Professeur-Emile-Forgues, 34000 Montpellier.

Mentionnons un cas récent assez curieux. Le comte Eugène Goblet d'Alviella, sujet belge, est renversé par une voiture à Bruxelles ; âgé de 79 ans, il meurt le 9 septembre 1925. Ce célèbre franc-maçon, élu en 1900 Grand Commandeur du Suprême Conseil de Belgique, est crématiste (24). La crémation ne se faisant pas en Belgique, le corps est transporté au crématorium du Père-Lachaise (Paris) le 12 septembre ; le 15 septembre les funérailles se déroulent à Bruxelles et honorent le membre de l'Académie royale de Belgique. Les cendres sont enfin conservées près de Bruxelles, au cimetière de Court Saint-Etienne, où son curieux et important monument, décoré symboliquement, ne possède qu'une urne elle-même symbolique.

8. Cheminement des morts

Les morts doivent trouver le chemin de l'au-delà qui, très souvent, se trouve à l'ouest, mais aussi parfois au nord. On comprend que la patrie des morts soit placée à l'ouest, le lieu où le soleil disparaît et semble mourir ; il marque l'imagination des Celtes. Le séjour des morts, ou de ceux qui sont en état de dormition (comme le roi Arthur qui doit revenir en notre monde pour conclure sa quête) (25), est dit l'île d'Avallon ou souvent « l'île des Pommiers », *Enez Abalan*. D'ailleurs, le nom du pommier est *aval* en breton (*apple* en anglais) et l'on y trouve ainsi la racine d'Avallon.

Des animaux (cochons, chèvres, chiens, oiseaux, etc.) guident parfois les morts qui doivent effectuer un long cheminement pour trouver ce pays quelques fois souterrain. Les morts doivent vaincre bien des obstacles, des expériences chamaniques en rapportant les péripéties : il faut franchir des rivières mais le pont est un fil très fin ; ils marchent énormément jusqu'à user leurs jambes jusqu'aux genoux.

Parfois le mort habillé est placé dans un bateau ; on lui demande la raison pour laquelle il est mort, s'il était mécontent de son entourage ; après lui avoir remis ses objets familiers dont il aura besoin au cours de son long voyage, on prend avec lui un repas d'adieu et on le laisse sur la terre gelée, les pieds tournés vers le nord. Les femmes apparentées font une poupée à son image, qu'on nourrit pendant deux ans et qu'on porte enfin sur sa tombe (26).

24. La franc-maçonnerie ne recommande pas l'incinération, mais un fort pourcentage de maçons se font incinérer ; bien d'autres maçons se font enterrer religieusement. Un rituel maçonnique rend hommage à celui qui est « passé à l'Orient éternel ».
25. Voir John Matthews : *Vivre aujourd'hui la Quête arthurienne* (Dangles, 1991).
26. D'après Arnold Van Gennep : *Les Rites de passage* (p. 215).

9. Anniversaires

L'apparat de la commémoration de la mort de l'individu varie selon le rang du personnage. En dehors des grandes fêtes religieuses qui marquent la mort du dieu, ou parfois celles d'un roi ou d'un saint, on songe à la grande fête celtique du 1er novembre, *Samain,* qui nous est restée comme la fête de « tous les saints ». Souvent, en plus des visites et des lumières disposées dans les cimetières (bougies) et des offices religieux, existent des rites de communion alimentaire. Des pâtisseries traditionnelles sont confectionnées selon les régions, principalement en Espagne et en Italie. Des objets spéciaux peuvent être déposés lors de ces commémorations.

10. Evolution des rites

Principalement dans les sociétés industrialisées, les rites funéraires se modifient considérablement : le mort encombre et on a hâte de continuer nos activités journalières.

Les locaux d'habitation aux surfaces réduites ne permettent plus de s'occuper valablement du mourant qui trépasse dans la salle anonyme d'un hôpital et non plus chez lui, dans un cadre familier. Les rites de deuil sont furtivement observés et, dans une société tournée vers la notion de profits, la famille n'a plus le temps de se consacrer à des rites considérés comme secondaires. On fuit les représentations de la mort ; le corps est inhumé ou incinéré le plus rapidement possible ; les cimetières, autrefois au cœur de la cité mais à plus de cent mètres de toute construction, sont de plus en plus éloignés car on occupe des terrains au coût élevé. On évite de porter le deuil, même si celui-ci était représenté par un simple brassard. Les morts sont véhiculés rapidement, l'enterrement exécuté dans un esprit lucratif et l'incinération se déroule en France dans une atmosphère fort décevante. Les corbillards abandonnent la couleur noire, pour le gris ou le violet, le maître de cérémonie et les porteurs sont vêtus de vêtements de couleur grise.

Même les prêtres célèbrent le plus souvent les funérailles sans tenir compte de la personnalité du défunt, sans vouloir trop évoquer les valeurs sacrées dans la crainte de choquer ceux qui ne viennent que rarement aux offices ; le symbolisme de la renaissance n'est guère mis en valeur.

Les rites de fin de deuil ne sont plus pratiqués, mais ce besoin de commémorer l'esprit du défunt fait que certaines familles établissent, de manière spontanée, un repas d'anniversaire, un repas sans tristesse où le souvenir du disparu est largement évoqué.

CHAPITRE VIII

Combattre la mort

1. Apprendre à connaître la mort

L'Eglise apporte la foi afin de dépasser la crainte de la mort ; pour le chrétien la mort ne devrait être que délivrance et, cependant, nous avons vu plus d'un pape arrivé à l'ultime point demander les prières de tous les fidèles afin de conserver la vie.

Principalement les psychiatres cherchent à donner un sens à la phase terminale ; par un enseignement et des pratiques thérapeutiques, les malades en prennent conscience. Elisabeth Kübler-Ross réunit des groupes de 70 à 80 personnes afin d'évoquer dans ses ateliers « La vie, la mort et le passage » ; cette expérience a d'ailleurs fait l'objet d'un ouvrage, *la Mort, porte de la vie* (1).

2. L'euthanasie

Dans un texte célèbre (2), Francis Bacon (1561-1626) écrit : « *Je dirai de plus, en insistant sur ce sujet, que l'office du médecin n'est pas seulement de rétablir la santé, mais aussi d'adoucir les douleurs et souffrances attachées aux maladies ; et cela, non pas seulement en tant que cet adoucissement de la douleur considérée comme un symptôme périlleux, contribue et conduit à la convalescence, mais encore afin de procurer au malade, lorsqu'il n'y a plus d'espérance, une mort douce et paisible ; car ce n'est pas la moindre partie du bonheur que cette euthanasie.* » Or sir Francis Bacon, grand chancelier de Jacques Ier d'Angleterre, est l'auteur de la *Nova Atlantis,* une utopie conforme au message rosi-

1. *La Mort, porte de la vie* (Le Rocher, 1991).
2. *The Advencement of Learning* (1605), remanié en 1623 : *Restauratio Magna.*

crucien ; d'après les *Manifestes* de la Rose-Croix, les adeptes ont aussi pour mission de soigner leurs semblables : sir Francis Bacon a ainsi toutes les qualités pour prendre position en ce qui concerne le devoir de guérir dans une pensée humaniste (3). Un autre Anglais, Thomas More, avait déjà écrit en 1516 (4) : « *Si la maladie est non seulement incurable, mais pleine de douleurs aiguës et d'angoisses continuelles, les prêtres et les magistrats doivent être les premiers à exhorter les malheureux à se décider à la mort* (5). » Alexis Carrel partage la même opinion (6).

Définissons ce qu'est l'euthanasie. L'*Encyclopædia universalis* (t. IX) remarque que le terme « euthanasie » a conservé son sens de « *mort douce et sans souffrance jusqu'à Littré, mais qu'il y a eu "glissement de signification" pour venir à une "science de l'euthanasie", en mettant fin délibérément à la vie du malade* ». Sans doute y-a-t-il là une confusion étymologique, mais admettons aussi que le sens des mots se transforme dans une langue vivante.

L'évolution de la médecine, avec l'emploi d'analgésiques puissants, conduit les médecins à retarder le moment de la mort ; avec le « coma dépassé » on prolonge l'individu en une vie factice ; c'est alors « l'acharnement thérapeutique (7) ». Le moribond que l'on assiste d'une façon scientifique n'a plus le secours de la tendresse ou de la virilité qui lui permettaient d'affronter avec sérénité le passage définitif. Le psychologue ne remplace pas les vieux liens familiaux ou amicaux, l'amour des siens. On est tenté d'abréger les souffrances lorsqu'on sait qu'il n'y a plus aucun espoir de guérison et qu'on ne peut plus calmer la douleur.

L'Ordre des médecins s'oppose aux pratiques de l'euthanasie ; l'article 20 du Code de déontologie médicale dit que le praticien n'a pas le droit de provoquer délibérément la mort : « *Je ne donnerai pas, quiconque m'en prierait, une drogue homicide, ni ne prendrai l'initiative d'une telle suggestion.* » La législation française dit de même, par les articles 63 et 304 du Code pénal. Le 14 novembre 1949, l'Académie des sciences morales et politiques a condamné la pratique de l'euthanasie qui ne respecte pas les principes de la vie et qui peuvent conduire à des abus criminels (8).

3. Jean-Pierre Bayard : *La Spiritualité de la Rose-Croix* (Dangles, 1990, p. 94 à 98).
4. *Utopia.*
5. Igor Barrère et Etienne Lalou : *Le Dossier confidentiel de l'euthanasie* (Stock, collection « Points actuels », 1962 ; p. 111).
6. *L'Homme, cet inconnu* (p. 388).
7. I. Barrère et E. Lalou, *op. cit.* L'ouvrage de Jacques Bréhant : *Thanatos* (Robert Laffont, 1976) apporte une riche contribution sur ce thème (p. 165 à 201).
8. Marguerite Yourcenar, dans *Mémoires d'Hadrien* (Plon, 1958), décrit (p. 188) une scène où le jeune médecin Iollas refuse à l'empereur de pratiquer l'euthanasie pour l'un de ses amis.

L'Eglise catholique romaine condamne le suicide et l'euthanasie car la vie humaine, qui a un caractère sacré, est remise entre les mains de Dieu, seul Maître pouvant décider ; d'ailleurs Jésus-Christ meurt sur la croix, assumant toutes ses souffrances. Cette position est également celle du judaïsme. L'Eglise admet qu'on peut employer des calmants pour apaiser les souffrances et qu'il ne faut pas plonger les agonisants dans l'inconscience afin de prolonger artificiellement leur vie. Les protestants, comme les membres de l'Eglise orthodoxe, sont assez divisés mais, en général, ils admettent que chaque être reste responsable de ses actes. L'islam condamne suicide et euthanasie : la souffrance que l'on ressent avant la mort représente un bilan de nos actions terrestres et elle atténue d'autant la portée de nos péchés.

Par contre, dans des pays étrangers tels l'Allemagne, la Suisse ou les Pays-Bas, l'euthanasie volontaire – suicide assisté ou euthanasie demandée – n'est plus réprimée par les tribunaux. L'arrêté du 1er décembre 1981 de la Cour de Rotterdam admet le droit de mourir à condition que certaines règles soient respectées (9).

Comme le remarque le professeur Louis-Vincent Thomas, il paraît difficile de faire une distinction entre l'euthanasie active – sanctionnée comme un crime et qui relève de la cour d'assises – et l'euthanasie passive – considérée comme non-assistance à personne en danger et passible de la correctionnelle.

L'"Association droit de mourir dans la dignité" (A.D.M.D.) est particulièrement agissante aux Pays-Bas (10). Aux Etats-Unis, plus de quarante Etats – à la suite de la Californie qui a pris cette décision en 1977 – reconnaissent le « testament de vie » ou « déclaration de volonté » par lequel le signataire qui se trouve en phase terminale d'une maladie incurable a le droit de faire respecter sa volonté de ne pas se voir prolongé artificiellement. Dans le cas où le malade est devenu inconscient, sa famille, ou un mandataire et son médecin peuvent veiller au respect de cette volonté (11).

Il faut lutter contre cet acharnement thérapeutique qui fait que le mourant est prolongé dans une existence purement végétative par des soins qui le mutilent, fort proches des tortures. Lorsque le sujet est en coma dépassé, qu'il ne possède plus de réflexes vitaux, lorsqu'il n'est plus un être humain, il est absurde de vouloir le prolonger à grands frais et sans bénéfice moral, même pour la famille.

9. Revue *Nouvelle Acropole* (n° 117).
10. A.D.M.D. En France, son siège se trouve au 103, rue Lafayette, 75010 Paris. Son président est le sénateur Henri Caillavet.
11. En *Annexe* figure un modèle de « testament de vie ».

Le docteur Maurice Abiven a créé, à l'Hôpital international à Paris, la Société française d'accompagnement et de soins palliatifs (U.S.P.), et il existe une Association Jonathan qui accueille les parents d'enfants tôt disparus.

3. Perspectives d'immortalité ou les morts en sursis

a) L'embaumement

Actuellement les pompes funèbres et les services de la mairie peuvent, sur demande, recommander un embaumeur. La thanatoprasie est un métier lucratif. Le corps, vidé de son sang, est perfusé avec une solution à base de formol.

Dans l'Egypte ancienne, les *hiérogrammates* (embaumeurs) avaient pour emblème le chien-chacal puisqu'ils vivaient grâce à la mort de leurs semblables, mais Champollion les nomme les « ouvreurs des chemins » : Anubis, à tête de chien, aide Isis dans sa quête du corps d'Osiris. Grâce à l'embaumement le défunt lance un défi au temps, à la putréfaction : en consolidant sa forme extérieure, il peut dignement se présenter devant ses juges.

L'homme cherche souvent le moyen de conserver son corps alors que celui-ci se désagrège rapidement ; les possibilités naturelles sont rares : climat très sec et chaud, terre glacée, tourbière, salpêtre.

Jacques Bréhant (12) note que Gaston Variot publie, en 1890, *l'Anthropologie galvanique,* technique par laquelle le corps est métallisé dans des bains de sels de cuivre, de phosphore blanc et d'argent. Ce procédé de galvanoplastie marque l'imagination de Pierre Benoit qui, dans son roman *l'Atlantide*, décrit les statues d'orichalque, momification des amants d'Antinéa.

b) La cryogénisation

Autre méthode de conservation de son aspect : être congelé à -196° dans un container d'acier inoxydable ; on pense à la science-fiction, mais la « cryogénisation » est due à l'Américain Ettinger, professeur à l'Université de Détroit (13). Quelques émules (14), actuellement trente-deux Américains ainsi cryogénisés, espèrent atteindre l'époque où, réchauffés, ils reprendront le rythme d'une autre vie en bénéficiant sans doute des nouveaux procédés

12. Jacques Bréhant, *op. cit.* (p. 334).
13. Son ouvrage a été traduit en France, en 1965, sous le titre : *L'Homme est-il immortel ?*
14. James Bedford a été le premier à se faire « cryogéniser » le 12 janvier 1967, à l'âge de 73 ans, alors qu'il était atteint d'un cancer.

scientifiques permettant le rajeunissement de leurs cellules. L'un d'entre eux n'a fait traiter que sa tête, pensant qu'à cette date indéterminée (vers 2100 ?), son cerveau réanimé pourra être relié sur un autre corps ou sur des organes télésensoriels. Pierre Boutron, polytechnicien travaillant au C.N.R.S., a transcrit ses recherches (15). Un vieux rêve qui avait retenu l'attention d'Edmond About qui, en 1861, écrivait *l'Homme à l'oreille cassée.*

La Trans Time Corporation américaine (San Francisco), la société Cryonics du Michigan, la Cryolife Corporation Kansas City... une dizaine d'associations « cryonics » fonctionnent aux Etats-Unis, Japon, Angleterre, Allemagne et, depuis 1968, une en France. La cryogénisation permettrait de rajeunir le patient : ce serait le « vieillissement réversible (16) ».

Le droit français n'autorise pas l'être humain à se faire congeler : une circulaire du ministre Jeanneney de 1968 précise que, *« quand chez une personne la mort clinique est reconnue, on a le droit de la mettre sous réanimation, mais on ne peut la placer sous hypothermie avant deux électroencéphalogrammes plats »*. La loi anglaise permet d'envisager la congélation en Angleterre puisque le *Human Tissue Act* précise qu'*« on peut faire tout ce qu'on veut sur un organisme à partir du moment où un médecin a signé le constat de décès quand le cœur s'est arrêté »*. Après la mort clinique, il faut agir dans l'espace de quinze secondes pour avoir une probabilité de survie : ainsi le corps, placé sous réanimation par massage cardiaque externe, est-il en même temps réfrigéré par les moyens de la cryogénisation avec, durant les vingt-quatre heures, remplacement du sang par une solution isotonique permettant à l'eau biologique du corps de se solidifier dans un état vitreux et non cristallin.

Les frais sont considérables, de l'ordre de plus d'un million de francs français actuels. L'azote s'évapore à raison de 8 litres par jour et ses 800 litres doivent être remplacés tous les trois mois ; les containers d'azote liquide deviennent hors d'usage au bout de dix ans environ, d'où remplacement de la capsule. Les sociétés envisagent de loger ces quelques morts en léthargie dans des cavernes isolées et aménagées à cet effet. Il faut aussi trouver le moyen de placer l'argent qui doit rapporter des intérêts suffisants à ce coûteux entretien, mais une personne présumée décédée peut-elle gérer et rester propriétaire de ses biens ?

15. *Le Virus de Jouvence* (La Pensée Universelle).
16. D'après Jean-Luc Henning : *Morgue* (Editions Libres/Hallier).

c) La lyophilisation

Un autre mode de conservation consiste à placer le corps sous une pression réduite afin que l'eau s'évapore ; ce procédé, la « lyophilisation », pas plus que la congélation, ne permet d'atteindre l'immortalité car, finalement, il faut mourir un jour.

En agissant sur les réactions chimiques de l'A.D.N., en utilisant des antioxydants organiques, on pourrait allonger considérablement la vie de l'homme en interdisant la vieillesse et même en supprimant la mort alors considérée comme une maladie. Des expériences ont été réalisées sur des souris par la Société immortaliste. On songe au rêve faustien ou à celui du baron Frankenstein qui pensait reconstituer un être vivant à partir de cadavres…

d) Le cloning

C'est ainsi qu'un autre procédé, le « cloning », consiste à prélever une cellule sur un homme, à l'implanter dans un ovule féminin préparé à cet effet, puis d'insérer cet embryon dans la matrice d'une femme qui donnera naissance à un être ayant les mêmes chromosomes que le donneur de la cellule, donc une ressemblance totale. Ce n'est agir que sur le plan physique, sans pouvoir bénéficier de la pensée du donneur : une duplication qui ressemble à la science-fiction…

Peut-être possédons-nous déjà cette survie : non seulement nous transmettons génétiquement une partie de notre être à nos descendants, mais le physicien Jean-E. Charon pense que l'information est conservée sous forme de particules élémentaires, à base spirituelle, qu'il nomme les « éons ». Certains unicellulaires se reproduisent eux-mêmes comme des boutures de plantes et, par ce vieux désir de l'humanité sont nées les règles de la descendance.

La conservation et la culture de certains organes éveillent les possibilités les plus audacieuses permettant de prolonger la vie physique. Cependant, les structures fragiles des neurones paraissent conduire à une dégénérescence intellectuelle ; on peut songer que, là aussi, il serait possible de régénérer le cerveau et que des greffes animeraient à nouveau le système nerveux : mais ce serait changer totalement l'être initial. Il n'y aurait plus survie, mais création d'un autre être avec perte de la première personnalité. Alors, à quoi bon une telle expérience ?

CHAPITRE IX

Morts violentes

1. Des morts violentes

Selon les théories primitives – et pour de nombreux peuples – la mort n'existe pas ; l'homme est immortel et seuls les maléfices des magiciens viennent mettre un terme à notre existence ; les morts violentes sont dues à un acte criminel, le plus souvent causées par un acte de sorcellerie. La maladie, qui fait périr l'homme, provient de la frayeur inspirée par les mauvais esprits. Frazer remarque qu'en ne recherchant pas les causes humaines qui peuvent être à l'origine de quelques drames, les êtres sont soustraits à toute sentence juridique puisqu'on ne peut rien entreprendre contre des esprits invisibles : les lois sont ainsi sauvegardées, permettant un équilibre social dans ce groupe humain.

On peut aussi considérer que la vie est une énergie qui se propage en dehors du temps ; si on la coupe, elle reparaît autre part, sous une autre forme, mais on n'en détruit pas le principe vital ; si celui-ci perd une partie de sa puissance, c'est qu'il a donné naissance à d'autres formes. On pourrait appliquer ici la grande loi de Lavoisier : *« Rien ne se créé, rien ne se perd, tout se transforme »,* principe de l'immortalité.

2. Les épidémies

Les épidémies, souvent catastrophiques et fort redoutées, sèment la terreur. Les corps sont enterrés pêle-mêle, dans de grandes fosses communes, en dehors de toute terre consacrée : une douleur supplémentaire puisque l'âme ne peut être reçue au ciel. Les cadres sociaux et religieux s'effondrent devant le fléau qui s'est abattu sur la ville ou la région, car le châtiment de Dieu pèse sur tous les habitants.

Apeurés, voulant échapper à la catastrophe, les hommes ne dissimulent plus leurs instincts ; ces réflexes individuels et collectifs montrent notre peur profonde devant la souffrance et la mort.

3. La peine de mort

La société punit ceux qui n'acceptent pas les règles de vie du groupe et qui enfreignent les conventions dictées par l'usage. La Bible (1) donne de très nombreux exemples de condamnations à la peine de mort. L'intransigeance de la sanction s'exprime par la loi du talion : « *Tu donneras vie pour vie, œil pour œil, dent pour dent, main pour main, pied pour pied, brlure pour brûlure, blessure pour blessure, meurtrissure pour meurtrissure* (2). » Caïn, coupable du meurtre de son frère, est par contre défendu contre ceux qui veulent sa mort (3). Cependant, l'ordre divin doit être scrupuleusement observé si on veut assurer la sécurité de la société : les lapidations protègent la communauté. Cependant, ces jugements sévères ne maintiennent que partiellement l'ordre sur le chaos.

La brutalité et la violence des répressions apparaissent avec les supplices, questions ordinaires et extraordinaires, fustigations, flétrissures, pendaisons, crucifixions, roues et écartèlements, bûchers, arènes avec des bêtes fauves… qui conduisent à la mort violente de l'individu (4).

La peine de mort se clôt par l'exécution capitale donnée en public, afin de mettre en évidence ce qu'il en coûte de vouloir braver les lois. Cet exemple montré à tous doit dissuader ceux qui auraient le désir de transgresser l'ordre établi. Par contre, si le criminel meurt repenti, la religion déclare que tout péché peut être racheté grâce à la miséricorde divine. Ces condamnations, exécutées le plus souvent sous le contrôle d'hommes graves et réfléchis, cultivés, honorés, bons pères de famille et chrétiens affirmés, nous choquent alors que leurs raisons restent conformes au mode de vie d'alors. On conviait la population à se rendre à ce spectacle et des femmes élégantes et instruites assistaient aux exécutions annoncées par les neuf coups bien espacés des cloches et bourdons. Le bûcher, par ses flammes, purifie empoisonneurs et sorciers, en général étranglés avant d'être brûlés ; leurs cendres sont ensuite jetées au vent. Ces suppliciés ne peuvent recevoir une sépulture en terre chrétienne, ce qui aggrave encore le châtiment puisqu'ils ne peuvent trouver grâce devant Dieu. A l'époque romaine, les condamnés livrés en pâture dans les arènes attiraient déjà une foule joyeuse.

Puis on songe que la condamnation capitale, autocorrection du groupe, montre l'incapacité des dirigeants à corriger les excès des criminels et des

1. Plus spécialement, le Lévitique et l'Exode.
2. Exode, XXI, 24.
3. Genèse, IV, 15.
4. Michel Ragon a donné maints exemples de ces cruelles répressions dans *l'Espace de la mort* (p. 197 à 208).

révoltés, car on ne sait les réintégrer efficacement dans la société. La vie étant sacrée, tout homicide – même celui pratiqué au nom du respect de la loi – devient un acte criminel que la morale réprouve. La peine de mort est abolie en France en 1981.

a) La pendaison

La pendaison a été pendant très longtemps le supplice réservé aux grands criminels ; la Grande-Bretagne l'a pratiquée jusqu'en 1965. Le tribunal de la Sainte-Vehme, aux célèbres exécutions, a fait naître toute une littérature aux clichés bien romantiques (5). Il en est de même du célèbre lieu de Montfaucon ; selon les légendes, sous les gibets naissent les mandragores, nourries par l'urine des suppliciés.

La pendaison de Judas (cathédrale Saint-Lazare, Autun ; XIIe siècle).

Dans l'Antiquité, le suicide par pendaison est une mort infamante, à laquelle on refuse les funérailles ; elle n'a rien à voir avec la mort par le glaive, le poison ou la submersion. Si la personne s'est pendue à un arbre, celui-ci devient maudit : il faut y pratiquer des rites de purification. Crucifier

5. Jean-Pierre Bayard : *Les Francs-Juges de la Sainte-Vehme* (Le Soleil Natal, 1991).

n'est qu'un cas de la pendaison : ce procédé infamant interdit toute sépulture rituelle.

La strangulation est, en revanche, un procédé de mort accepté et reconnu.

b) La guillotine

La guillotine remplace la décapitation faite à la hache ou l'invraisemblable supplice de la roue. La violence et le sang attirent la foule. Bruant a chanté avec nostalgie cette sourde aspiration d'êtres se réjouissant de ces affreux spectacles.

On a fait du docteur Joseph Ignace Guillotin (1738-1814) l'inventeur du terrible instrument de supplice. Celui qui a favorisé la méthode vaccinale n'est cependant pas le créateur de l'outil qui a pris son nom. Franc-maçon zélé à Angoulême et dans des loges bretonnes, ardent patriote, Guillotin, alors député de Paris, fait adopter le 9 octobre 1789 un décret sur la réforme de la procédure criminelle dont l'article 6 disait : *« Lorsqu'on lui prononcera la peine de mort, le supplice sera le même* (pour tous), *quelle que soit la nature du délit. Le criminel sera décapité, il le sera par l'effet d'une simple machine. »*

En 1507, Henri II de Montmorency fut décapité par une hache de tonnelier – une doloire – maintenue par une corde entre deux montants en bois. D'après Walter Scott, le comte de Morton fut exécuté en 1578 d'une manière semblable. A partir de ce modèle, Tobias Schmidt, juif allemand, construit une machine qui doit abréger la souffrance ; Guillotin ne participe pas à la réalisation de la « Louison » ; le tranchoir plan remplacé par un tranchoir oblique, expérimenté sur des animaux, décapite l'assassin Pelletier sur la place de Grève le 24 avril 1792 et les premières exécutions politiques débutent le 21 août 1792, sous le nom de « guillotine ».

Le docteur protesta jusqu'à sa mort contre l'usurpation de son nom et déplora cette frénésie sanglante. Il quitta Paris et devint directeur des hôpitaux militaires à Arras (6).

4. Guerre et duel

Dans toutes les sociétés archaïques le nom de la famille doit être conservé ; il faut savoir transmettre ses titres, la mémoire de ses ancêtres. La valeur magique du sang se transmet par hérédité : il est donc nécessaire d'avoir de nombreux enfants puisque le taux de mortalité est élevé.

6. André Soubiran : *Ce bon docteur Guillotin et sa simple mécanique* (Perrin, 1962 ; avec des notes de Pierre Mariel). Revue *les Cahiers de Tristan Duché* (n° 14, octobre 1991).

Mourir pour une noble cause – la guerre – est la mort par excellence, la « bonne mort » : on conserve le crâne du guerrier tué au combat, on sculpte son effigie qui sert à l'enseignement moral ; il devient un « ancêtre » (*Tin dama* de Nouvelle-Guinée et chez divers peuples d'Océanie). Arcs de triomphe ou monuments aux morts honorent ces vaillants défenseurs tombés sur un champ de bataille, au service d'un roi, d'un seigneur ou de la patrie, car le soldat recruté a fait des armes son métier. Les nobles ont le privilège de mourir l'épée à la main.

Le duel, acte courageux, s'apparente à celui du guerrier : on y retrouve le même code de l'honneur et du courage.

Par contre, le plus souvent on réprouve le meurtre ; cependant les *Tin dama* l'érigent comme élément fondamental de la vie des hommes. Pour se marier, il faut avoir tué au moins un homme dont on prélève la tête, le corps étant brûlé selon le rituel funéraire habituel. A l'inverse, dans la même société le voleur est mis à mort sans pouvoir bénéficier d'une cérémonie funèbre : on laisse pourrir son corps au lieu où il a été tué (7).

Les guerres sont de plus en plus meurtrières par l'emploi d'armes très perfectionnées, coûtant des prix fabuleux : la mort d'un homme revient à un prix exorbitant et, cependant, partout dans le monde retentissent des guerres qui créent désolations et souffrances. Il n'est qu'à voir la tristesse des cimetières militaires, de ces hommes tombés « au champ d'honneur ». On peut encore songer, parmi ces horreurs, aux centres d'extermination.

5. Le sacrifice

a) Le sacrifice animal et humain

On offre à la divinité le nouveau-né du troupeau afin de remercier la nature qui a été clémente. Le sacrifice humain, beaucoup plus important, doit apaiser l'irritation des dieux et des esprits qui nous côtoient. On demande au sacrifié d'intercéder pour nous dans un royaume auquel on ne peut accéder.

C'est ainsi que si l'on désire fonder une ville, un temple ou une grande maison bien ancrée dans le sol, on risque de déranger les divinités souterraines. En sacrifiant un homme, son sang abreuve la terre en une offrande appréciée ; en pénétrant dans le monde des esprits, l'être immolé peut expliquer les besoins des humains ; les divinités deviennent alors propices à nos entreprises. De même, le vivant se dépouille d'objets ou de nourriture

7. Je songe au célèbre écrit de Thomas De Quincey : *De l'assassinat considéré comme un des beaux-arts* (1827 ; publié par le Mercure de France, 1901).

qu'il offre au défunt ; par ces prévenances les ombres lui sont favorables. Afin de pouvoir intégrer en soi la puissance (le *mana* du messager), on mange rituellement certaines parties du corps des parents, d'amis très chers ou de redoutables mais valeureux ennemis.

b) Le sacrifice humain agricole

Mircea Eliade (8) note le sacrifice humain agricole pratiqué jusqu'au XIXe siècle par une tribu dravidienne du Bengale, les Khonds (9). Les sacrifices étaient offerts à la déesse de la Terre, Tari Pennu ou Bera Penu, les victimes nommées *mériahs*. On les considérait comme des êtres consacrés et le *mériah* semblait s'identifier avec la divinité. Chaque assistant – ou représentant du village – recevait alors un fragment du corps sacrifié afin de l'enterrer rituellement dans les champs. Nous y voyons le principe de la régénération périodique des forces sacrées et, pour Eliade, *« le rituel refait la création ; la force active dans les plantes se régénère par une suspension du temps et par le retour au moment initial de la plénitude cosmogonique. Le corps morcelé de la victime coïncide avec le corps de l'être mythique primordial qui a donné la vie aux graines par son morcellement rituel. »*.

Dans la quête initiatique, avec l'élément « mort et résurrection », la mort mythique (ou mort fictive) peut s'accompagner du dépècement, de la taillade, de l'ouverture du ventre, de la marche sur le feu.

c) Le meurtre rituel du roi

On a aussi souvent parlé de la mort annuelle du roi, fait assez improbable. Il est sans doute plus juste de songer à une mort initiatique, donc à une mort fictive où, au cours d'une fête, le rituel consacre la mort et la résurrection du roi, image du soleil et du rythme des saisons.

Le roi doit être en bonne santé car sa force vitalise ceux qui lui sont soumis. Il est vraisemblable qu'un roi fatigué, ne donnant plus les bénéfices escomptés par son peuple, est mis à mort ou chassé ; le corps lapidé ensemence les champs ; les cendres des cadavres incinérés sont éparpillées dans les sillons pour leur pouvoir fertilisant. Lorsque le roi est touché dans sa virilité, comme le roi Méhaigné dans la *Queste du Saint-Graal,* toute la région tombe en léthargie. Le pouvoir générateur manifesté dans l'hiérogamie est l'un des privilèges de la royauté primitive. Selon la tradition du prêtre de Némi, lorsque le roi ne parvient plus à toucher un rameau de l'arbre sacré il est mis à mort et remplacé par son vainqueur. Kilonen est dépecée et enter-

8. *Traité d'histoire des religions* (p. 295).
9. Voir aussi Maurice Pinguet : *La Mort volontaire au Japon* (Gallimard).

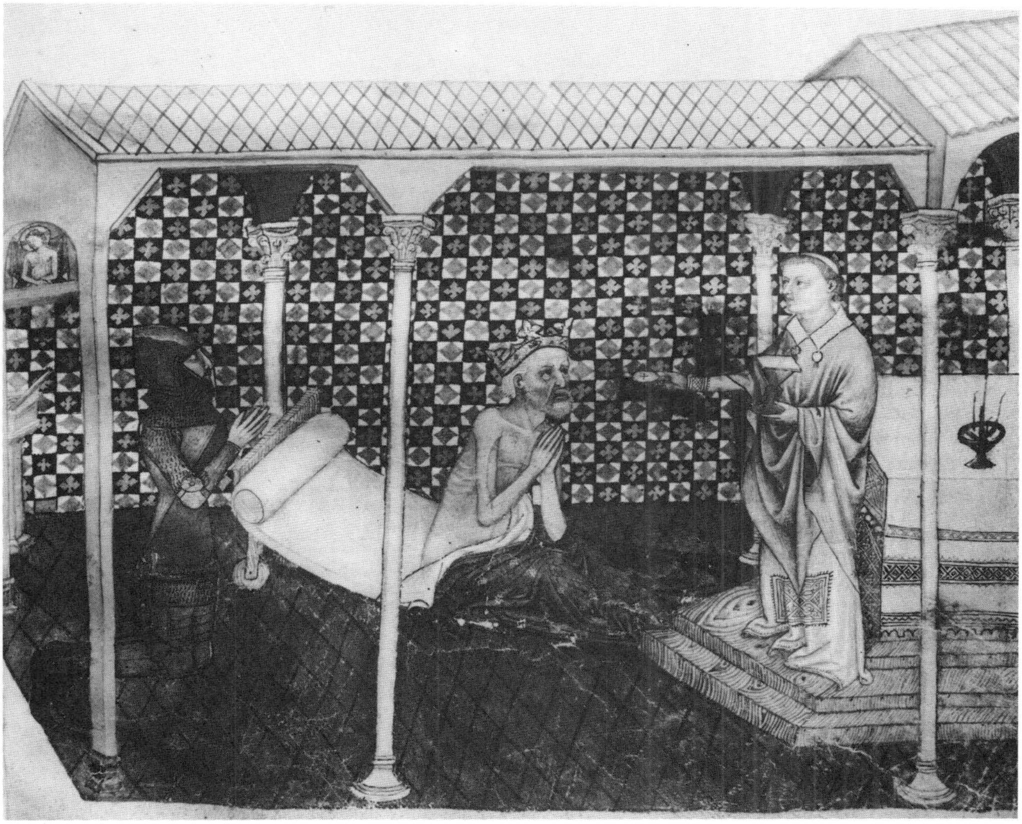

(Photo Roger Viollet.)

La dernière communion du vieux Roi (miniature d'un *Roman de Lancelot* du XIVe siècle).

rée dans un champ par les Aztèques afin de favoriser la pousse du maïs. D'après *les Métamorphoses* d'Ovide, Hercule s'étend sur le bûcher de l'Œta et devient ainsi l'égal des autres dieux (IX, 235).

De même, le sang versé par Jésus crucifié rachète nos péchés. Ces rédemptions ont un aspect cosmique car, précédant le roi, la divinité même était immolée. Frazer (10) souligne qu'on remplace la divinité inaccessible par son représentant sur terre, le roi. On retrouve les mêmes coutumes avec le « Roi de la Pentecôte » où le roi est celui qui parvient le premier à un arbre déterminé, le « mai », ou qui parvient à y grimper, ou qui doit aborder une île à la nage et s'emparer d'œufs couvés par des oiseaux. Audin a rapporté des exemples du « cycle des craintes de Iahveh (11) ». Georges Dumé-

10. Frazer : *Le Rameau d'Or et Mythes sur l'origine du feu.*
11. *La Légende des origines de l'humanité.*

zil a montré (12) que le roi était le représentant des forces de la nature, le condensateur de l'énergie générale.

Ce meurtre rituel du roi a préoccupé ceux qui étaient appelés à gouverner. Après la cérémonie initiatique par laquelle l'être se régénère, et dans le cas où le roi est chassé, on tue uniquement l'effigie du monarque : le mannequin est brûlé suivant un cérémonial déterminé, comparable à celui des monômes d'étudiants.

Frazer rapporte que chez les Khonds de l'Inde et chez les Aztèques, les sacrifices humains s'accompagnaient de rites ignés. Les cendres recueillies étaient répandues sur le sol et, de cet enfouissement émane une nouvelle vie. Le martyr meurt par le feu mais renaît par la grâce de Dieu, car seule l'enveloppe matérielle et périssable peut être détruite par les flammes, alors que le feu purificateur libère l'âme.

6. Le suicide

Se donner la mort, c'est clore sa destinée, c'est mettre volontairement fin à ses jours en invoquant des raisons qui peuvent être fort différentes selon la mentalité et l'époque des pays dans lesquels on vit.

Arnold Van Gennep, citant R. Lasch (13), dénombre quatre catégories de suicides qui donnent lieu à des rites funéraires bien différents : « *1 – Le suicide est regardé comme un acte normal et le sort du suicidé est le même que celui des morts ordinaires ; bien mieux, le suicide en cas de maladie grave, de mutilation, etc., est un moyen pour que l'âme se présente devant le tribunal divin en bon état, et non pas affaiblie ou mutilée. 2 – Le suicide est récompensé dans l'autre monde (suicide du guerrier, de la veuve, etc.). 3 – Le suicidé ne peut s'agréger aux autres morts et doit errer entre le monde des morts et celui des vivants. 4 – Le suicide est puni dans l'autre monde et le suicidé doit errer entre les deux mondes jusqu'à ce que soit révolu le temps qu'il eût vécu normalement ; ou bien n'est admis que dans une région inférieure du monde des morts, ou enfin est puni de supplices, etc. (enfer).* »

Durkheim, quant à lui, envisage trois formes : le suicide altruiste, le suicide égoïste et le suicide anomique, c'est-à-dire dépendant d'une relation avec les facteurs extérieurs et les normes de la société. Il est bien certain que le suicide des vieillards esquimaux ne peut se comparer à un acte de lâcheté ou même à une inclination particulière, à un désir de mourir propre aux

12. *Mythes et dieux des Germains* (Editions Leroux, 1939 ; p. 50).
13. *Les Rites de passage* (Emile Nourry, 1909).

insensés : sur sa banquise, ce vieillard estime qu'il est devenu une bouche inutile, une charge et qu'il doit se sacrifier pour son groupe familial.

Dans notre société occidentale la justice, influencée par l'Eglise catholique romaine, n'admet pas le suicide depuis le Ve siècle. Le clergé refuse la sépulture du suicidé en terre chrétienne et ses biens sont confisqués au bénéfice du roi ou du seigneur ; des tribunaux ont même ouvert un procès contre un cadavre pour s'être suicidé ! Le droit anglo-saxon considérait, jusqu'en août 1961, le suicide comme un crime. Aussi, dans un geste charitable on a souvent admis l'idée que le suicidé était sous l'emprise d'une folie passagère, qu'il était un malade irresponsable, une victime et non plus un coupable. Les statistiques établies sur les suicides sont ainsi pour la plupart erronées, le geste du désespéré n'étant pas toujours déclaré. Dans les sociétés industrialisées le nombre des suicides augmente.

La Rome antique condamnait en général le suicide, ne l'acceptant que dans des cas particuliers ; c'est ce qu'exprime Cicéron (14). Platon et Aristote condamnaient également le suicide, bien que celui-ci ait été souvent toléré.

Il était principalement admis par les stoïciens : rechercher volontairement la mort, c'est faire triompher sa volonté individuelle, le suicide mettant fin à l'absurdité d'une existence vouée à l'irrationnel. L'être peut vouloir s'évader de l'étrangeté de la vie terrestre ; il a la nostalgie et l'espcir d'un monde futur meilleur, où la mort ne serait plus le douloureux point d'aboutissement d'une existence emplie de contradictions, de maux tant physiques que moraux. Sénèque en fait l'expression suprême de la liberté humaine. C'est ce que Julius Evola nomme « *le droit sur sa propre vie* (15) » en commentant l'éthique du stoïcisme de Sénèque. Contrairement à la désertion, le stoïcien accepte ou refuse les épreuves auxquelles on veut le soumettre car il a le droit souverain de disposer de lui-même. Pline (16) remarque que la nature nous a donné tous les produits permettant à l'homme de se tuer. Mais il faut aussi dire que notre nature a l'instinct de la conservation, indépendant de la raison et de la volonté (17).

En écrivant à Marcel Jouhandeau, René Crevel, surréaliste, soutient les mêmes propositions : « *Le suicide est un moyen de sélection. Se suicident ceux-là qui n'ont point la quasi universelle lâcheté de lutter contre certaine sensation d'âme si intense qu'il la faut bien prendre, jusqu'à nouvel ordre, pour une sensation de vérité.* » Après le suicide de René Crevel

14. *La République* (VI, 15).
15. Julius Evola : *Orient et Occident* (Arché, 1982 ; p. 145).
16. *Histoire naturelle.*
17. Emile Julliard : *Les Désespérés* (Charpentier, 1807). Notes sur le suicide.

(1900-1935), Marcel Jouhandeau (dans la *Revue de la N.R.F.*) émet l'idée que nous nous trouvons devant un crime, émettant même la possibilité d'une exécution commise par la police.

Albert Camus (18) montre l'absurdité de la vie, le travail titanesque que croit accomplir l'homme et dont les résultats sont cependant dérisoires, même inutiles. Pour Albert Camus, Sisyphe, roi de Corinthe et fils d'Eole, représente admirablement bien la faiblesse de l'homme ; les dieux l'ont condamné à rouler une très grosse pierre au sommet d'une montagne ; arrivée à son point ascensionnel, la pierre roule et redescend ; Sisyphe, inlassablement, reprend son éternel travail : « *Les dieux avaient pensé, avec quelque raison qu'il n'est pas de punition plus pénible que le travail inutile et sans espoir.* »

Si on prend conscience de l'absurdité de cette vie, mieux vaut mourir et, comme l'écrit Albert Camus, « *mourir volontairement suppose qu'on a reconnu, même instinctivement, le caractère dérisoire de cette habitude, l'absence de toute raison profonde de vivre, le caractère insensé de cette agitation quotidienne et l'inutilité de la souffrance* ». Cependant Albert Camus rejette le suicide et, du constat de l'absurdité de notre vie, il tire « *trois conséquences qui sont ma révolte, ma liberté, ma passion. Par le seul jeu de ma conscience, je transforme en règle de vie ce qui était une initiation à la mort et je refuse le suicide.* ».

Le suicide, crime contre la personne humaine, est donc généralement réprouvé par les religions. Mais on peut se suicider pour une « cause noble », dans l'intérêt d'une collectivité, et ce geste ressemble à un sacrifice ; ce sont les cas du vieillard qui se sent une charge, du hara-kiri (19) des samouraïs, de la mort rituelle de la veuve et des serviteurs dans le foyer de leur maître.

L'ascète hindou meurt volontairement sur le bûcher afin de pouvoir renaître dans une vie meilleure. C'est renouer avec le double pouvoir du feu : dans sa position négative qui anéantit, et dans sa valeur positive qui est la re-création. Par l'incinération voulue, par cette offrande du corps, Sarabhangaet Sahari a pu atteindre, d'après Râmâyana, le stade le plus sublime. Selon la conception hindoue, la mort volontaire n'est pas due à un acte de désespoir ; ce n'est pas une fuite devant une responsabilité, ni un suicide comme nous l'entendons en Occident, mais bien un effort conscient de l'être qui vise une perfection dépassant le cadre humain pour aboutir au couronnement d'une vie sainte. Les *Upanisad* célèbrent cette immortalité ainsi obtenue, car il faut tout d'abord pratiquer l'esprit de renoncement permettant d'atteindre l'*agnipravésa* par le désintéressement de son corps.

18. *Le Mythe de Sisyphe.*
19. Jack Seward : *Hara-kiri* (Pardès, 1988).

On a souvent écrit qu'un cathare, après avoir reçu le *consolamentum* (baptême transmis par imposition des mains), subissait volontairement l'*endura* (un suicide par inanition). En réalité, l'*endura* est un jeûne pénitentiel d'un « parfait » qui a commis un acte répréhensible, un acte de contrition dans le genre du jeûne de quarante jours observé par Jésus dans le désert. Les meilleurs auteurs (Déodat Roché, Jean Duvernoy) ont montré qu'il n'y avait chez les cathares aucune trace de suicide ou de meurtre rituel. Les mourants « consolés » étaient transportés dans la « maison des parfaits » pour y attendre la mort dans la sérénité.

Statistiquement, le suicide touche davantage les êtres évolués que les êtres frustes. Un certain degré culturel peut-il conduire à s'insurger davantage contre le poids trop lourd du destin, à se révolter contre l'incompréhensible volonté du Ciel (20) ? Bien des suicides proviennent de l'abus des drogues, allant des L.S.D., hachisch aux alcools, stupéfiants et même excitants intellectuels : le drogué perd ainsi le contrôle de sa personnalité.

En Occident, le suicide correspond le plus souvent à une fuite, à une démission devant la dureté de la vie. Cet acte de lâcheté, réprouvé par tous, fait du suicidé un damné qui ne reçoit pas les sacrements religieux ; il est enterré en dehors des cimetières réputés comme terre sainte.

Le suicide est peut-être dû à une suite d'événements karmiques dont les épreuves paraissent irréversibles et que le sujet veut fuir ; il préfère abandonner son existence présente et espère renaître dans un milieu plus compréhensif.

Louis-Vincent Thomas a établi une remarquable typologie du suicide montrant que celui-ci pouvait être aussi un acte de vengeance dans le but de troubler les survivants en vue de les punir (21). L'auteur indique que la mort volontaire permet souvent d'échapper à un discrédit apporté au groupe par l'accomplissement d'un acte réprouvé ; ces motifs de réprobation nous paraissent le plus souvent futiles.

Il semblerait donc que le suicide, mort prématurée par rapport au cycle de vie normalement prévu, ne fasse que retarder l'évolution du processus des existences successives : le sujet devrait attendre la fin normale de la vie qu'il aurait dû normalement atteindre pour pouvoir alors reprendre le cycle de ses existences.

Pour Julius Evola, *« si la vie était nôtre au sens absolu, il serait possible de mettre fin à notre existence terrestre sans commettre un acte de violence contre notre propre corps, mais par un acte purement spirituel. Mais cela, encore, s'avère impossible pour l'ensemble du genre humain*

20. Le *Magazine littéraire* a publié, en août 1988 (n° 256) : « Les suicidés de la littérature ».
21. *La Mort africaine* (Payot ; p. 114).

– seules certaines formes de yoga, à résonance tantrique, admettent la possibilité de ce qui est appelé "icchâ-mrityu", *de la mort par la volonté. Cela équivaut à admettre quelque chose de semblable à un lien intérieur, une sorte de volonté liée à la vie que je ne peux considérer comme étrangère à moi-même, mais que, en même temps, je ne peux identifier à ma propre volonté. ».*

Chaque année, il y aurait en France entre 1 200 et 1 500 suicides, mais on compte près de 200 000 tentatives dont 30 000 sont le fait de jeunes de moins de 25 ans. Dans les pays étrangers le pourcentage est sensiblement analogue, mais il faut répéter que tous ces pénibles accidents ne sont pas décomptés, les familles cherchant à cacher ces situations. Il existe une association (S.O.S. Suicide Phénix) cherchant à venir en aide à ceux qui sont désespérés ; elle fonctionne à Bordeaux, Clermond-Ferrand, Lyon, Saint-Brieuc et son siège est à Paris (22).

7. Le mépris de la mort

Socrate méprise la mort ; son attitude stoïque émotionne Platon. Cette vertu se retrouve chez certains guerriers, dont les Celtes : leur courage et leur ardeur leur font perdre conscience d'eux-mêmes.

Le samouraï, chevalier au service de l'empereur du Japon, respecte un code d'honneur, le *bushido*, sorte de loi morale initiatique qui tient compte des religions shintoïste et bouddhiste. Au culte des morts et de la famille, le bouddhisme apporte le stoïcisme, la rectitude de la décision car il faut *« savoir mourir quand mourir est juste »*. Pour respecter son engagement, accomplir son devoir et se soustraire à tout ce qui pourrait entâcher son honneur, le samouraï va jusqu'au sacrifice extrême : le suicide, le *seppuku* ou hara-kiri (23). Grâce au shintoïsme et au bouddhisme, les samouraïs affrontent la mort sans crainte ; le hara-kiri est le propre du héros japonais qui s'ouvre le ventre suivant un cérémonial parfaitement défini (24). En 1944, les *kamikazes* (25) sont des pilotes-suicides japonais, des projectiles humains volontaires conduisant leurs appareils jusqu'à la mort.

22. 36, rue de Gergovie, 75014 Paris. Notons encore : 3, place du Général-Tessier-de-Marguerite, 75020 Paris – 14, place Amélie-Rabat, 33000 Bordeaux – 53, rue Saint-Alyrre, 63000 Clermont-Ferrand - 11, rue Notre-Dame, 69413 Lyon VIe – 3, rue René-Yves-Creston, 22000 Saint-Brieuc.

23. Maurice Pinguet *(op. cit.)* et Jack Seward (*op. cit.* ; p. 95).

24. Comme l'homme, la femme japonaise pouvait se donner la mort en suivant les rites du *gigaki*, c'est-à-dire en se perçant la gorge avec un poignard.

25. Ils sont aussi nommés les *kasshitai* ou les *hissitai :* les « décidés à mourir ».

CHAPITRE X

Monuments funéraires

« Le mortel a fait l'immortel. »
Rig-Veda.

1. La dernière demeure

Après les rites qui permettent au mourant de quitter notre monde dans les conditions les plus satisfaisantes, que faire de ce corps maintenant préparé à un éternel repos ? Monuments funéraires et temples sont moins créés pour la conservation du corps matériel qui disparaît, que pour retenir et fixer l'âme, le corps astral, le corps glorieux, un rayonnement psychique de l'au-delà. La tombe individuelle est ainsi la « dernière demeure », la maison, tout comme le cimetière reste l'image du village (1), mais *« le vrai tombeau des morts, c'est le cœur des vivants »,* comme l'écrit Tacite.

2. De la caverne aux mégalithes

a) Le phénomène mégalithique

Après l'usage des cavités naturelles (cavernes, grottes) dès le néolithique ancien, vers 5500 av. J.-C., apparaissent dans l'ouest de l'Europe, de la Bretagne au Portugal, des monuments, construits en pierres sèches ou en grandes dalles, nommés mégalithes ; ils sont principalement du type « atlantique » et « angoumoisin ».

Une rupture avec les procédés du paléolithique, puisque après le lieu naturel on réalise un ensemble artificiel monumental, un édifice architectural de grande importance qui se veut indestructible. Pendant près de trois millénaires, et particulièrement durant le néolithique moyen (- 4500), des populations imaginent et construisent ces monuments, dont certains ont été ensuite

1. Sur cet urbanisme funéraire, il faut lire le remarquable essai de Michel Ragon : *L'Espace de la mort* (Albin Michel).

détruits pour en réutiliser les éléments. Les mégalithes cessent d'être construits vers 1500 av. J.-C. Ce sont nos premiers monuments architecturaux.

Les mégalithes sont restés longtemps incompris ; ils n'auraient été que des vestiges impressionnants et informes réalisés par une civilisation primitive ; ils n'ont été fouillés que vers la fin du XVIIe siècle. Cependant, Rabelais (2) décrit la Pierre levée de Poitiers : « *De faict vint à Poitiers pour estudier et profita beaucoup : auquel lieu voyant que les escholiers estoyent aulcunes foys de loysir et ne sçavvoient à quoy passer temps, il en eut compassion ; et, un jour, print d'un grand rocher qu'on nomme Passelourdin une grosse roche ayant environ de douze toizes en quarré et d'espaisseur quatorze pans, et la mist sur quatre pilliers au milieu d'un champ, bien à son ayse ; affin de lesdictz escholiers, quand ilz ne sauroyent aultre chose faire, passassent temps à monter sur ladicte pierre et là banqueter à force flaccons, jambons et pastez, et escripre leurs noms dessus avec un cousteau, et, de présent, l'appelle-t-on la Pierre levée.* »

Le monument décrit par Rabelais existe encore, moins imposant qu'il n'est dit, de plus cassé au XVIIIe siècle. Il faut plus qu'un couteau pour y graver : les motifs qui figurent sur menhirs et dolmens sont piquetés au moyen de poinçons.

Le phénomène mégalithique s'étend principalement en Europe, plus particulièrement dans l'ouest de la France mais également près de la mer Noire, en Asie, Inde, Chine et Japon. Orientations et proportions y sont parfaitement lisibles, et c'est ainsi que nous y trouvons matérialisées les divines proportions. Les diverses qualités de pierre sont choisies avec grand soin.

b) Les divers mégalithes

La pierre dressée, grossièrement équarrie, nommée **menhir** (*men :* la pierre, *hir :* longue) et autrefois *peulven,* se présente souvent isolée à notre époque ; on pense qu'initialement trois menhirs, même éloignés fournissaient des possibilités de visées astronomiques. Les trois alignements de Carnac (Menec, Kermario et Kerlescan), aux 10 000 menhirs de hauteurs inégales sur une longueur de 4 km, sont justement célèbres. Le grand menhir brisé de Locmariaquer – dit *Men-er-Hroeg* (pierre des fées) – pesait 350 tonnes et mesurait 20,30 m ; on le dit brisé par la foudre en quatre morceaux, mais il semblerait qu'il ait été débité volontairement, peut-être à

2. *Pantagruel* (1532), chap. V.

Statues menhirs “Filitosa V et XIV” du site préhistorique de Filitosa (Corse), datant du deuxième millénaire avant Jésus-Christ.

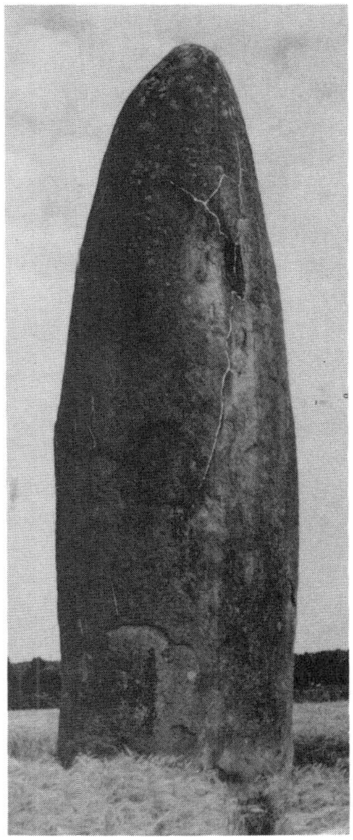

Menhir “la Pierre du Champ Dolent”, à Dol-de-Bretagne (Ille-et-Vilaine), de 9,50 m de hauteur.

(Photo de l'auteur.)

Le site de Carnac (Bretagne), avec ses alignements de pierres levées.

la suite du changement de rites religieux. Un des morceaux d'un autre monolithe semblable, également brisé, a été réutilisé comme table de couverture de la chambre de Gavrinis. Ainsi les pierres d'un monument ont-elles servi à la réalisation d'une autre construction sacrée, sans que nous puissions en déceler les raisons.

Les **statues-menhirs,** plus ou moins sculptées, appartiennent plus spécialement à la tradition méditerranéenne. La Corse possède des monolithes remontant au IVe millénaire : le célèbre site de Filitosa (Corse) date du IIIe millénaire et est constitué de grandes stèles sculptées, au profil anthropomorphe, où sont représentées des épées. La statue-menhir ne doit pas être confondue avec la *stèle* que l'on trouve à diverses époques, pierre déjà plus travaillée et gravée avec des motifs celtes. Le *lech* est une petite stèle.

Les sépultures sont fort rares au pied du menhir, qui paraît être un condensateur d'énergie ; récepteur des énergies cosmiques et de l'activité tellurique par son pouvoir de capteur d'énergie psychique, l'âme des ancêtres y serait enfermée.

Le **cromlech** groupe, dans une enceinte sacrée, des menhirs dressés soit en cercle soit en carré ; en son centre existe souvent une pierre. L'**alignement** est une série de menhirs disposés en lignes parallèles avec des espacements plus ou moins réguliers (à Carnac on dénombre onze lignes d'alignements).

Le **dolmen** nous est mieux connu : constitué par des pierres verticales (au nombre de trois au minimum) recouvertes par d'énormes dalles en encorbellement, le calfeutrage grossier de pierres sèches forme ainsi un mur aveugle (*dol* est la table, *men* signifiant pierre). Lorsque la couverture est d'un poids excessif (dalles monolithes de 40 à 90 tonnes), les dalles de la paroi sont placées en oblique et servent de contreforts. Situé sur une légère hauteur, il se peut que la dalle supérieure ait été utilisée comme autel. On accède à la chambre – ronde ou polygonale – par un couloir étroit et bas, en général rectiligne, parfois coudé ou même sinueux. L'entrée s'ouvre le plus souvent au sud-est. Entre le néolithique moyen et le néolithique final, le dolmen « angevin » se caractérise par un « portique » ou « trilithe » séparant le couloir de la chambre. Au néolithique final, les dolmens sont plus répandus mais moins impressionnants ; leur plan simplifié devient rectangulaire, avec un couloir recouvert de plusieurs tables : l'allée couverte. Dans la chambre sépulcrale reposent des corps, en général en petit nombre.

Le dolmen de la Roche-aux-Fées à Essé, non loin de Rennes (Ille-et-Vilaine), mesure 14 m de long avec 33 montants et 8 dalles de couverture ; le vestibule, moins haut que la chambre, fait 3 m de long ; les tables qui le recouvrent ont chacune des poids moyen de 40 tonnes. Parmi les

(Photos de l'auteur.)

Deux vues du dolmen de "la Roche-aux-Fées" à Essé (Ille-et-Vilaine).

4 500 dolmens français, notons celui des Pierres plates à Locmariaquer qui mesure 23 m. Une des quatre dalles de la couverture du grand dolmen de Bagneux, près de Saumur, le plus grand dolmen de France enfermé dans l'enceinte d'un café, pèse 40 tonnes et le poids total de sa couverture est de 109 tonnes ; sa chambre, de plus de 18 m de long et de 2 m de hauteur, couvre 85 m².

La plupart des dolmens étaient recouverts d'un **tumulus,** monticule de terre, véritable tertre funéraire dont les proportions sont parfois importantes. Le tumulus Saint-Michel à Carnac, de 4 000 ans environ av. J.-C., est une colline artificielle d'une longueur de 217 m, d'une largeur de 60 m et d'une hauteur de 10 m, représentant 20 000 m³ sur laquelle s'élève une chapelle christianisant le lieu (nombreux sont les édifices catholiques qui ornent le sommet d'un tumulus aux fonctions longtemps oubliées). Des fouilles récentes ont permis d'y trouver de nombreuses galeries abritant des sépultures. On songe encore à la butte de César, sur la route d'Arzon à Sarzeau (baie du Morbihan) : un tertre de 15 m de hauteur sur 260 m de circonférence.

Le **cairn,** selon la langue bretonne, est un tumulus néolithique construit en pierres sèches et possédant plusieurs chambres funéraires ; la couverture évoque une pyramide à degrés aplatis ; c'est le cas du cairn de Barnenez. Dans un environnement enchanteur, entre ciel et mer, au-delà de ce vaste estuaire qui se ferme à Morlaix, sur cette terre du Finistère surplombant la mer, voici le site de Barnenez à Plouézoc'h.

En ce lieu lumineux existe un cairn réalisé uniquement en pierres sèches ; mollement étalé sur sa presqu'île, surplombant la mer d'environ 45 m, de forme trapézoïdale d'une longueur de 72 m sur 25 à 30 m de largeur, haut de 8 à 10 m, son volume de près de 6 000 m³ de pierres remuées forme un tonnage d'environ 12 000 tonnes. Ce cairn possède onze sépultures à chambre et à couloir, dont les entrées sont orientées sud-est. Les chambres sont surplombées d'une voûte encorbellée de pierres sèches. Les longs couloirs sont recouverts de dalles, comme pour les habituels dolmens, mais les parois sont en pierres sèches avec parfois des dalles verticales. Quelques

Le tumulus de Barnenez à Plouézoc'h (Finistère).

(Photo de l'auteur.)

ornementations : trois dessins de haches figurent sur un pilier, trois triangles pointes en haut. La partie la plus ancienne, à l'est (32 à 35 m, 5 chambres), date de 4 700 ans avant notre ère, soit antérieure d'un millénaire et demi à la construction des premières pyramides égyptiennes. Dans les six chambres les plus récentes (39 m), datant du néolithique (environ - 4 300 ans), en dehors des motifs gravés ou piquetés montrant haches et arcs, un petit mobilier – principalement composé de tessons de poterie – a été trouvé en 1955 et en 1968. Il semblerait que le nombre de corps ait été fort réduit, mais les os humains sont peut-être détruits par l'acidité du sol.

Intérieur du tumulus de Barnenez (Finistère).

(Photo B. Acloque – C.N.M.H.S. / S.P.A.D.E.M.)

Le cairn de Barnenez s'inscrit dans le principe des pyramides à gradins ; c'est la forme architecturale la plus simple permettant d'obtenir une bonne hauteur, les degrés servant à la fois de contreforts et d'échafaudages. Trois étages avec plates-formes à encorbellement font de ce site un lieu privilégié, non seulement par sa situation face à la mer, mais par l'ampleur et l'harmonie de sa construction. La réalisation des chambres en forme de coupoles (ou en « tas de charge ») permet d'éviter le transport de grandes dalles recouvrant la tombe. Il s'en dégage encore de nos jours une force émouvante.

L'orientation et le volume de l'ensemble en font la plus ancienne architecture française. André Malraux, qui venait de le sauver de la destruction, a déclaré : « *Voici votre Parthénon !* »

Aux côtés de ce grand monument existait un autre tertre, parallèle au premier mais aux dimensions inférieures ; il a été entièrement rasé à cause de la cupidité d'un entrepreneur de travaux publics, constructeur de routes. Cet entrepreneur breton, avec l'accord du propriétaire, a décidé en 1954 de récupérer les pierres des deux cairns. Ses bulldozers rasèrent rapidement le petit tumulus et ses pelles attaquèrent le second au nord-ouest, créant une large coupe sur quatre chambres voûtées. Arrêté, l'entrepreneur a été condamné, sur proposition d'André Malraux, à une forte amende et aux frais de restauration. Ainsi a pu être sauvé un des plus beaux et des plus anciens monuments de notre patrimoine.

En plein cœur de Saint-Nazaire, la place du Dolmen possède un ensemble mégalithique impressionnant : il est rare de trouver en pleine ville un dolmen, un menhir et des pierres dressées. Bien plus, dans ses faubourgs, la butte rocheuse de Dissignac est un haut lieu de la Bretagne mégalithique. Deux chambres à couloir étroit et bas sont situées sous ce cairn subcirculaire qui a été établi en deux temps ; après avoir prolongé les couloirs et construit de nouveaux parements, ce tumulus acquiert d'impressionnantes dimensions : 30 m de diamètre sur 6 m de haut. L'analyse de ces pierres étonne les archéologues : les microlithes trouvés sous le tertre proviennent d'une industrie archaïque ; les blocs de granit, les dalles d'amphibolite, extraits du littoral, ont été acheminés sur environ 6 km. Dans la partie la plus ancienne de l'édifice une des dalles de couverture est décorée de crosses et de haches emmanchées, motifs gravés que nous trouvons plus spécialement dans la région du golfe du Morbihan.

Gauche : dolmen de Kermario à Carnac – *Droite :* allée couverte de pierres plates Locmariaquer.

Dolmen breton "christiannisé".

(Photos de l'auteur.)

D'autres tumulus pourraient être cités : ceux de l'île Carn, à Plodalmézeau (Finistère) et de l'île Guennoc, en face de Landéla (également dans le Finistère), dont un des trois tumulus daterait de près de 5 000 ans avant notre ère.

Comment ne pas songer au site de Gavrinis, près de Larmor-Baden. Cette île, qui possède un des plus beaux monuments mégalithiques du monde, était alors reliée à la terre ferme ; sa dalle de couverture de 17 tonnes provient d'un grand menhir mutilé situé à plus de 4 km du lieu. Bien des interprétations ont été données aux motifs sculptés qui continuent de poser des énigmes. Ce galgal circulaire de 55 m de circonférence à la base et d'environ 8 m de hauteur (10 000 tonnes de pierres), comporte 29 supports dont 23 sont couverts de signes gravés en creux ; l'entrée de ce magnifique dolmen s'ouvre au sud-est. Sa marche formant seuil est gravée sur les trois faces apparentes. Le support n° 7, sensiblement au milieu de la chambre, est constitué par un bloc de quartz et porte lui aussi des traces de gravures.

Nous devons à Zacharie Le Rouzic un *Corpus des signes gravés des monuments mégalithiques du Morbihan* (3), mais également, à Carnac, un prestigieux musée devenu de nos jours musée national. Il faudrait citer bien des pétroglyphes qui figurent en maints endroits, comme aux Pierres plates, la Table des Marchands, mais ce serait tout un guide touristique à composer…

3. Qui a été publié en 1927, par les éditeurs Auguste Picard et Berger-Levrault.

Les mégalithes construits entre 4500 et 3000 sont des plus beaux, des blocs lourds, épais, choisis avec soin. Situés souvent en bordure de mer, la hardiesse de leur construction en fait les premiers vestiges d'une véritable architecture, une conception fort nouvelle : des temples parfaitement orientés est-ouest avec la façade à l'est.

Le site de Stonehenge, près de Salisbury (Angleterre), avec son grand trilithe formé de deux pierres verticales soutenant un linteau horizontal, implique la monumentalité tout en étant un temple honorant la science, car c'est là un centre d'observation astronomique. Le mégalithisme des îles Britanniques, plus récent, avec son abondante architecture circulaire, est d'une grande autonomie de conception.

Deux vues du célèbre site de Stonehenge, près de Salisbury (Angleterre).

(Photos de l'auteur.)

A quoi servent ces tumulus géants où l'on a si peu inhumé ? Ces ensembles prestigieux sont-ils la dernière demeure d'un chef illustre ? Aux côtés de ces sépultures existaient des petites « maisons des morts » réalisées en bois (4) où auraient eu lieu des sépultures collectives. Comme le note Jean-Pierre Mohen, le lien chronologique précis entre ces différentes structures reste difficile à établir. Mais le village et ses maisons ne sont que temporaires, à base de matériaux périssables, alors qu'on recherche la pérennité spirituelle de la relique.

Les chambres des mégalithes ont ensuite tendance à s'allonger, à devenir rectangulaires, mais le principe reste le même.

La place spirituelle tenue par ces ancêtres montre également une sédentarisation liée à l'agriculture et à l'élevage, mais aussi à la croissance de la société. Nous sommes devant les temples du néolithique.

c) Décoration des mégalithes

Un montant d'une des chambres du cairn de Barnenez, un mégalithe des plus anciens, reçoit trois figurations de hache en pierre polie : trois triangles pointe en haut qui peuvent aussi représenter le pouvoir masculin.

L'ornementation mégalithique ne représente pas le corps humain ; elle fait appel à des dessins géométriques, à la figuration des végétaux et d'outils (hache, arc, crosse) ; ces motifs symboliques s'apparentent à des idéo-

Mégalithe sculpté du tumulus de Gavrinis.

(Photo de l'auteur.)

4. Jean-Pierre Mohen : *Le Monde des mégalithes* (Casterman, 1989 ; p. 85).

grammes que nous ne savons pas encore déchiffrer. Cependant à Gavrinis, en dehors de cet ensemble prestigieux de dalles décorées, il a été découvert en 1983 sur la dalle de couverture un dessin de grand bovidé à cornes arquées et, au-dessus, le motif d'une hache-charrue ; la suite de ces représentations figure à la Table des Marchands près du grand menhir brisé de Locmariaquer ; cette dalle d'une centaine de tonnes, volontairement cassée bien qu'ayant reçu des sculptures, est réemployée. L'intérieur du cairn de Gavrinis est d'ailleurs des plus remarquables : un style original, un foisonnement de formes aux cercles concentriques, aux spirales. Le triskèle de la chambre de Newgrange (Irlande) est lui aussi d'une très grande beauté mais, dans ces monuments aux sépultures peu nombreuses, rien ne permet d'affirmer que cette décoration célèbre un ou des morts. Avec plus d'évidence nous sommes dans un lieu sacré, un temple dont l'art personnel défie le temps.

(Photo de l'auteur.)

Grand menhir brisé de Locmariaquer.

Bien d'autres cas seraient à énumérer et l'on reste stupéfait par la qualité et le choix du matériau, les volumes agencés, les poids des dalles qu'il a fallu extraire, déplacer sur des kilomètres et mettre en place. Des transports sur des terrains sans structure, sans piste aménagée… Leurs procédés techniques, qui peuvent paraître élémentaires, sont en réalité très efficaces. La réalisation de l'ensemble de ces chambres toujours orientées n'a pu être résolue qu'à partir de véritables recherches architecturales. Un long et patient travail cyclopéen, semblable à celui de la réalisation de nos cathédrales médiévales. Un art qui a été créé pour résister au temps et qui, par son agencement, a voulu être indestructible.

d) Edification et transport des matériaux

En ce qui concerne le déplacement de ces énormes blocs, les hypothèses les plus fantaisistes et les plus extravagantes ont été proposées, tant sur le plan technique que sur l'emploi de forces psychiques. Des expériences ont été tentées dont les résultats pratiques nous enseignent avec plus de rigueur. Les Mayas et les Aztèques ont employé des blocs de 20 à 60 tonnes (chez les Incas certains atteignent 200 tonnes !). Les statues de l'île de Pâques pèsent jusqu'à 300 tonnes et ont donné lieu à de nombreuses expériences. Songeons également à l'érection de l'obélisque de Louxor, place de la Concorde (Paris) ; offert par l'Egypte à Louis-Philippe, il mesure 22,83 m de haut et pèse environ 200 tonnes ; transporté, dressé au moyen de treuils et de palans, l'architecte Lebas a expliqué son travail et en a consigné les phases sur le socle du monument.

Des bois de cerf aménagés en pics, des percuteurs en silex ont pu permettre l'extraction des blocs ; les omoplates des bovidés sont devenues pelles : des instruments à la fois souples et résistants. On emploie des coins en bois qui, mouillés, gonflent et délitent le banc rocheux ; pour les petits objets on scie la pierre grâce à un fil entraînant des grains de sable. Les pierres sont choisies pour leur résistance et leur aspect selon l'emploi envisagé. Pour transporter les gros blocs il fallait avoir des cordages et des troncs d'arbre. Les cordes étaient en fibre végétale tressée, en racines souples de sapin, de lierre et de viorne ; trempées, martelées puis tressées, on en a retrouvé quelques vestiges ; les Africains en fabriquent encore. Les traîneaux, rouleaux, chemins de rondins et leviers étaient en bois ; des sortes de rails en troncs de chêne permettaient d'avoir une surface plane de traction. De grands leviers de 10 m avec traverses, coins, perches et cordages permettaient de manipuler et d'élever ces blocs. Les haches en silex étaient très efficaces. Il ne semble pas que les bœufs aient été employés pour tracter, bien que le joug ait été connu au néolithique. Avec une parfaite entente entre 20 hommes, sans rampe, on a ainsi élevé des blocs de 32 tonnes.

L'efficacité d'un chantier mégalithique repose sur l'organisation, l'observation, l'ingéniosité et la patience de l'homme qui aime et croit en ce qu'il fait.

Le tertre mégalithique ne nous a pas encore révélé toute sa richesse ; il reste énigmatique et, cependant, bien présent sur une terre sacrée. Peut-être les mégalithes disparaissent-ils lorsque l'usage de la tombe individuelle s'impose à une société qui sait maintenant travailler les métaux, qui participe à un autre mode de vie et peut-être à d'autres croyances. Jean-Pierre Mohen conclut : *« Un monde se termine. Les mégalithes ont été les expressions majeures de sociétés inventrices d'architectures sacrées ; ils étaient liés à la mort des ancêtres ou destinés à des pratiques rituelles réglées par la cosmologie. Ces deux fonctions, complémentaires, apparaissaient souvent dans un même monument, l'une d'elles pouvant être plus manifeste : les architectures fermées plus funéraires, les architectures ouvertes plus cosmologiques. Ces sociétés paysannes s'étaient sédentarisées autour d'un monument qui personnalisait le paysage et jouait le rôle marqueur du terroir. Certains mégalithes, certains ensembles avaient été vénérés et fréquentés pendant plus de deux millénaires ; et voici qu'ils étaient condamnés, détruits, abandonnés... Nul doute que la mort d'un ensemble de mégalithes représente, chaque fois, la fin d'un monde* (5). »

3. Les poypes

Les « poypes » sont des buttes de terre parfois de 15 à 20 m de haut. On les trouve principalement en Bresse, en Dombes et dans la plaine dauphinoise. Leur forme demeure généralement tronconique, mais la butte d'Ambrosay est pyramidale. L'une des plus volumineuses se situe à Villars-les-Dombes (Ain) : un château-fort y a été édifié au Moyen Age. On songe à des nécropoles, mais les fouilles n'ont rapporté aucun vestige. Leur sommet arasé peut faire songer à un observatoire ou à un autel à sacrifice. Charles Diot étudie les courants d'eau souterrains qui formeraient un quadrilatère orienté (6).

Les « tomelles » du département de la Marne sont également des buttes de terre où des rites funéraires ont laissé des traces ; la disparition de nombre d'entre elles rend toute étude malaisée.

4. Tumuli étrusques

Ces tumuli s'apparentent à des pyramides. Le tumulus de Cerveteri, situé près du port étrusque voisin de Rome, daterait du VIIIe ou VIIe siècle avant notre ère ; d'un diamètre de 48 m, six corridors donnent accès à des chambres considérées comme des mausolées. La Cucumella, célèbre tumulus étrusque de la région de Vulci, sur la rive gauche de la Fiora, a également une forme circulaire ; son sous-sol est parcouru par un inextricable labyrinthe et sa vaste salle souterraine n'a pas révélé son secret : si c'est là l'emplacement d'une tombe royale, rien n'y a été retrouvé. Les nécropoles étrusques forment l'un des ensembles funéraires des plus extraordinaires

5. Dans *le Monde des mégalithes* (p. 280).

6. Charles Diot : *Les Sourciers et les monuments mégalithiques* (Bourg, Berthod, 1933). Voir aussi d'Adolphe Landspurg : *Les Hauts-lieux d'énergie* (Editions du Rhin, 1992) où la correspondance entre l'eau et les mégalithes est bien établie.

avec leurs centaines de tombes profondément enterrées, aménagées en maisons où des banquettes permettent de se reposer ou de veiller le mort ; des fresques ornent les murs. Des banquets et des danses alternaient avec les lamentations et les chants funèbres. Dans une tombe de Tarquinia, une peinture représente un homme la tête enfouie dans un sac, se défendant avec un bâton contre un chien : on pense à des sacrifices humains car le sang des vaincus assurait la vie éternelle du défunt.

Mo-Ja : tombe villageoise en pierres sèches coraliennes. Autrefois, une seule tombe existait pour tous les membres d'un village. Actuellement, chaque famille possède la sienne (îles Ryukyu, Japon).

(Photo Thoru Ogawa ; musée de l'Homme.)

Dans l'Asie occidentale, près du temple principal d'Our, existe une tour massive à étages, la ziggourat ; un mamelon artificiel recouvre les ruines d'une ville hittite près de Hattousa.

On peut également songer aux rites funéraires pratiqués à Madagascar (dans les ethnies Mahafaly et Antandroy) où l'on trouve de grandes constructions de pierre de 10 à 15 m de côté, dont les parois s'ornent de fresques illustrant la vie du défunt ; sur ce tombeau sont dressés des poteaux sculptés.

5. Les Scythes

En Sibérie, les fouilles des kourganes ont révélé la justesse des propos de Hérodote qui a décrit les funérailles royales des Scythes. De même, Lucien a insisté sur ces coutumes du VIIe au IIIe siècle avant notre ère donnant lieu à immolation d'esclaves, de chevaux, de concubines. Les tombes tagares sont les plus nombreuses et cernent les deux rives de l'Ienisseï. Elles se présentaient sous forme de tumulus : celle d'Alexandropol (région du Dniepr), en terre noire, mesure 22 m de hauteur sur 320 m de diamètre, avec un soubassement de grosses pierres. Les chambres funéraires sont à l'aplomb du sommet du tertre, avec souvent plusieurs sépultures latérales ; de riches objets ont été retrouvés dans des caches ou des niches. Des pilleurs ont visité la plupart de ces kourganes, emportant les riches objets en or, cette région de l'Altaï possédant de grands gisements d'or. On a même dit que le feu aurait été employé pour la première fois par ces peuplades qui furent des plus anciennes du monde à travailler les métaux, et dont Thubalcaïn aurait été la divinité primitive. Par leur parfait état de conservation des corps, tapis, étoffes, graines et fourrages, les kourganes gelés de cette contrée ont permis de mieux pénétrer cette civilisation riche et prospère (7).

6. Les pyramides

Lorsqu'on parle de pyramides on songe plus spécialement à l'Egypte, plus particulièrement aux trois grandes pyramides dont celle de Chéops paraît la plus aboutie. Etablie sur une base d'environ 230 m de côté sur 140 m de hauteur, elle occupe cinq hectares ; on a évalué que le poids de ses pierres serait de sept millions de tonnes. Si l'on construit en modèle réduit (en bois ou en carton), une pyramide homologue, en orientant une de ses faces au nord magnétique, une matière animale placée sous cet ensemble se momifie en une dizaine de jours. On peut songer que la forme des pyramides provoque l'action d'ondes telluriques. La coupe ésotérique – le rapport du cercle au carré – avoisine souvent 2,618, nombre de l'homme d'où provient le nombre d'or, rapport que l'on trouve également dans la pyramide de Couhard (ou Kouhard), située près d'Autun et dont j'ai évoqué les travaux de l'architecte H. Guettard (8).

Des pyramides s'échelonnent sur 70 km parallèlement au Nil. Les soixante pyramides de pharaons et les vingt pyramides de reines ont été fouillées : on connaît en général les momies et les magnifiques trésors qui en ont été extraits.

La forme pyramidale à gradins se trouve au cairn de Barbenez où elle est esquissée (- 4700) et, d'une manière plus affirmée, dans les pyramides mexicaines et les premières pyramides égyptiennes. Celles-ci entraient dans un vaste complexe monumental ; c'est ainsi que la nécropole de Thèbes s'étendait sur 4 km de long sur 2 km de large.

7. On peut consulter les catalogues des expositions qui ont eu lieu à Paris, au Grand Palais : *L'Or des Scythes* (8 octobre-21 décembre 1975), *Avant les Scythes* (6 février-30 avril 1978), *Au pays de la Toison d'or* (17 avril-26 juillet 1982). L'ouvrage de Véronique Schiltz : *Histoire des Kourganes, la redécouverte de l'or des Scythes* (Gallimard, collection « Découvertes », n° 130, 1991) fournit également d'utiles renseignements.

8. Jean-Pierre Bayard : *La Symbolique du monde souterrain* (p. 90).

7. Le tombeau de la Chrétienne et le Médracen

Après les tumulus de l'époque des mégalithes et de ceux des Etrusques, il faut mentionner deux monuments funéraires très particuliers, antérieurs à la civilisation romaine.

A partir des relevés de son architecte Marcel Christofle, j'ai étudié le symbolisme du tombeau de la Chrétienne, monument situé à Tipasa près d'Alger (9). Sur une base carrée d'environ 63 m repose un énorme cylindre coiffé d'un dôme à gradins ; l'édifice mesure près de 61 m de diamètre et dépasse légèrement les 33 m de hauteur. Orné de soixante colonnes décorées, semble-t-il, de roses, de quatre fausses portes orientées aux quatre points cardinaux avec des motifs en forme de croix – ce qui lui a fait donner son nom – son couloir presque circulaire débouche à l'est, par une porte basse. Ce couloir de 140 m, tournant en sens inverse de la marche du soleil, possède cinq dalles-portes et un escalier de sept marches gardé par un lion et une lionne. Par ce couloir de 2 m de large, voûté en plein cintre, on aboutit à un caveau sensiblement central de 4 m sur 3 et d'une hauteur de

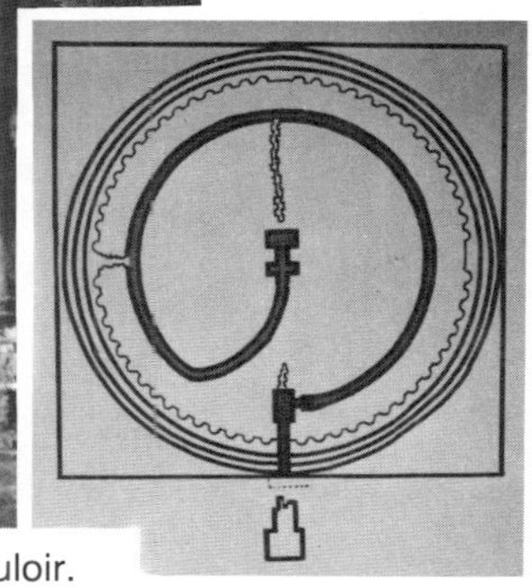

Le tombeau de la Chrétienne (près d'Alger) : vue extérieure avec plan et tracé du couloir.

9. Jean-Pierre Bayard : *La Symbolique du monde souterrain* (p. 92).

3,43 m, précédé par un très petit réduit. Ces salles sont voûtées en plein cintre et, bien que cet édifice paraisse fruste, toutes les pierres sont liées par des crampons taillés en double queue d'aronde (crampons en fer, en plomb ou en bois coulé au plomb). Les joints du dallage sont orientés nord-est et est-ouest.

Cet étrange monument orienté, avec ses treize assises de pierres, matérialise l'alliance du ciel et de la terre. Ce tombeau serait celui de Juba II, mort en 18 apr. J.-C. Mais il n'a rien été trouvé dans ce lieu qui me semble être un lieu initiatique : pour que notre foi s'établisse, il faut que le tombeau soit vide car nous dépassons tout lien historique ou matériel pour accéder à sa valeur spirituelle.

Le Médracen (situé dans la province de Constantine) a même allure que le tombeau de la Chrétienne, mais est plus tassé ; ce serait le tombeau de Micipsa, fils de Massinissa, roi des Numides de 146 à 118 av. J.-C. Haut de 18,5 m, son diamètre n'atteint que 12 m ; c'est également un cône à gradins et son cylindre est aussi décoré de colonnes. Son entrée, située à l'est, se trouve dissimulée par les pierres jointées du troisième gradin ; sa seule galerie rectiligne donne accès à une unique salle centrale de 3,30 x 1,45 m qui possède des vestiges de peintures murales ocres ; deux banquettes ornent cette pièce.

Dans la région du Tiaret se dressent treize tumulus pyramidaux élevés sur une base carrée dont le plus grand mesure 45 x 48 m ; on y retrouve les marques relevées sur le tumulus de Tipasa. Les couloirs de ces *djeddars* affectent la forme des labyrinthes. Jean Prieur commente d'autres mausolées à plan circulaire (10).

8. Tombes, mausolées et catacombes

Après avoir voulu conserver les corps près de soi (et même dans sa maison), après avoir placé les morts au centre du village (au milieu de l'activité des vivants), d'autres civilisations ont réalisé les cimetières en dehors des villes, par crainte des morts mais aussi pour des questions d'hygiène. La loi romaine dite « Douze Tables » interdit d'ensevelir ou de brûler aucun cadavre dans la cité. L'Eglise chrétienne désire que ses morts soient placés en terre sacrée, dans l'enclos de l'église. Dans l'église (sous le chœur, la chaire ou dans la crypte), des sépultures sont réservées aux ecclésiastiques et grands seigneurs, bien que divers conciles – du Vᵉ au IXᵉ siècle – portent interdiction d'enterrer dans l'église même, sauf les servants ecclésiastiques. Ces défenses

10. *La Mort dans l'Antiquité romaine* (p. 86 à 95).

doivent être renouvelées à Reims en 1581, puis à Bordeaux en 1583, car il est difficile de résister aux dons et aux offres de généreux bienfaiteurs...

Détail de la tête de Henri II, à la basilique de Saint-Denis (Seine-Saint-Denis).

(Photo J. Feuillié – C.N.M.H.S / S.P.A.D.E.M.)

La tombe, creusée en pleine terre, reçoit le cercueil ou l'urne contenant les cendres. L'espace manquant, l'entassement des corps devient nécessité : on créé des fosses communes. Chilpéric III ordonne que les corps placés en fosse commune soient séparés par une couche de terre, mais ce règlement n'est guère observé. La fosse rectangulaire remplace le puits funéraire, de plus grande profondeur (de 3 à 6 m), l'orifice circulaire n'ayant qu'un diamètre d'environ un mètre. Au-dessus du corps ou de ses cendres, on dispose les offrandes funéraires.

Mausolée musulman au Caire (Egypte).

(Photo Robillard ; musée de l'Homme.)

Lors des épidémies, les cimetières sont submergés : en un mois, environ 15 000 corps sont déposés lors de la peste de 1348, 50 000 durant les pestes de 1418 et 1466.

Les tombes à chambres peuvent être des **hypogées** (sous terre) ou des constructions en surface imitant les maisons : les hypogées étrusques sont de véritables demeures avec salles, couloirs et escaliers. L'hypogée, grotte artificielle creusée par l'homme en remplacement de la grotte naturelle, reçoit les sépultures depuis le néolithique. Les roches tendres de la Marne et de Provence se prêtent à de telles inhumations. Fernand Niel m'a précisé que les grottes funéraires de la vallée du Petit-Morin sont groupées dans le canton de Montmort, une à Courgeonnet et trois à Croizard (dont le Razet). Quelques couloirs d'accès en pente douce donnent accès à l'antichambre qui s'ouvre sur la chambre carrée ou rectangulaire ; les couloirs sont décorés à partir de la représentation de Déesses-mères ou, pour ces dernières grottes, d'un roi du monde souterrain gaulois : un homme vêtu d'une peau de loup, armé d'un maillet et accompagné d'un chien.

(Arch. phot. Paris / S.P.A.D.E.M.)

Ossuaire de l'église Saint-Sevrin, à Serrières (Ardèche).

Les Egyptiens enterrent leurs morts sur les bords du Nil, dans des hypogées. Dans les galeries de la montagne de Kaf sont réunies les images de soixante-dix empereurs, ou solimans.

Après l'hypogée ou la crypte, sépulture établie pour un petit nombre de personnes, les **catacombes** reçoivent un grand nombre d'individus. Strabon (Géor., XVII, 1) cite les catacombes païennes d'Alexandrie ; celles de Rome contiennent environ six millions d'êtres. Ces nécropoles importantes possèdent de longues galeries comme à Naples ou Syracuse ; le vaste réseau souterrain de Paris (de 285 km) a parfois plusieurs étages, tandis que la galerie s'élargissant forme une salle transformée en chapelle. Les morts reposent dans des niches allongées, creusées dans les parois, des *loculi*. Parfois, une plaque avec le nom du défunt en ferme l'entrée. D'ailleurs, dans certains cimetières – en particulier en Espagne – les corps ne sont pas enterrés mais déposés dans l'épaisseur d'un mur artificiel construit en surélévation.

(Photos Félix Nadar / Arch. phot. Paris / S.P.A.D.E.M.)

Deux vues des catacombes de Paris.

Carcopino a dépeint la basilique pythagoricienne de la Porte-Majeure découverte à Rome en 1917, monument funéraire de 8 m de long, avec trois nefs voûtées en berceau et une abside pour la nef centrale.

Quelques sépultures sont fermées par une dalle percée d'un trou, en général situé en partie haute ; on songe au trou de la hutte funéraire permettant, par sa communication terre-ciel, à l'âme de pouvoir s'évader plus facilement. Dans les mégalithes, la dalle percée n'est plus en partie haute mais au centre de la dalle-hublot qui barre le couloir d'accès à la chambre, donnant l'impression d'un trou d'homme horizontal qui, finalement, a même fonction car l'âme, en recherchant son corps afin de se fixer, peut aussi facilement en sortir qu'y entrer. Avec les mégalithes, ce « trou de l'âme » n'est-il pas réservé à une épreuve initiatique comme survivance du « trou de serpent », de l'utérus, par lequel il faut passer en rampant, en se faufilant avant de pouvoir pénétrer dans un nouveau milieu, le saint des saints, la chambre sacrée ?

Les catacombes, vastes cimetières souterrains, possèdent de nombreuses galeries. A Rome, une soixantaine de catacombes aux galeries superposées cheminent sur plus de 1 000 km. Les catacombes de Paris, anciennes carrières, sont également justement célèbres : des centaines de kilomètres de galeries taillées dans le sous-sol, avec l'ossuaire souterrain de Denfert-Rochereau matérialisé par un pavillon réalisé par Claude Nicolas Ledoux : six millions de squelettes provenant des anciens cimetières de Paris, notamment des Saints-Innocents. Transférés à partir de 1800, répartis sur une superficie d'un hectare, ils constituent la plus grande nécropole du monde (11).

Vue partielle du "Couloir des professions" dans les catacombes Cappuccini (Palerme, Italie).

11. René Suttel : *Catacombes et carrières de Paris* (Sedhacs, 1986).

De nombreuses autres villes possèdent d'importantes catacombes. Ces tombes – dans lesquelles sont enfermés des bijoux ou de riches dépôts – ont fait depuis toujours la convoitise des pilleurs qui ont ainsi troublé le repos des morts. Malédictions, protections multiples, appels au respect des cultes funéraires... rien ne peut empêcher l'activité des profanateurs. Que ce soit par cupidité ou par curiosité, on peut dire que le métier de pilleur a été un métier lucratif, principalement en Egypte. Michel Ragon note qu'au Moyen Age on s'emparait des sarcophages en pierre pour jeter les corps de ces païens et y placer des corps de chrétiens ; même des prélats ne dédaignaient pas ce réemploi !

Crypte mérovingienne de l'abbaye de Jouarre (Seine-et-Marne).

9. Stèles et monuments funéraires

Dans nos cimetières, la tombe peut rester sous forme d'un massif de terre, parfois avec un entourage, ou recevoir une pierre tombale, un produit en marbre, en granit, voire en béton de moins en moins personnalisé. Un ensemble industrialisé qui ne peut avoir de rapport avec les grands gisants du XIIe siècle, si remarquables à Saint-Denis et en bien des églises ; le chien y symbolise la fidélité, l'aigle et le lion le courage… une riche symbolique funéraire. Le « défunt priant » à genoux apparaît au XVIe siècle.

Chaque tombe, devenue familiale, est marquée par un signe distinctif qui situe les défunts par une inscription, un portrait, une épitaphe… Dans nos pays la croix latine est moins un signe de la mort qu'une preuve que le défunt est décédé en bon chrétien ; cette croix n'apparaît d'ailleurs qu'au XIIIe siècle et ne se généralise qu'aux XVIIe et XVIIIe siècles. Les croix d'Irlande ont un aspect monumental faisant songer à la civilisation celte. Les calvaires bretons ne datent que des XVIe et XVIIe siècles.

Aucun règlement ne concerne la tombe : le maire ne peut refuser que des monuments « contraires à la sécurité, au bon ordre, à la salubrité, à la décence ». La profondeur de la fosse et la hauteur de l'édifice ne sont pas

La frise du “Grand Cratère” de la tombe princière de Vix (Côte-d'Or).

limitées ; la place réservée est au minimum de 2 m². Les inscriptions sont également libres, à condition de ne pas compromettre l'ordre public.

Après la simple pierre dressée on distingue le *cippe* qui, de borne, est devenu une pierre funéraire de petite taille. La *colonne funéraire* est un cippe de grande dimension : c'est ainsi que la colonne Trajane atteint 40 m (100 pieds, d'où son nom de « colonne centenaire »). La *stèle* est soit un bloc de pierre irrégulier, soit une plaque surmontée d'un fronton triangulaire ou cintrée ; les stèles funéraires discoïdales du pays basque ont des motifs décoratifs et symboliques très particuliers. L'*autel* funéraire est une petite table avec couronnement sur laquelle peut reposer l'urne cinéraire. Il existe des monuments plus riches avec oratoires et caveaux somptueux.

Statues-menhirs anthropomorphes de l'époque chalcolithique (2000 av. J.-C. ; La Lombarde, Puyvert, Vaucluse).

Le *mausolée* est un riche monument de grandes dimensions ; il peut contenir les restes du défunt ou n'être qu'un monument commémoratif. Le *cénotaphe* est d'ailleurs un monument élevé uniquement à la mémoire d'une personne dont le corps repose ailleurs.

(photos Arch. phot. Paris / S.P.A.D.E.M.)

Stèle mortuaire punique (Asie Mineure).

Stèle hadrumète d'une colonie phénicienne d'Afrique (actuelle Tunisie).

Des *colombaires* ou *columbarium* existent principalement en Italie et en Espagne : des niches percées dans l'épaisseur d'un mur reçoivent cercueils ou urnes ; elles dérivent des tombes rupestres creusées dans la paroi verticale d'un rocher.

Au XIXe siècle naît la petite chapelle de cimetière avec une apparence d'autel et la présence de prie-Dieu ; souvent de style néogothique, aucun office n'y est célébré. On peut noter dans le cimetière de Hauterives (Drôme), la fabuleuse chapelle du facteur Cheval, celui-ci n'ayant pu obtenir l'autorisation de se faire enterrer dans son *Palais idéal*.

L'*arc funéraire* monumental, qui doit beaucoup aux Romains, est souvent dit « arc de triomphe » car il commémore principalement un grand événement guerrier ; des dédicaces mentionnent des chefs célèbres et même des niches peuvent en recevoir les dépouilles. Un bon exemple est celui de l'arc Campanus à Aix-les-Bains. L'arc de triomphe de l'Etoile, à Paris, honore, outre les batailles de Napoléon Ier, la mémoire du soldat inconnu symbolisée par une flamme entretenue chaque soir depuis le 11 novembre 1923.

La tombe du Soldat inconnu sous l'Arc de triomphe (Paris).

(Photo Longchamp-Delehaye – C.N.M.H.S. / S.P.A.D.E.M.)

10. L'enclos chrétien et le cimetière

La crémation n'est guère utilisée par les rites chrétiens primitifs qui donnent toute son importance à l'inhumation. L'église ainsi que l'enclos qui délimite son espace sont des lieux saints : y être enterré revient à reposer en terre sainte ; le temple, symboliquement construit en un centre du monde, sanctifie ce lieu. Le corps ainsi enterré bénéficie de bienfaits éternels. Dans le cas d'un espace réduit, on ne place que la tête du défunt, la partie noble de l'individu, celle qui résiste à la putréfaction. La Bretagne a conservé de très nombreux crânes.

Afin de bénéficier des grâces divines, on cherche à se faire enterrer dans l'église, sous le chœur ou dans la crypte : martyrs, saints, rois, princes, évêques ou grands du royaume bénéficient de ces lieux sacrés. François Lebrun rapporte que le 10 mars 1776, Louis XVI signe une déclaration concernant ces inhumations. L'article 1er stipule que « *nulle personne, ecclésiastique ou laïque, de quelque qualité, état et dignité qu'elle puisse être, à l'exception des archevêques, évêques, curés, patrons des églises et hauts justiciers et fondateurs des chapelles, ne pourra être enterrée dans les églises, même dans les chapelles publiques ou particulières* ». L'article 7 mentionne que « *les cimetières, qui placés dans l'enceinte des habitations pourraient nuire à la salubrité de l'air, seront portés autant que*

L'enclos breton a aussi permis l'édification de remarquables calvaires qui donnent lieu à des pardons toujours fort observés. *Gauche :* Tronoen (1450) – *Droite :* Pleyben (XVIe siècle).

les circonstances le permettront hors de ladite enceinte (p. 353) ». On continue cependant d'enterrer au Panthéon et aux Invalides ! La basilique de Saint-Denis – devenue cathédrale – conserve les dépouilles de nos rois défunts.

On revient cependant aux lois romaines qui interdisaient les inhumations dans l'enceinte des villes. Plutarque rapporte que les Publicola, illustre famille romaine, avaient le privilège d'être enterrés, aux frais de l'Etat, dans le même caveau ; ayant renoncé à cet honneur, tout descendant de cette famille se faisait enterrer hors de la ville, mais passait par le tombeau de ses ancêtres où était disposée une torche enflammée attestant que le défunt aurait pu être enterré en ce lieu.

Ce n'est qu'à la fin du XVIIe siècle que les cimetières sont clos, afin d'empêcher que les animaux y paissent, que les chemins le traversent, qu'on y joue aux boules, qu'on s'y livre à la prostitution ou qu'on y place un marché. Il ne faut pas voir dans ces anciennes coutumes une marque d'irrespect, mais plus sûrement le désir d'un contact permanent entre morts et vivants. On craint aussi le vol lucratif des cadavres qui servent aux étudiants en médecine. Mais le cimetière est aussi lieu d'asile (12) et certains s'y instal-

12. Sur le droit d'asile, lire d'Elisabeth Zadora-Rio : *L'Eglise, le terroir* (C.N.R.S., 1990, p. 11) et H. Vallon : *Le Droit d'asile* (Paris, 1837).

lent, en font leur demeure. Philippe Auguste fait clore les Saints-Innocents en 1186 (13). Le décret du 5 janvier 1921 prescrit que les cimetières seront ceints d'un mur d'au moins 1,50 m de hauteur ; dans le cas d'une clôture grillagée, un écran d'arbustes à feuilles persistantes doit nettement séparer le domaine des morts de celui des vivants.

L'Eglise catholique romaine refuse d'enterrer les hérétiques avec les chrétiens. Protestants et israélites ont leurs cimetières séparés, de même que les excommuniés, suicidés, comédiens et enfants morts sans baptême.

Les cimetières, lieu du repos et de calme, avec leurs belles plantations – surtout de cyprès dans les régions méditerranéennes et en Allemagne – deviennent un but de promenade agréable. Pour leur aménagement on compte 4 à 5 m^2 par sépulture, soit plus du double de la surface de la tombe. Cependant, aux XVIIe et XVIIIe siècles l'Eglise fit prendre un décret par le Parlement de Paris (21 mai 1765) interdisant toute plantation d'arbres ou arbrisseaux, cette végétation étant considérée comme gênant la circulation de l'air (14). Le Père-Lachaise, un des cimetières les plus réputés, avec ses

Cimetière du Père-Lachaise (Paris) : sépulture grandiose de la famille Schikler.

(Photo Longchamp-Delehaye – C.N.M.H.S. / S.P.A.D.E.M.)

13. Michel Ragon, *op. cit.* (p. 161).

14. Michel Ragon, *op. cit.* (p. 130). On peut noter l'ingenierie funéraire E.D.I.L. (20, av. René-Cassin, 69009 Lyon ; tél. : 72-20-00-30) qui procède à toute étude sur les cimetières et monuments funéraires, allant des caveaux, enfeus, ossuaires, à l'ornementation générale.

12 000 arbres, ses étonnantes tombes aux noms célèbres, possède de remarquables monuments conçus par de grands sculpteurs comme David d'Angers ou Rude au cimetière de Montmartre (15), de Brancusi ou de Paul Laurens au cimetière Montparnasse.

(Photo E. Revault – C.N.M.H.S. / S.P.A.D.E.M.)

Cimetière Saint-Pierre à Marseille : la tombe "le Baiser".

Je songe aussi à l'épitaphe de Scarron (1610-1660), notre bon maître du burlesque, l'époux de Françoise d'Aubigné qui devait devenir Mme de Maintenon (1639-1699) et l'épouse de Louis XIV ; l'auteur du *Roman comique* écrit ainsi :

« *Celui qu'ici maintenant dort*
Fit plus de pitié que d'envie,
Et souffrit mille fois la mort,
Avant que de perdre la vie.
Passant, ne fais ici de bruit,
Garde bien que tu ne l'éveilles :
Car voici la première nuit
Que le pauvre Scarron sommeille. »

15. Marcel Le Clere : *Cimetières et sépultures de Paris* (« Guides bleus »). Michel Dansel : *Au Père-Lachaise* (Fayard) et *les Cimetières de Paris* (Denoël). Pierre Mariel : *Guide pittoresque et occulte des cimetières parisiens* (La Table ronde).

Ne faut-il pas évoquer la nécropole de la cathédrale Saint-Denis où nos Rois Très Chrétiens ont leur sépulture ? Des tombeaux, véritables œuvres d'art, dans un immense caveau de famille. Cependant ces tombes ont été profanées, brisées lors de la Révolution française, puis heureusement restaurées par Viollet-le-Duc. Il faut aussi songer à la chapelle expiatoire du square Louis XVI (16), monument établi par Louis XVIII à la mémoire de son frère et de sa belle-sœur (17).

Tombeau de Louis XII et de Anne de Bretagne (basilique Saint-Denis, Seine-Saint-Denis).

Photo B. Acloque – C.N.M.H.S. / S.P.A.D.E.M.)

Au « cimetière » des Invalides, autour du corps embaumé de Napoléon Ier (ramené de Sainte-Hélène en 1840), dorment l'Aiglon (depuis 1940), les frères de l'Empereur, ses maréchaux mais aussi Rouget de Lisle, Lyautey et bien d'autres maréchaux pour aboutir à Leclerc et Juin. Au Panthéon reposent les hommes les plus illustres…

16. 36, rue Pasquier, 75008 Paris.
17. Jean-Marie Darnis : *Les Monuments expiatoires du supplice de Louis XVI et de Marie-Antoinette, sous l'Empire et la Restauration, 1812-1830* (Union parisienne d'Imprimeries, 1981).

(Photo E. Revault – C.N.M.H.S. / S.P.A.D.E.M.)

Cimetière de Morne-à-l'Eau (Guadeloupe), où toutes les tombes sont en harmonie de damiers noir et blanc.

(Photo musée de l'Homme.)

Cimetière copte égyptien.

Cimetère musulman près des pyramides de Guizèh (Egypte).

Photo Robillard ; musée de l'Homme.)

Cimetère musulman près des pyramides de Guizèh (Egypte).

(Photo musée de l'Homme.)

De grands cimetières entourent les villes importantes et deviennent insuffisants ; aux concessions perpétuelles il faut ajouter, depuis 1848, l'obligation de conserver pendant cinq ans, dans les fosses communes, les indigents enterrés gratuitement. Michel Ragon rapporte avec force détails la position de Napoléon III qui interdisait la superposition des cercueils d'indigents alors que Haussmann, cherchant des terrains, envisageait en 1864 un vaste cimetière près de Pontoise (à Méry), le reliant par une voie ferrée réservée aux convois mortuaires à ses trois gares spécialement aménagées (18). Après des interpellations à la Chambre des députés, au Sénat et à la Cour de cassation, le projet du cimetière de Méry fut ajourné le 10 mars 1869. Alors, songeons à la crémation qui économise les terrains !

Chacun a aussi la faculté de se faire enterrer dans son propre jardin, à condition que celui-ci soit à plus de 35 m des limites de l'agglomération et qu'il y ait autorisation du maire. Si la propriété change de famille, les acquéreurs ne peuvent déplacer cette tombe d'un accès perpétuel.

Après nos deux dernières guerres, les cimetières militaires, avec leurs alignements hallucinants et uniformes, d'une propreté méticuleuse, nous laissent dans la perplexité d'un drame collectif.

Haïti honore ses morts qui réclament d'ailleurs des soins attentifs ; les invisibles aiment être visités, surtout les lundis et vendredis. Les paysannes en robe noir de deuil et foulard blanc, après avoir stationné devant la Grande Croix, une bougie allumée aux pieds du baron Samedi, font leurs dévotions sur les tombes de leurs parents. On peut prier dans n'importe quel cimetière pour le repos de ses parents, à condition d'avoir une bougie allumée en main. Cependant, le père François Brune écrit : « *Tous les cimetières sont vides. On ne le répétera jamais assez. Plus précisément, les tombes ne contiennent que de vieux vêtements en cours de décomposition. Vieux vêtements d'étoffe et vieux vêtements de chair. Infiniment respectables sans doute puisqu'ils ont été les derniers vêtements de ceux que nous aimons. Mais eux sont ailleurs. Sous ces dalles ne gît personne, ne repose personne* (19). »

11. Tours funéraires et lanternes des morts

Dans les tours persanes, ou « tours du silence » (les *dokhmans* des Parsis), on entassait les cadavres : trois enceintes concentriques avec, à la base, des plans inclinés permettant l'écoulement des liquides. Les vautours dévoraient

18. Michel Ragon, *op. cit.* (p. 277 à 286).
19. *Les morts nous parlent* (Le Félin ; p. 79).

Diverses formes de lanternes des morts.

ces chairs et, après un an, les os exposés aux rayons du soleil et ainsi nettoyés étaient recueillis puis placés dans un ossuaire.

Dans l'iconographie sculptée des sarcophages figurent des torches renversées : la flamme s'éteint comme celle de la vie corporelle. L'abbé Auber regrette cette représentation, car la flamme devrait au contraire s'élever plus haute et plus vive puisque l'âme peut enfin acquérir sa véritable dimension, délivrée du poids du corps (20).

A l'image du phare qui indique la direction ou l'approche de la terre, les lanternes des morts précisent le lieu du repos éternel. Peut-être que la flamme entretenue au sommet de ce petit édifice (la Lanterne des morts), que l'on trouve encore dans le Poitou, l'Auvergne, le Limousin et en Provence, est l'ultime honneur rendu au mort ? Ces édifices construits aux XIIe et XIIIe siècles de notre ère, de section carrée, octogonale ou ronde, de 5 à 20 m de hauteur, possèdent souvent à un étage une pierre d'autel, située à hauteur d'homme, face au levant, permettant à un prêtre d'officier (21).

Cette lumière constante, provenant de l'huile du sanctuaire, oblige les vivants à songer à leurs ancêtres aussi bien de jour que de nuit. A la fois prière et exorcisme, cette flamme symbolise la vie éternelle. Nous la retrou-

20. Abbé Auber : *Histoire et théorie du symbolisme religieux* (I, 199).

21. Camille Enlart : *Manuel d'archéologie française* (Picard, 1929). J.-P. Bayard : *La Tradition cachée des cathédrales* où je cite, p. 125, quelques monuments.

vons sur la tombe du Soldat inconnu située sous l'arc de triomphe (Paris) : chaque jour, par une cérémonie militaire on ranime cette flamme, espoir de l'homme du XXe siècle encore épris d'idéalisme et honorant le sacré. La mémoire de Maurice Barrès est honorée par une lanterne des morts construite en 1928 à Sion-Vaudémont, reproduisant le modèle de la lanterne de Fenioux (XIIe siècle) située non loin de Saint-Jean-d'Angély.

Quelques familles ont voulu dernièrement reconstituer une lanterne des morts sur leur sépulture, mais elles n'ont conservé que la forme extérieure en omettant tout éclairage qui caractérise cependant l'esprit de ces constructions. Par contre, un de mes amis a fait élever, dans le cimetière de Saint-Martin-du-Bois (Maine-et-Loire), une petite lanterne des morts, d'environ 1,20 m de haut, en suivant les proportions de la lanterne de Ciron (Indre) dont l'élévation et la coupe figurent dans le *Dictionnaire de l'architecture* de Viollet-le-Duc (22). Cette lanterne moderne repose sur une grosse dalle d'ardoise et contiendra l'urne funéraire du futur crématiste ; la flamme est alimentée jour et nuit par une bouteille de gaz disposée à l'intérieur du fût de la lanterne. Voici un exemple intéressant, respectant la pensée traditionnelle, qui donnera peut-être le goût à quelques municipalités de renouer avec l'architecture en créant des grands monuments communaux honorant les disparus.

Gauche : lanterne des morts du XVe siècle aux Moutiers-en-Retz (Loire-Atlantique).
Droite : lanterne des morts de la famille François (1992) au cimetière de Saint-Martin-du-Bois (Maine-et-Loire).

(Photo E. Revault – C.N.M.H.S. / S.P.A.D.E.M.)

Lanterne funéraire de Saint-Genou (36), du XIIe siècle.

22. T. VI, p. 159.

12. Monuments aux morts

On ne peut omettre les monuments aux morts érigés dans toutes les communes de France après 1918. On y honore les soldats morts au champ d'honneur durant nos deux dernières guerres mondiales avec, parfois, un rappel de ceux tués durant la guerre de 1870. Les noms sont inscrits en général sur un piédestal avec leur rôle de combattants ; souvent, quelques phrases expriment les sentiments de reconnaissance de la commune et de la patrie envers ces héros qui ont voulu défendre l'intégrité du sol français. Parfois la souffrance des civils – et plus particulièrement des femmes – y est évoquée ; on y discerne la ferveur religieuse mais aussi la haine de la guerre. Chaque année une gerbe y est déposée par les offices de la municipalité avec le concours d'anciens combattants et d'officiers d'active ou de réserve revêtus de leur uniforme ; des sonneries militaires réveillent la foi patriotique (23).

Chaque commune, dans un grand élan généreux a voulu glorifier le sacrifice de ses enfants et l'on a acheté sur catalogue une des œuvres qui, il faut bien le dire, n'embellissent pas toujours nos places publiques. Des albums montrent l'indigence de ces sculptures et je me souviens de celui du peintre Berthommé Saint-André. Cependant, certaines communes ont érigé une simple dalle découpée avec goût, ou ont placé un petit menhir, rejoignant ainsi une origine beaucoup plus lointaine en rapport avec les calvaires ; d'autres ont fait appel à des sculpteurs de renom, tels Bourdelle ou Maillol. Quelques rares cimetières militaires, comme celui de la Pierre-Levée à Poitiers, ont édifié une lanterne avec une flamme brûlant constamment. On peut aussi considérer l'arc de triomphe de Paris comme le plus important de ces monuments qui, très curieusement, ont su cristalliser un culte laïc honoré dans toute la France.

Notons encore la colonne de la place de la Bastille (Paris), où le « Génie de la Liberté » (élevé à 50 m par le sculpteur Dumont) domine le socle où dorment les 509 victimes de la révolution de 1830 et les 196 morts des journées de février 1848.

Dans l'expression d'une mémoire collective, les grands cimetières – tant français qu'étrangers – ainsi que des plaques aux coins de rues ou sur la façade d'une maison honorent également ces valeurs militaires, scientifiques ou artistiques de nos grands concitoyens. Les obsèques nationales tendent à disparaître et n'ont plus l'importance de celles de Victor Hugo. Nous avons vu que des gisants aux remarquables sculptures faisaient encore l'admiration des touristes qui, ainsi, retrouvaient l'histoire de leur pays et un moment de

23. Voir Frazer et Addison.

La lame XIII du tarot de Marseille : la Mort.

la vie de ces illustres personnages. Mais, comme je l'ai noté, des tableaux (figurations des danses macabres), des transis aux corps rongés par les vers (œuvres d'art d'une intense émotion) embellissent églises et musées. Et même en jouant aux cartes, l'arcane XIII du tarot – la seule lame qui ne porte pas de nom mais que l'on nomme la Mort – vous permettra de franchir un seuil (24). Mais attention : nommer c'est créer, donner existence.

François Grégoire a montré en quelques mots, comment le thème de la mort a imprégné notre vie quotidienne et, par là, tous nos arts (25).

13. Des monuments de la foi

Pourquoi construire ces édifices grandioses qui veulent défier le temps ? Y a-t-il des raisons justifiant une telle dépense de main d'œuvre et d'argent ? Comment de tels travaux ont-ils pu être menés à terme ?

La civilisation celtique n'a pas réalisé les mégalithes qui appartiennent à une civilisation beaucoup plus ancienne (- 6000 à - 1500) ; les Celtes, dont la civilisation débute vers - 1500, se sont installés 800 ans avant notre ère en Bretagne, 200 ans av. J.-C. dans les îles Britanniques, mais le clergé celtique s'est servi de ces constructions et il est probable que le peuple est resté très attaché au culte précédent.

Ces constructions ont été érigées grâce à la foi et à l'enthousiasme de toute une tribu. Il se peut que des bœufs aient été utilisés par couples, ou même avec des attelages plus complexes, mais la main d'œuvre humaine a été la plus efficace. La liturgie a cimenté la dévotion et le travail des hommes. Cet ensemble extraordinaire de pierres et d'alignements caractérise des lieux sacrés, peut-être autant visités que le sont ceux de nos pèlerinages chrétiens. Le culte des reliques a sans doute toujours prévalu à chaque époque.

On peut alors comprendre pourquoi ces énormes tumulus ne renferment qu'un nombre limité de corps ; ce ne seraient plus seulement des nécropoles, mais des sanctuaires honorant des personnages très particuliers. Quelques dolmens abritent des sépultures collectives et sans doute des corps en ont-ils été retirés pour être replacés dans un autre lieu, principalement dans des grottes. Mais cela nécessitait la réouverture du tumulus, tâche compliquée qui était presque une profanation en raison du caractère sacré indiqué par le nombre limité des défunts, la situation du tertre (hauteur, orientation), le soin apporté à sa construction en pierre éternelle réservée pour les dieux alors que les habitations, simples et élémentaires, n'étaient qu'en bois,

24. Jean-Pierre Bayard : *La Pratique du tarot* (Dangles, 1987 ; p. 209 à 219).
25. François Grégoire : *L'Au-delà* (« Que Sais-je ? » n° 725 ; p. 110).

en matériaux putrescibles, comme la vie des hommes. Tout nous permet de penser que nous nous trouvons devant de véritables temples. Nous n'y trouvons que peu de corps, mais ne savons-nous pas qu'il faut que le tombeau soit vide si on veut situer le culte dans sa conception la plus élevée ? Le tombeau de la Chrétienne, malgré son nom, n'a révélé aucune inhumation (26). Au-delà d'une pensée matérielle consistant à honorer un corps périssable, on se rallie à ce qui est immatériel, aux valeurs spirituelles les plus subtiles. La sépulture de Jésus-Christ ne peut renfermer un squelette : ainsi naît le culte.

Les corps mêlés, déposés dans des « maisons des morts », constructions en bois, ne bénéficient que de rites secondaires, avec des dépôts d'offrandes individuelles alors que, sous les dolmens, les offrandes ont un caractère collectif : toute une communauté honore un ancêtre.

Tous les monuments funéraires ont des caractères communs, une architecture bien élaborée qui honore le mystère de la mort et de la résurrection.

Intérieur du tumulus de Barnenez (Finistère).

(Photo B. Acloque – C.N.M.H.S. / S.P.A.D.E.M.)

26. J'ai évoqué son symbolisme dans *la Symbolique du monde souterrain.*

La Bretagne possède un grand nombre de tertres car cette terre qui s'enfonce dans la mer, à l'extrémité du continent où le soleil se couche, est bien la patrie des morts ; elle est le lieu d'embarquement des défunts vers l'au-delà, où se situe l'étrange île d'Avallon. Toutes les traditions funéraires évoquent l'ouest et, plus tardivement, les Egyptiens dirigeront leurs morts vers ce lieu sacré. C'est là que se construisent les temples dont la fonction cérémonielle doit défier le temps. Ainsi les mégalithes – qui ont pu paraître des monuments élémentaires, grossiers et primitifs – deviennent-ils les marques d'une architecture authentique dont l'orientation montre l'attachement à une spiritualité consciente.

Le tertre mégalithique ne nous a pas encore révélé toute sa richesse ; il reste énigmatique et présent sur une terre sacrée.

14. Les offrandes

Offrir est un don, c'est remettre une part de soi. Il y a participation entre celui qui donne et celui qui reçoit. Par l'offrande offerte sur la tombe, on établit un lien entre les vivants et les morts. Comme le remarque Etienne Patte (27), *« il n'y a guère de sépultures où l'on ne trouve des objets »* et, après Frazer, il cite l'exemple des îles Pelew et Timor, où *« on enterre un tronc de bananier contre la poitrine d'une jeune mère pour que celle-ci, croyant tenir son enfant, ne vienne pas réclamer ce dernier et importuner le village »*.

Des crânes séparés du tronc, des crânes trépanés, des os longs sont parfois réunis et font songer à notre culte des reliques, si vénéré aux XIIe et XIIIe siècles.

A chaque époque on a déposé nourritures et boissons, armes et ornements ; ce sont des haches, des marteaux et des poignards en silex, des anneaux, des colliers, des anneaux-disques, des poteries... Les haches miniatures en fibrolithe marbré ne mesurent que de 2 à 10 cm, mais les haches « carnacéennes » atteignent 46 cm (souvent en jadéite verte) ; tous ces instruments ont été exécutés pour embellir la tombe et n'ont jamais été employés. Aux pendeloques réalisées à partir de coquillages, de dents, d'incisives de bovidés, de chiens ou d'ours succèdent celles en roche verte, la *variscite* autrefois nommée *callaïs,* l'ambre étant aussi une matière très recherchée. Les offrandes en métal apparaissent vers le milieu du IIIe millénaire, comme les objets usuels alênes et épingles qui ont dû servir à maintenir l'habillement du mort. Les vases « campaniformes » datent d'environ

27. Etienne Patte : *Les Hommes préhistoriques et la religion* (p. 20).

Banquet funèbre gravé sur une stèle funéraire macédonienne.

Arch. phot. Paris / S.P.A.D.E.M.

- 2300 ; vers 2000 av. J.-C. l'or et le cuivre se répandent, ainsi que la céramique avec des formes inventives et des décors géométriques très particuliers (28) ; l'usage des « coupes à socle » reste méconnu.

On pense que des fleurs étaient souvent déposées dans ces tombes, mais celles-ci se sont résorbées. On a été étonné d'en découvrir à l'époque des néandertaliens. Lors des fouilles de Raiph Solecki, en 1951 à Shanidar sur les monts du Baradost (Irak), on a découvert le corps d'un néandertalien mal formé qui avait dû être à la charge de ses proches. Les défunts ont été enterrés sur un lit de fleurs. Les usages ne varient pas et ces hommes, que l'on a longtemps voulu comparer à des bêtes, avaient une sensibilité bien semblable à la nôtre : ils défendaient et soignaient les leurs avec dévouement, leur donnant des sépultures où les fleurs n'étaient pas absentes.

Les offrandes les plus caractéristiques sont cependant les sacrifices librement consentis, l'immolation des veuves et des esclaves appartenant au défunt, en général un personnage important qui ne peut se rendre au pays des morts qu'accompagné de sa suite : une coutume universelle, pratiquée en dehors de l'Orient (29). On immole également le cheval ou les animaux

28. Jacques Briard : *Mythes et symboles de l'Europe préceltique, 2500-900 av. J.-C.* (Errance, 1987).

29. Voir Frazer et Addison.

préférés du chef. A l'inverse, la mort de la femme n'entraîne pas un sacrifice d'homme.

Nos offrandes se font au moyen de fleurs, une industrie florissante aux Rameaux et principalement à la Toussaint avec sa vente des chrysanthèmes. Comme dans l'Antiquité, les couronnes ornent les corbillards et peu de convois mortuaires sont « sans fleur ni couronne ». Ces fleurs disposées sur les tombes sont fort proches – dans leur esprit de vouloir honorer et servir le défunt – de la nourriture que l'on place sur d'autres sépultures.

15. De l'hôpital à la morgue

L'hôpital, créé pour soigner, répugne à devenir le lieu où l'on vient mourir. Les appartements ainsi que les conditions de vie dans les grandes villes ne permettent plus de garder chez soi des personnes au seuil de la mort. Les maisons de retraite n'y sont pas plus préparées.

A l'hôpital on place le mourant dans une pièce séparée, ou on le masque par des paravents, ce qui ne peut ni rassurer les autres malades, ni celui qui s'observe et reste angoissé. On ne meurt plus au milieu de la famille et de ses amis. Plus aucune trace de douceur.

La morgue a aussi bien évolué et ne correspond plus aux descriptions littéraires ; des armoires frigorifiques contiennent les restes rigides d'un être que l'on ne reconnaît plus. Nos rites perdent leur humanisme...

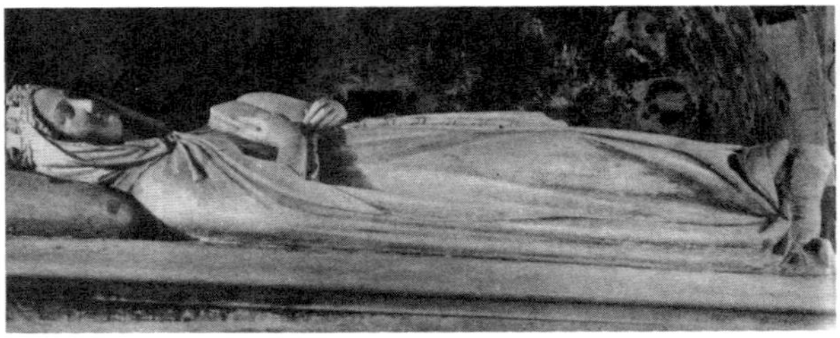

Statue gisante de Sainte-Ozanne, dans la crypte mérovingienne de l'abbaye de Jouarre (Seine-et-Marne).

QUATRIEME PARTIE

Du culte de l'âme

CHAPITRE XI

L'au-delà et la survie

« Tu veux savoir où tu iras après ta mort ?
Là où sont les hommes avant de naître. »
Sénèque.

1. Le monde d'outre-tombe

A la mort d'un être, deux conceptions s'affrontent :

– Tout disparaît, sans la moindre possibilité de survie, le corps redevenant poussière et l'âme se dissolvant dans le monde cosmique.

– Mais on peut aussi envisager qu'avec la mort corporelle, l'âme – qui existe substantiellement – est libérée pour entreprendre une autre existence.

Cicéron dit de même : « *Il y a des gens qui estiment que la mort, c'est la séparation de l'âme d'avec le corps ; il s'en trouve pour soutenir qu'il ne se produit point du tout de séparation, mais que l'âme et le corps périssent ensemble et que l'âme s'éteint dans le corps. Parmi les partisans de la séparation de l'âme, les uns veulent qu'elle se dissipe aussitôt, d'autres qu'elle subsiste longtemps, d'autres qu'elle subsiste toujours.* » Tous les auteurs reflètent une grande perplexité entre ces deux conceptions, mais n'envisager que la matière, c'est oublier toute une part de nous-même, cette énergie subtile qui nous anime (1).

Dans la plupart des civilisations, il existe un au-delà où les « ombres » se réfugient ; cette patrie des trépassés ressemble étrangement au monde des vivants, mais le séjour y est plus agréable avec une vie éternelle. Les pythagoriciens admettent la transmigration des âmes : le cycle des existences est ainsi éternel.

Cet au-delà, situé à l'ouest comme l'indique *le Livre des morts,* peut être souterrain, aérien, fixé dans une île parfois nommée Avallon ou « l'île des pommiers » ; dans les « îles vertes » les âmes justes atteignent le Paradis, lieu

1. Hélène Renard : *L'Après-vie* (Philippe Lebaud).

de leur première naissance. La civilisation celtique et les légendes médiévales recherchent ce centre immuable ; naissent ainsi les navigations les plus audacieuses, dont celle de saint Brendan (2).

Mais d'après l'ancienne tradition nordique, le lieu où séjournent les morts se trouve à l'extrême nord, au mystérieux centre Thulé ; il est aussi au sommet du ciel. Le Schéol des Hébreux, citadelle ceinte de murs aux portes verrouillées, est établi en haut ou dans les flancs d'une montagne ; les portes sont gardées par des animaux fabuleux qu'il faut vaincre.

« L'importance fondamentale du Soleil dans l'économie générale de notre monde étant bien établie, on ne sera plus surpris de nous voir placer dans ce radieux et sublime séjour les âmes humaines venues de la Terre, et successivement épurées, perfectionnée par la longue série de leurs multiples incarnations au sein des espaces interplanétaires. » Ainsi s'exprime Louis Figuier en 1894 (3) ; au cours de deux chapitres l'auteur mêle à ses connaissances scientifiques d'alors son attrait pour la spiritualité et la pérégrination des âmes : le soleil ne serait peut-être « qu'une agrégation d'âmes » venues de toutes les planètes, ses rayons les émanations de leur esprit. René Guénon fait du symbolisme du soleil celui de la mort.

Déjà en 1728, Swinden, docteur en théologie et curé de la paroisse de Cuxton (province de Kent, Angleterre), s'était intéressé plus spécialement au soleil et en avait fait le lieu de l'enfer puisqu'il y a là éternelle combustion (4).

Quel que soit le lieu géographique, les très nombreuses légendes enseignent que l'âme voyage dangereusement : les vivants doivent apporter réconfort, moyens matériels comme nourriture, armes, outils, vêtements ou amulettes. Du temps de notre existence terrestre nous avons appris à prier, à nous munir de formules magiques, de mots de passe permettant de franchir les obstacles, mais nous avons pu oublier ces leçons. On établit *le Guide du voyageur dans l'autre monde* (5), qui a été commenté par Maspéro.

La durée du voyage y est même évoquée : en Afrique on parle de 75 jours ; les Lapons pensent souvent à trois semaines, d'autres à trois ans. Aussi donne-t-on de l'argent au mort afin qu'il puisse payer sa traversée mais, au Japon, cet argent est remis à la vieille femme qui a pour mission de suivre l'évolution de l'âme.

2. Jean-Pierre Bayard : *La Légende de saint Brendan.*
3. *Le Lendemain de la mort* (p. 153 à 186).
4. *Recherches sur la nature du feu de l'enfer et du lieu où il est situé.* Ce livre a été publié à Amsterdam, d'après la traduction de M. Bion, ministre de l'Eglise anglicane. J'ai rapporté, dans *la Symbolique du feu* (p. 166 à 171), cette pensée sur le lieu de l'éternelle souffrance.
5. G. Maspéro : *Etudes de mythologie et d'archéologie*, t. II (p. 163).

2. L'enfer

L'Eglise catholique romaine enseigne que les châtiments éternels de l'enfer sont réservés à ceux qui ont péché, le paradis recevant ceux qui ont été bons ou qui ont pu passer par le Purgatoire. Les sermons ont dépeint les scènes de souffrances éternelles et les artistes se sont inspirés des textes sacrés pour représenter ce feu qui brûle sans consumer, car les flammes sont ici incandescentes, immatérielles.

Je songe aux créations de Stefan Lochner, à l'*Enfer* de Jérôme Bosch, à Valdès Léal, Mathias Grünewald, Giotto, Fra Angelico... artistes souvent inspirés par les écrits de Dante (6).

Détail du *Paradis terrestre* de Jérôme Bosch.

Détail de *l'Enfer du musicien* de Jérôme Bosch.

6. Sur les feux de l'enfer, voir Jean-Pierre Bayard : *La Symbolique du feu* (p. 165).

3. L'au-delà

Nos recherches scientifiques actuelles permettent d'affirmer que l'univers concret s'étend bien au-delà de notre monde matériel. Malgré un certain discrédit jeté sur les travaux du docteur J.B. Rhine et de son épouse, diverses recherches du laboratoire de psychologie de l'Université Duke permettent de pressentir d'étonnantes perspectives qui rejoignent celles de la métapsychique avec Carington. Avec la relativité d'Einstein, à partir de la mécanique quantique de Max Planck et des principes d'incertitude d'Heisenberg, nous débouchons dans la représentation d'un autre univers, un monde jusque-là méconnu. D'autres savants, tels Niels Bohr ou Louis de Broglie, parlent d'une nouvelle approche de la matière ; naissent des conceptions révolutionnaires sur l'espace, le temps, dans un univers chargé d'intelligence. Le hasard n'est plus admis mais on étudie le supranormal, la télépathie, à partir de la loi des nombres, de l'association des idées ; on puise dans le subconscient. Ces nouvelles conceptions, qui ont pour cadre un champ unitaire, ne diffèrent guère de la pensée de nos ancêtres qui, par d'autres moyens d'investigations, unissaient actes et pensée métaphysique ; le sacré submergeait alors la vie domestique. Les sépultures, avec leur orientation, leurs offrandes et leurs rites prouvent que l'homme a considéré que la mort n'était qu'une étape dans l'existence humaine, qu'un au-delà existait.

Notre intérêt pour tout ce qui est insolite permet la publication de nombreux ouvrages qui commentent avec « certitude » – celle de l'auteur – les sujets les plus mystérieux et sur lesquels nous ne pouvons avoir de réponse ; l'outre-tombe imprègne notre vie quotidienne.

4. Communication avec les morts

Communiquer avec nos morts ! Savoir ce qui se passe au-delà de ce rideau épais, s'il existe un autre monde et comment nos parents, nos amis s'y trouvent… Un vieux rêve que la nécromancie n'a su nous dévoiler !

Le plus souvent, lorsqu'on évoque de telles communications on pense à une plaisanterie si ce n'est à l'œuvre du diable. La Bible est fort sévère à l'égard de ceux qui invoquent les morts : des abominations créées par des peuples idolâtres. Le roi Saül consulte cependant la célèbre pythonisse d'Endor afin de recueillir les conseils de Samuel qui, d'ailleurs, l'éconduit (7). Agrippa distingue deux sortes de nécromancie : *« L'une dite Necyomance, dressant le cadavre, qui ne peut réussir sans l'usage du sang ; l'autre dite Scyomance, pour laquelle il suffit d'évoquer les ombres. »*

7. I Samuel, XXVIII et Lévitique, XX, 27.

Pour saint Paul, ceux qui agissent par magie ne peuvent entrer dans le royaume de Dieu ; en revanche, d'après l'Eglise catholique romaine il est possible de communiquer avec les morts, mais spirituellement, sans passer par les techniques du spiritisme (8).

L'Institut métapsychique international, longtemps placé sous la direction du docteur Gustave Geley et ayant compté parmi ses membres le professeur Charles Richet, Santoliquido, Calmette et Flammarion, a effectué un travail scientifique remarquable dont on ne peut réfuter la richesse. A partir de milliers d'observations fort contrôlées, on explore la théorie spirite et les relations avec des médiums. Fraudes et hallucinations auraient été décelées après ces enquêtes précises dignes de sir Arthur Conan Doyle, le père du détective Sherlock Holmes qui, d'ailleurs, s'est passionné pour les recherches spirites. Mais le fondateur de cette doctrine est Léon Hippolyte Rivail (1804-1869), réincarnation d'un druide, Allan Kardec (9). D'après cette école, l'âme est inséparable d'un corps fluidique appelé « périsprit » ; cette enveloppe contient toute l'organisation du corps matériel et les fonctions psychologiques de l'esprit, une puissance formatrice et plastique (10).

On fournit une raison au phénomène des maisons hantées, l'esprit aimant revenir sur des lieux connus, bien qu'à quelques années de distance ceux-ci aient pu se modifier ; ces esprits paraissent reconstituer le climat dans lequel ils vivaient. Comme dans le cadre de civilisations archaïques, l'au-delà y est décrit selon notre organisation, avec une connotation spirituelle plus marquée. Est-ce là l'au-delà ou un milieu reconstitué par l'esprit de l'homme ? N'est-ce pas le « monde imaginal » selon l'expression d'Henry Corbin, un système qui veut satisfaire nos souhaits ? Ce sont les « expériences hors du corps » (E.H.C.) ou l'O.B.E., une expérience de bilocation : on quitte son corps physique tout en restant conscient et en pouvant agir comme dans la vie de chaque jour (11).

Des médiums entreraient en relation avec l'au-delà par clairvoyance, clairaudience, télépathie, prémonition, radiesthésie, télékinésie, dédoublement de la sensibilité... c'est-à-dire en écoutant la voix des esprits. Les messages peuvent également parvenir par coups frappés, par table tournante, guéridon, verre parlant, « corbeille à bec » chinoise, écriture automatique, lévita-

8. Jean Vernette : *Peut-on communiquer avec l'au-delà ?* (Le Centurion, 1990 ; p. 113).

9. L'abbé Jean Vernette a établi un fort bon résumé de cette histoire du spiritisme et des différentes techniques de nécromancie (*op. cit.*).

10. Gabriel Delanne a publié, aux Editions Vermet, un remarquable ouvrage : *La Réincarnation*. Signalons également Jérôme Piétri : *Réincarnation et survie des âmes* (Dangles, 1979).

11. Hélène Renard, *op. cit.* (p. 95). Robert A. Monroë : *Fantastiques expériences de voyage astral* (Robert Laffont ; p. 17). Valentin Strappazzon : *Communications avec l'au-delà* (Droguet et Ardant ; p. 52).

tion, tirage de cartes, tarots ou par la planchette (oui-ja) et, actuellement, par l'enregistrement sur bande magnétique des voix des défunts (12). Ainsi, sans dons particuliers, chacun d'entre nous serait susceptible de recevoir de tels enregistrements. Ce qu'a fait Jürgenson pour l'enregistrement des voix, Klaus Schreiber le réalise en 1985 pour les images : des vidéocassettes montrent des silhouettes de trépassés. Le Cercle d'études sur la transcommunication du Luxembourg (C.E.T.L.) présente ces recherches depuis 1987. Le père Ernetti, qui enseigne la musique archaïque à l'université de Venise, en compagnie du père Gemelli à l'université catholique de Milan mettent au point un « chronoviseur » qui capterait images et voix des défunts lors de leur vie terrestre : ainsi en 1970, à partir d'un appareillage complexe qui ne nous est pas révélé, ces prêtres auraient capté sons et images d'une tragédie jouée à Rome en 169 avant notre ère, ainsi que le visage douloureux de Jésus-Christ (13). Un ingénieur d'Oxford, George de la Warr, arriverait à des résultats similaires. Ce mystère d'ondes rémanentes nous conduit à penser qu'effectivement l'univers conserverait la mémoire de tout ce qui s'y déroule.

« Ces communications avec les désincarnés demeurent discutables... et il est probable que de longtemps, sur ces points, elle (la métapsychique) ne possédera pas autre chose, car, si elle acquérait une certitude, toute la physionomie de l'univers se trouverait changée et nous cesserions d'être ce que nous sommes » ; ainsi s'exprime Maurice Maeterlinck en 1928 (14). On peut se demander si ces expériences récentes, qui paraissent scientifiques, ne sont pas finalement une projection de notre imagination. L'expérience matérielle peut être influencée (ou altérée) par notre subconscient.

On a cependant photographié en infrarouges un halo brumeux au-dessus de la tête du médium, une sorte de substance nommée « ectoplasme » qui serait une sorte de capteur d'énergie et grâce à laquelle le médium peut entrer en contact avec un monde invisible.

Les récits des décédés sont presque tous identiques : se souvenant peu de leur mort physique, ils ont assisté, impuissants, aux soins prodigués à leur corps terrestre ; comme « ombres » ils accompagnent leurs proches, assistent avec indifférence à leur enterrement ; leur vie dans l'au-delà continue comme sur le plan terrestre, mais avec plus de clémence et de satisfactions, selon des sphères de plus en plus éthérées. Maurice Maeterlinck (15), en parlant du célèbre médium anglais Osborne Léonard constate que *« tout se*

12. Le père François Brune a écrit un remarquable ouvrage : *Les morts nous parlent* (Le Félin).
13. Père François Brune, *op. cit.*
14. *La Vie de l'espace.*
15. Maurice Maeterlinck : *Devant Dieu* (Fasquelle, 1955 ; p. 35).

passe et s'agence comme si la même vie, après un instant de sommeil, continuait dans une atmosphère à peine différente (...) mais il n'y a plus ni froid, ni chaud, ni vent, ni pluie, ni jour, ni nuit, ni lune, ni soleil ; mais une lumière égale et créatrice pénètre toutes choses ».

On peut vouloir communiquer avec le royaume des morts pour bénéficier de l'expérience de certains grands esprits. D'après Jean Prieur, Sextus Pompée – avant sa bataille de Pharsale, en 48 av. J.-C. – consulte une voyante afin d'interroger un soldat venant de mourir et qui possède des secrets militaires (16).

A notre époque du « New Age », on évoque le *channeling,* une forme plus moderne du spiritisme due aux messages reçus par l'Américaine Jane Roberts (1929-1984) : on parle non seulement avec les défunts, mais également avec des entités (17) par l'intermédiaire d'individus qui ont accès à la « mémoire invisible » par intuition. Cette révélation du "Nouvel Age" correspond à notre nouvelle ère, celle du Verseau qui succède à celle du Poissons (18).

Il faut se méfier de ces interprétations car, aux côtés des recherches de savants qui s'aventurent aux frontières de la science, existent bien des escrocs prêts à exploiter la crédulité humaine (19).

5. Les vies antérieures

Par induction hypnotique ou communication télépathique, des médiums parviennent à connaître nos vies antérieures. Les sujets, sous hypnose (20), reconnaissent avoir souvent désiré revenir sur terre, parfois sous l'influence d'un guide céleste, parfois d'eux-mêmes par leur sens du devoir ; ils envisageaient les travaux à accomplir lors de leur nouvelle mission terrestre, en choisissant le milieu dans lequel ils veulent renaître.

D'après Helen Wambach, le sujet ne semble pas choisir le sexe qui lui sera donné. Des gens connus et honorés dans le passé peuvent réapparaître dans des situations et des entreprises fort différentes, sans lien avec ce qui a été leur précédente vie. Il semblerait également que l'âme n'entre dans le fœtus qu'au moment de la naissance : dans ce cas, l'avortement ne paraît pas avoir de répercussion sur la future existence puisque l'âme peut se loger dans tout autre fœtus et, ainsi, continuer son évolution.

16. Lucain : *La Pharsale* (VI, 719).
17. Julius Evola : *Masques et visages du spiritualisme contemporain* (Pardès, 1991 ; p. 26) ; postface de Jean-François Mayer (p. 242).
18. Valentin Strappazzon, *op. cit.* (p. 86).
19. Philippe Encausse : *Sciences occultes et déséquilibre mental.*
20. L'hypnose ne serait pas une forme de sommeil, mais bien un état de conscience.

6. La fatalité

Philosophies et mythologies de tous les peuples, anciens et modernes, ont noté l'existence d'une « fatalité », le *fatum* gréco-romain, puissance qui dominerait toute destinée humaine et qui imposerait une conduite de vie. Les religions, en établissant la notion de Dieu, ne font que reprendre et développer cette pensée où tout a été fixé préalablement.

Si tout est déterminé, des êtres clairvoyants peuvent prendre connaissance de ce qui est tracé ; en se plaçant dans une autre dimension on lit les événements à venir. On nomme cette pénétration « clairvoyance » ou « prémonition ». L'Institut métapsychique international a fourni (21) d'excellents articles sous les signatures des docteurs Osty et Geley. Ce vaste sujet n'entre pas dans la présente étude.

7. Le rajeunissement

Comme le note Enel, la maladie est due au déséquilibre d'une de nos fonctions ; des rites appropriés peuvent combattre l'état instable de l'impureté et rétablir l'homme dans l'intégrité de son être, d'autant que sans doute éprouvé par un sort, ce dernier peut être combattu. Toute guérison laisse cependant une cicatrice et on ne peut retrouver l'intégrité de sa stabilité primitive. Il faut également lutter contre le vieillissement, et des rites permettent de conserver la cohésion de nos cellules. Ces énergies de destruction, qui irriguent la mort, agissent sur la santé du peuple : la nature devient stérile après la blessure du roi « méhaigné » dans la « Queste du Graal ». De même, les rois craignaient tout ce qui a rapport avec les pertes sanglantes, dont l'indisposition et les couches des femmes ; ils ne pouvaient toucher un cadavre, ni même suivre un convoi funèbre, car le mort – âme en peine – n'a pas été intégré dans la société des défunts et que, par ailleurs, le sang est le véhicule de l'âme.

8. Phénomènes psychiques

Ernest Bozzano (22) commente des apparitions des défunts, des phénomènes de télékinésie et même de la musique transcendantale que l'on peut entendre dans la chambre mortuaire. Dans son XXe cas (p. 227), il rapporte l'écoute d'une musique transcendantale qui aurait eu lieu à l'agonie de Wolf-

21. *Revue métapsychique*.
22. Ernest Bozzano : *Phénomènes psychiques au moment de la mort* (Editions de la Bibliothèque de Philosophie spiritualiste, 1923).

gang Goethe, le 22 mars 1832 (23). Deux heures avant la mort du poète, donc vers les 20 heures, une mélodie très douce aurait été entendue par plusieurs personnes dans la chambre du mourant ; cette musique mystérieuse, que l'on ne pouvait localiser, cessa à la mort de Goethe.

9. Rêves et prémonitions

De tous temps les rêves – qui sont bien l'expression *« d'une seconde vie »* comme l'exprime Gérard de Nerval – ont été analysés et on en a tiré des augures, des préceptes pouvant influer sur notre vie journalière, car ils sont des signes d'avertissement qu'il faut savoir interpréter.

Il est rare que le sujet se sente mourir ou rêve sa mort, mais il peut interpréter, d'après des rapports analogiques, que sa mort est proche : un objet auquel il est attaché se casse, une plante, un arbre ou un animal près de lui meurent et lui indiquent qu'il y a proche séparation. Le sujet, s'il est préparé à de telles manifestations, peut s'intégrer dans une réalité intérieure et ainsi se préparer valablement à ce passage. Le rêve ainsi vu prépare à la mort et apporte un réconfort au malade.

On peut être prévenu de la mort plus ou moins lointaine d'un ami : une communication à partir de l'inconscient peut indiquer un danger que l'on peut rarement conjurer, mais c'est parfois une mise en garde. Mais la mort ainsi entrevue atteint-elle le corps physique ou l'être moral ? Une séparation entre deux êtres peut se comparer à une mort puisqu'il y a rupture.

Rêver d'une personne décédée n'est le plus souvent que le témoignage ému et sensible de nos sentiments ébranlés dans notre affection. Le rêve peut persister et devient message pour conseiller, apaiser et agir sur notre subconscient.

10. Enveloppes fluidiques et corps psychiques

En dehors des spirites, on ne voit pas les corps psychiques ; l'« aura » est elle-même rarement discernable. Autour du corps régneraient quatre enveloppes d'une matière extrêmement subtile qui se colorent suivant notre émotivité ou notre état de santé et qui, ainsi, nous renseignent sur l'état du corps physique :

– L'aura éthérique (ou vitale) épouse fidèlement les contours de notre corps, à quelques centimètres ; d'un gris bleuté, elle montre notre vitalité.

23. Le récit en a été fait dans l'*Occult Review* (1903 ; p. 303), d'après une traduction du *Garlenlaube* (1860).

– La seconde, l'aura astrale (ou émotionnelle), s'étendrait à 1,50 m autour de nous ; très colorée, elle varie en intensité suivant nos états d'âme.

– Viendrait ensuite une aura mentale, de couleur jaune, entourant à environ 2 m tout le corps, montrant l'activité mentale de l'individu.

– La quatrième, qui serait plus difficilement perceptible, forme un trapèze reposant sur son petit côté et surmonté d'une sphère ; sa couleur serait un blanc gris et elle donnerait les bases de nos caractéristiques, de notre karma. Ces radiations des corps peuvent indiquer l'état de santé, mais aussi la psychologie de l'individu.

Les textes chrétiens évoquent le « corps glorieux » ; saint Paul mentionne un corps « d'essence spirituelle » alors que l'Inde parle de fluide astral, d'enveloppes, le « ka » des Egyptiens. La kabbale considère le corps *(nephesch)*, le corps astral *(ruakh)* et l'esprit *(neschamah)*. Actuellement fleurit toute une littérature romancée où les auteurs se promènent dans l'astral et rapportent des notes précises sur un monde parallèle au nôtre : un ton affirmatif, une bonne affaire commerciale...

Danse macabre (Nuremberg, 1493).

CHAPITRE XII

Immortalité et résurrection

« Avec celui que nous aimons, nous avons cessé de parler et ce n'est pas le silence. »
René Char.

1. Rien ne meurt

Pour l'homme primitif la mort définitive n'existe pas ; l'être continue sa vie dans un autre monde. Le règne végétal prouve cette constante transformation : ce qui paraissait mort renaît, et légendes, cultes, cérémonies initiatiques illustrent cette conception ; le mort est inhumé en position fœtale afin de faciliter sa re-naissance. Lorsque notre raisonnement gagne en abstraction, nous doutons de notre immortalité, car aucun défunt n'est venu en apporter la preuve.

En évoquant l'immortalité, on peut penser soit à un être mortel continuant sa vie terrestre en acquérant une jeunesse spirituelle éternelle, soit à un être quittant la vie terrestre mais bénéficiant d'une béatitude éternelle. La recherche de l'immortalité est souvent celle d'une jeunesse éternelle : on veut se survivre en dehors de la décrépitude, de la vieillesse, de la maladie. Comme le souligne Vladimir Jankélévitch, *« il n'est pas certain que l'homme soit immortel, mais il n'est pas certain non plus qu'il ne le soit pas. En réalité la mort et l'immortalité sont aussi incompréhensibles l'une que l'autre* (1). *»*.

Il est très difficile de concevoir l'existence d'une chose qui n'aurait pas eu de commencement et qui n'aurait pas de fin ; il nous est de même difficile d'admettre un temps infini tant dans le passé que dans l'avenir. Nous pouvons raisonner sur ces notions abstraites – comme l'immortalité – sans logiquement les comprendre. Notre intelligence limitée se meut dans un univers à trois dimensions dont nous sommes prisonniers ; on peut envisager une quatrième dimension, mais notre esprit se limite à cette conception et il ne

1. Vladimir Jankélévitch : *La Mort* (p. 438).

nous est pas possible de concevoir un univers à *n* dimensions. Dépendant d'un monde fermé, où le temps humain nous est compté, assujetti à l'espace et au temps, nous avons le désir de survivre à notre condition, de rompre le cercle de notre nature, de dépasser l'ordre de nos potentialités.

L'immortalité est l'affranchissement de tout état conditionné. L'immortel, celui qui ne peut plus mourir, est au-delà de tout cycle d'existence qui, obligatoirement, se termine par la mort. Par l'immortalité, l'être s'identifie au Principe de toutes choses ; restauré dans l'état primordial il devient l'Homme universel.

Le plus souvent l'immortalité est donnée selon le bon vouloir des dieux. D'après les légendes celtes, un mortel est attiré au pays des fées par une puissance féerique, un chant, une branche de pommier ; en ce lieu il bénéficie de l'immortalité. D'après Martianus Capella, le passage à travers le feu est l'un des sept moyens d'acquérir l'immortalité. Aussi bien dans Ovide que dans Sénèque ou Lucien, nous apprenons que le feu libère l'élément divin en anéantissant l'élément humain (2). Ce n'est donc plus la transformation directe de l'homme dans l'intégrité de son être, mais la sublimation d'une partie de son être avec l'abandon de tout ce qui est terrestre et matériel. Baal passe par le feu afin de renaître sanctifié.

Le néophyte qui meurt à sa vie profane pour renaître dans un monde nouveau est transfiguré. Cette lumière intérieure qui l'illumine entraîne son rajeunissement corporel : le corps est le miroir de l'âme. La restauration de l'être intérieur devient une fontaine de Jouvence. Faust, après avoir signé son pacte, retrouve sa jeunesse. Dans la plupart des légendes, en se jetant volontairement dans le feu ou dans un chaudron contenant de l'huile bouillante, l'être rajeunit ; le phénix, après son passage par les flammes, retrouve des plumes resplendissantes.

L'immortalité est aussi le résultat de la culture ; la Bible, la théologie chrétienne, les religions et les grandes philosophies affirment l'immortalité de l'âme ce qui, comme le souligne Jean-Thierry Maertens, remplace avantageusement le besoin physique de l'embaumement. L'Eglise réformée ne diffère guère de l'Eglise catholique ; pour Calvin, l'unité de l'homme est composée de deux parties : le corps et l'âme qui est « esprit immortel ». L'art, avec ses œuvres de l'esprit, n'est pas un luxe ou un vice inutile, mais bien une recherche d'un absolu, valeur émancipatrice prolongeant la vie éphémère ; l'art communique l'immortalité à ceux qui ont pu s'exprimer durablement.

2. Jean-Pierre Bayard : *La Symbolique du feu.*

L'acacia, bois imputrescible, symbolise souvent l'immortalité, principalement en franc-maçonnerie. Mais peut-être pourrions-nous évoquer le labyrinthe dont la porte d'entrée serait la naissance, et la porte de sortie celle de la mort ?

Branche d'acacia maçonnique.

2. Vaincre la mort

Peut-on vaincre la mort ? S'il faut en croire la légende grecque, les ombres transportées par Charon atteignent le royaume d'Hadès et de Perséphone, un monde souterrain. Orphée, le génial musicien qui aurait vécu au VIe siècle avant notre ère, ayant hérité des dons de sa mère la muse Calliope et de son père Apollon, pénètre le lieu de l'éternel séjour ; il arrache Eurydice de la mort et, dans la première forme de la légende, le couple triomphe de l'épreuve qui lui est imposée. Cependant, d'après Virgile (3) et Ovide (4), Orphée, sur le chemin du retour, oublie l'interdiction : il se retourne pour admirer Eurydice et celle-ci disparaît à jamais ; la mort reste victorieuse et Orphée est un sauveur impuissant.

L'orphisme ne peut ainsi revendiquer un pouvoir triomphal sur le cycle de vie : les dieux s'inclinent devant la mort. Mais avec le catholicisme, Jésus transcende la mort.

Lorsque nous parlons de vie après la mort, on ne signifie pas pour autant l'immortalité. La mythologie grecque représente l'au-delà comme l'Hadès où les hommes errent tels des ombres sans force, sans conscience, des êtres qui auraient conservé leur aspect matériel mais qui seraient comme vidés de leur substance. Chez les Grecs existait également un autre pays des morts, l'Elyseion, qui se situait de l'autre côté de la mer et où l'existence ressemblait fort à celle que nous avons sur terre.

La tradition israélite décrit le séjour des défunts comme un lieu fermé, le *Schéol* ; la mémoire y est supprimée. L'Ecclésiaste dit même : *« Il n'y a ni œuvre, ni pensée, ni science, ni sagesse dans le séjour des morts où tu vas. »* Le message du Nouveau Testament est au contraire dominé par la résurrection de l'homme dans la totalité de son être. Le fondement de cette pensée est la résurrection du Christ, qui devient un nouvel Adam.

3. *Les Géorgiques*, IVe livre.
4. *Métamorphoses*, X.

Pour l'Inde, d'après le *Rig-Veda,* l'âme séparée de son corps pénètre – si elle le mérite – le royaume de Yama, le roi de la mort ; les *Déva* aux corps brillants s'en réjouissent. Les mauvais êtres séjournent dans un lieu obscur, sans joie, sous terre, mais il n'y a ni feu éternel, ni châtiments corporels. L'esprit désincarné revient parmi les vivants pour recevoir les offrandes funéraires. D'après les *Upanisad* (particulièrement la *Katha Upanisad*), l'âme, tributaire de toutes ses actions passées (le karma), se réincarne ; la vie future dépend de nos actions précédentes.

Avec les progrès de la biologie, on rêve de supprimer la mort ; on retarde déjà le vieillissement, on augmente le seuil de la mort naturelle. Peut-on atteindre l'immortalité du corps physique par l'action scientifique ? La « résurrection » ne peut être que le retour à la vie dans le même corps après une mort totale ; on parle improprement d'une « résurrection » lorsque l'être revient d'un état qui a seulement simulé la mort.

3. Le passé toujours présent

Le passé est-il anéanti ? En dehors de la recherche archéologique, peut-on conserver la mémoire de ce qui a été ?

Peut-être, comme le souligne Jean E. Charon à partir des théories de sa relativité complexe, chaque particule formant la matière de l'univers est-elle dotée d'une mémoire, d'une conscience qui lui donne une liberté dans son comportement. Les plus petites parcelles, nommées « éons », conservent une souvenance qui peut ainsi se fondre dans la valeur de l'inconscient collectif. Nous revenons à la véritable immortalité de l'être humain qui, par ses gènes, conserve le souvenir des faits les plus anciens.

La lumière des étoiles mortes ne nous parvient qu'actuellement, ou même ne parviendra qu'à nos descendants ; leur lumière se propage à une vitesse constante et met des siècles pour se révéler à nous, même après leur disparition. On peut ainsi imaginer que tous nos actes, depuis l'origine de l'homme, s'enregistrent sur une plage sensible conservée dans l'ensemble cosmique : si nous étions capable de trouver la fréquence de ces ondes, il nous serait possible de visualiser les faits les plus anciens. Un observateur placé sur la lune voit notre monde avec une seconde de retard ; du soleil, nos événements auraient déjà un retard de huit minutes. On peut envisager qu'en se plaçant sur des planètes fort éloignées il nous serait possible de capter des images beaucoup plus anciennes. C'est ce qu'affirme avoir trouvé le R.P. Ernetti Pellegrino qui confirme ainsi l'intuition de Maurice Maeterlinck, et nous avons vu qu'il aurait capté la langue et les images d'une tragédie antique représentée à Rome en 169 av. J.-C. ainsi que le visage douloureux de Jésus-Christ (5).

4. Le respect angoissé du corps : la momification

D'après les rites mortuaires l'homme a toujours eu le désir de sauvegarder des aspects de sa vie terrestre. Son corps physique est fragile, mais il est le support de son âme immortelle qui s'y est logée. Aussi convient-il de conserver cette enveloppe matérielle le plus longtemps possible, même après la mort. Embaumer et momifier deviennent une obligation concrète alors que, pour la religion catholique, le corps doit revenir poussière, que du rite de l'embaumement elle ne conserve que l'encens, et qu'elle affirme qu'un « corps de lumière » nous sera restitué lors du jugement dernier.

En Egypte, sous la période fastueuse du Nouvel Empire, l'embaumement permet au corps de dépasser le stade de la mort matérielle pour attirer le *ka*. Léon Dérobert, Henri Reichlen et Jean-Pierre Campana écrivent (6) : *« Ces corps impondérables, à la peau durcie, brunie, parcheminée, enroulés dans d'interminables bandelettes que recouvrent de fins linceuls ; aux membres couverts de bracelets, de colliers, d'amulettes, de bagues d'une richesse incomparable ; au visage décharné, inexpressif, que cache un masque d'or. Ces corps, parfaitement conservés dans de triples sarcophages ouvragés, enluminés d'or et de pierreries, qui en épousent les formes, ce sont les momies éternelles des temps pharaoniques. »*

Sarcophage égyptien d'Amenophis.

(Arch. phot. Paris / S.P.A.D.E.M.)

5. Père François Brune, *op. cit.*

6. *Le Monde étrange des momies* (Pygmalion). Voir "les tombes chinoises de Mawangdui" (chap. III, 1.f.).

Par momification il faut comprendre « *tous les procédés naturels ou artificiels employés pour la conservation du corps ou d'une partie du corps : dessiccation à l'air, au soleil ou à la fumée, avec ou sans éviscération, enrobement de matières plastiques, bourrage des cavités, embaumement chimique par injection de substances conservatrices* ». Des sols riches en sels neutres peuvent dessécher naturellement le corps – et nous en avons quelques cas en France – alors que la décomposition des chairs s'effectue en général en cinq ans ; dans des tourbières et des glaciers des corps vêtus ont été retrouvés intacts. L'embaumement nécessite l'extraction des viscères que l'on momifie et que l'on dispose dans un des vases funéraires ou canopes ; dans un second vase sont placés estomac et gros intestin ; dans le troisième canope on trouve le petit intestin, les poumons et le cœur ; le quatrième vase contient le foie et la vésicule biliaire.

En dehors de la beauté plastique des momies égyptiennes (7), nous trouvons le même désir de conservation du corps dans de nombreuses tribus africaines, au Pérou (à l'époque précolombienne), en Océanie, en Australie et en Asie orientale. D'après la Bible, Jacob a été embaumé. C'est rendre un culte aux ancêtres que l'on veut conserver près de soi.

Les momies du Pérou précolombien – aussi nombreuses que celles d'Egypte – dépendent cependant d'une autre conception de la mort : il n'y a pas séparation entre l'âme et le corps, celui-ci continuant de vivre, mais sous un aspect cadavérique. Ces momies étaient souvent placées dans des grottes naturelles, à plusieurs mètres de hauteur ; des pyramides à degrés devenaient des nécropoles. Près du lac Titicaca, les Indiens ont élevé des tours funéraires, les *chullpas* ou *kullpis,* ensembles maçonnés comportant plusieurs chambres. Le cadavre était mis en position rituelle dite « position embryonnaire », « genoux aux dents », celle du fœtus. La dessiccation était obtenue en plaçant le corps au-dessus des foyers aux abondantes fumées. Le corps richement paré, coloré en rouge par le cinabre, était vêtu de dalmatiques aux couleurs vives. Dans un petit sac porté en bandoulière se trouvaient des feuilles de coca, divers objets et la fausse tête (8).

7. On peut songer à la tombe de Toutankhamon conservée au musée du Caire, qui a été exposée au musée du Petit Palais à Paris. Voir l'ouvrage de Christiane Desroches-Noblecourt, ainsi que le remarquable catalogue de juillet 1967.

Sur la momification et les rites d'embaumement, on peut lire, de Françoise Dunand et Roger Lichtenberg : *Les Momies, un voyage dans l'éternité* (Gallimard), ouvrage très illustré et donnant des renseignements pratiques, ainsi que l'ouvrage de Fernand Schwarz : *Les Traditions de l'Amérique ancienne* (Dangles), dont certaines illustrations ont été reprises ici.

8. Très bon commentaire de L. Dérobert, H. Reichlen et J.-P. Campana, *op. cit.* (p. 57 à 73).

Coupe d'une tombe de l'époque dite "Paracas-Necropolis".
(Extrait de F. Schwarz : *Les Traditions de l'Amérique ancienne.*)

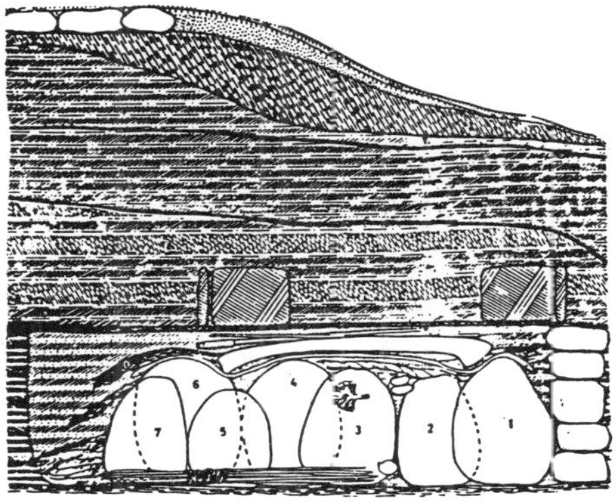

Les Aztèques, parfois les populations du Pérou et de Bolivie, ont également momifié leurs morts.

En Virginie, après incision faite le long du dos et sur les membres, la peau était enlevée, trempée dans de l'huile afin d'en conserver la souplesse, les os débarrassés des chairs, les tendons conservés de façon à ce que les os restent attachés ensemble. Le squelette séché au soleil, viscères enlevés, était revêtu de sa peau puis le vide rempli de sable ; cette momie était enfin desséchée à la chaleur d'un foyer.

Des moines japonais – des sectes de Maitreya et de Shingon – parviennent, après des jeûnes spéciaux de très longue durée, à se momifier : une « automomification » ; en attitude de Bouddha, ils sont ensuite laqués et vénérés par leurs fidèles.

Comme l'indique le professeur Jacques Bréhant (9), tous ces embaumements provenaient de préparations aromatiques d'origine végétale et visaient à arrêter la putréfaction de la dépouille dans une pensée métaphysique, alors que nos méthodes actuelles ont un but hygiénique avec un effet temporaire. On ne cherche plus à avoir une minéralisation définitive dans un but religieux, mais la possibilité de différer une inhumation ; ces soins thanatopraxiques retardent la « thanatomorphose », ensemble des processus de décomposition des corps ; ils permettent également que le défunt laisse une bonne impression et non une image dégradée de son corps. La thanatopraxie peut présenter un intérêt scientifique : conserver le corps dans un but d'expertise médicale, avoir des pièces anatomiques permettant la reconnaissance des corps après une catastrophe collective. L'embaumement, principalement pratiqué par les Anglo-Saxons, n'est pas réprouvé par les Eglises, bien que le principe soit interdit par les juifs et prohibé par l'islam.

9. *Thanatos* (p. 227).

En Amérique l'embaumement est courant ; l'Angleterre le pratique à 50 %. En France il est rare et ne peut être pratiqué qu'après l'autorisation du maire ou du préfet de police, surveillé par un commissaire de police ou un garde-champêtre qui prélève le liquide employé aux fins d'expertise, certains produits étant proscrits. L'inaltérabilité du corps est obtenue par l'injection d'un liquide conservateur selon la méthode du médecin anglais Hunter.

Autrefois le défunt siégeait parmi les vivants et partageait symboliquement le repas funéraire ; aujourd'hui, en Amérique, les maisons spécialisées – fort actives – présentent dans un salon agréablement agencé le mort maquillé, rouge à lèvres, vernis à ongles, faux cils... assis dans un fauteuil selon son attitude favorite, lisant, fumant ou tricotant (10). Leurs luxueux catalogues présentent les derniers raffinements avec la robe de soirée, le « soutien-gorge restaurant les formes *post mortem* (11) » ! Des fleurs remplacent les anciens présents remis au défunt dont on cherchait à se concilier les faveurs. N'est-ce pas là une nouvelle forme de nécrophagie ? Les anthropophages respectaient leurs rites légués par leurs ancêtres dans une pensée sacrée, mais ici c'est le culte de l'argent.

Par ce savoir contemporain de la représentation, on *« cadavérise les survivants plus encore que le cadavre »,* note Jean-Thierry Maertens qui ajoute : *« Ce n'est plus le défunt embaumé qui ressemble aux vivants, mais ces derniers qui ressemblent au défunt pour la plus grande satisfaction des pouvoirs en place* (12). »

5. Les reliques

Grâce au saint on peut se relier au principe sacré ; de son vivant on a pu recevoir sa bénédiction ; après sa disparition on cherche quelque vestige chargé de son influx, permettant une communication posthume.

Dès le paléolithique, le crâne et les os longs sont souvent conservés à part, peut-être en vue d'une résurrection. L'os frontal des Dimasa (aux Indes) est prélevé avant l'incinération pour être purifié six semaines plus tard. Les Mayas conservent la tête avant l'incinération. En Afrique, cheveux et ongles sont retirés avant l'inhumation. Les Celtes broyaient souvent le crâne de leurs morts. Encore actuellement, des mèches de cheveux du décédé sont placés dans un cadre ou dans un album.

10. Michel Ragon, *op. cit.* (p. 312).
11. Jean-Thierry Maertens : *Dans la peau des autres* (Aubier, 1978 ; p. 120 à 129).
12. *Le Jeu de la mort* (p. 47).

Chapelle dans le Finistère où les crânes sont situés en entablement de corniche et socle de soubassement.

(Photo de l'auteur.)

L'Eglise de Rome honore les restes de ses saints martyrs ; ce qui résiste à la putréfaction – crânes, os, poils et cheveux, ongles – est distribué dans bien des paroisses afin d'attirer les fidèles, car la plus petite partie d'un corps saint produit des miracles ; on n'hésite pas à en voler ou même à en fabriquer en authentifiant un morceau d'os dérobé dans un cimetière voisin, car c'est là source de revenus, le culte des reliques étant alors très florissant. Après l'époque carolingienne où la relique est placée dans une niche creusée dans la maçonnerie, le déambulatoire permet aux fidèles de prier autour de la châsse, objet d'art de plus en plus ouvragé ; ces zones de circulation font naître les collatéraux et les chapelles rayonnantes, tout un parti architectural qui tient compte de la foi des fidèles (13).

Ce ne sont pas seulement les saints qui sont vénérés : le corps d'un grand seigneur permet d'étranges partages. Guillaume le Conquérant semble donner naissance à cette coutume en 1087 : son corps est inhumé à l'abbaye aux Dames de Caen, son cœur à la cathédrale de Rouen et ses entrailles à Châlus. En 1199, le corps de Richard Cœur de Lion repose à Fontevrault, son cœur à la cathédrale de Rouen et ses entrailles à l'abbaye de Charroux. On pourrait citer de très nombreux cas semblables, si bien qu'en 1299 le pape Boniface VIII se trouve dans l'obligation d'interdire de telles mutilations.

13. Jean-Pierre Bayard : *La Tradition cachée des cathédrales.*

6. La mort : nouvelle ère

La mort qui marque le passage de l'être dans un monde nouveau, conduit à l'idée d'une ère nouvelle. Après la mort du souverain ou du dignitaire, il y a transformation de la société et les événements de la vie publique sont datés à partir de la nouvelle dynastie.

La mort du monarque coïncide avec l'avènement d'un nouveau régime : c'est le temps zéro, celui où tout repart sur de nouvelles bases.

7. Mauvais esprits et fantômes

Le plus souvent le mort est fâché contre les vivants qui peuvent continuer de jouir de la vie. Entre le début du deuil et sa fermeture, il faut se méfier des actions menées par l'âme du trépassé. Il est ainsi nécessaire d'accomplir des rites qui doivent lui être agréables et, surtout, on doit veiller à ce qu'il puisse gagner le plus rapidement possible la patrie des morts. Il faut éviter que son esprit erre inconsidérément ; il convient de se protéger des tracasseries qu'il peut nous causer.

Le vaudou est riche en exemples de mauvais esprits. Le *hougan* – prêtre de cette religion – peut déjouer certains de ces sorts, mais il y a aussi d'autres *hougans* aux mauvaises influences, ceux qui vendent les âmes, comme le *hougan* des deux mains, le *hougan-macoute*.

L'esprit du mort devient un fantôme ; il séjourne sous terre, dans une île, dans des villes qui ressemblent étrangement à celles des vivants ; mais cet esprit, qui reste invisible, peut se manifester dans notre monde. Le cadre dans lequel ils sont morts agit sur leur comportement : il faut se méfier de ceux décédés par mort violente, des accidentés et surtout des suicidés.

8. Revenants et monstres

Depuis les temps les plus reculés la notion de corps, d'esprit et d'âme s'est imposée à l'homme ; lors du trépas l'âme invisible s'envole, devient papillon ou oiseau et fréquente le monde des vivants. Cette âme, bonne ou mauvaise, conseille utilement les hommes ou leur apporte des maléfices. Ces entités sont nommées revenants, fantômes ; dans la nuit de la Saint-André (30 novembre), il faut retourner tous les objets si l'on veut s'en protéger.

La crainte des revenants est universelle (14), et François Lebrun écrit que « *la croyance aux revenants n'est qu'un corollaire du culte des morts. En*

14. Frazer : *L'Homme, Dieu et l'immortalité* (p. 286).

effet, selon la définition du folkloriste Camille Fraysse, "un revenant est un défunt qui, ne pouvant régler définitivement son compte avec le bon Dieu, revient ainsi sur terre hanter les lieux où il a vécu, pour réclamer des prières et des messes à ses proches, en vue de faciliter son admission dans le séjour des bienheureux". Le revenant se manifeste tantôt sous la forme d'un fantôme revêtu d'un long linceul blanc, tantôt par des bruits étranges et des déplacements mystérieux d'objets ou de meubles. Le seul moyen de s'en débarrasser est d'aller trouver le curé et de faire dire des messes afin d'abréger le séjour du défunt en purgatoire. Ainsi cette croyance populaire apparaît-elle comme une nouvelle confluence de la foi et de la superstition : n'exprime-t-elle pas elle aussi, à sa manière, la profonde solidarité existant entre les vivants et les morts et les devoirs que les premiers ont à l'égard des seconds (15) ? ».

Amulette coranique en plomb, avec formules protégeant contre le mauvais œil (perle centrale) (province de Keneh, Louxor, Egypte).

(Photo Destable ; musée de l'Homme.)

En fait, chaque civilisation a trouvé des moyens pour éloigner ces mauvais esprits. Sir James Frazer a recensé (16) les méthodes utilisées par les vivants pour se mettre à l'abri de telles incursions : le plus souvent il faut brouiller les pistes, l'enterrer loin de la maison en prenant des chemins différents à l'aller et au retour, traverser un cours d'eau afin de le perdre en chemin, lui bander les yeux, le ligoter, brûler son logis, détruire ses objets, brûler des substances aux odeurs désagréables...

Les monstres – souvent nés des amours illicites des dieux – incarnent parfois l'esprit des morts comme forces obscures de la nature, relents du chaos

15. François Lebrun, *op. cit.* (p. 361).
16. *La Crainte des morts.*

initial. Les héros prouvent leur valeur en attaquant ces animaux fabuleux, mi-hommes mi-bêtes qui, finalement, représentent les épreuves qu'il faut subir pour prouver sa valeur. En triomphant, on démontre que l'on est digne d'accéder à un autre degré. Ces gardiens du seuil laissent passer l'initié mais dévorent le non-initié, celui qui n'a pas les qualités requises pour atteindre le stade d'un autre cycle. Le défunt rencontre ces obstacles avant de pouvoir atteindre le lieu de la félicité.

Encore plus dangereux : le mort sans sépulture devient un vampire, d'où la nécessité de lui dresser de riches demeures.

9. Vampirisme et perversions

Georges Barbarin fait remonter le vampirisme à un goût des dieux qui sont sensibles aux sacrifices, aux odeurs, à l'encens, au sang qui contient le principe de la vie. Textes sacrés et auteurs grecs et latins ont évoqué ces holocaustes sanglants, des sacrifices humains parfois librement acceptés.

Les vampires sortent la nuit, se nourrissent de sang chaud, n'hésitant pas à tuer pour assouvir leurs besoins. Comme les vampires proviennent en général d'individus excommuniés par l'Eglise, le prêtre doit les exorciser. Cette crainte des trépassés malveillants n'est plus maintenant que souvenir littéraire.

Il existe aussi des hommes qui ne peuvent obtenir leur orgasme qu'au contact physique d'un cadavre, perversion sexuelle nommée « nécrophilie ». D'autres, les nécrophages, entrent dans les cimetières, déterrent les morts et mangent des chairs en putréfaction. Voici des cas que l'on peut raconter aux veillées. Michel Dansel a aimé rapporter ces faits et a dressé le « portrait d'un nécrophile heureux », le sergent Bertrand qui, entre 1816 et 1819, plongea les populations dans l'effroi et la consternation ; ce garçon, diplômé en philosophie et en théologie, confessa sa perversion et n'eut qu'un an de prison (17).

10. L'avatar

Cette pratique répond à une « pseudo-initiation ». Il faut détacher l'âme d'un corps vivant et l'introduire dans un autre corps dont on a déjà éloigné l'âme : on effectue un changement de corps. On peut pénétrer magiquement un corps jeune, devenu passif, et s'y installer. Ainsi, un être âgé peut-il

17. Michel Dansel : *Le Sergent Bertrand* (Albin Michel, 1991). Gabrielle Wittkop a publié *le Nécrophile* (Régine Desforges, 1972), *la Mort de C.* (Christian Bourgois, 1975) et *le Grand Guignol* en collaboration avec François Rivière (Henri Veyrier, 1979).

retrouver toutes ses forces tout en conservant son esprit et ses connaissances ; chaque changement de corps l'éloigne de la mort.

Bien entendu ces pratiques s'exercent principalement sur des adolescents…

11. Le zombi

Par une opération magique, on peut faire sortir de sa tombe un mort et s'en servir : c'est le mort-vivant ou zombi. Le cadavre travaille, donne l'impression d'être vivant, mange et boit, mais il n'a pas la conscience de ses actes. Soumis à la volonté de son maître, il est un « golem », un robot qui peut être vendu ou loué. Un fidèle serviteur qui ne se révolte pas et qu'il est inutile de payer…

12. Mort et religion

« S'il n'y a pas de résurrection des morts, le Christ non plus n'est pas ressuscité.

Mais si le Christ n'est pas ressuscité, alors notre prédication est vide, vide aussi votre foi. »

Première Epître aux Corinthiens (1088. 13-14).

Impuissants, nous assistons chaque jour à la destruction de nombreuses vies, certains animaux en exterminent d'autres et deviennent la proie d'autres ennemis. Des virus dévorent notre propre corps, occasionnent la maladie, la souffrance, la mort (18). Devant cette loi immorale, des savants rejettent la possibilité de l'existence d'une intelligence suprême bienveillante : comment créer de tels maléfices ? La souffrance est-elle un des facteurs de l'évolution ? Dans la tradition judéo-chrétienne, Michel – l'ange du Jugement – a pour attribut l'épée, instrument propre à sa fonction qui relève aussi de la Justice.

13. Le suprême tribunal

Si l'âme est immortelle, l'individu – en atteignant un autre monde – doit être jugé sur les qualités de sa vie terrestre et récompensé ou puni en fonction de ses mérites. Tous les peuples ont songé qu'il existait un jugement moral des morts.

Yama a été constitué juge par Brahma. Mithra, Sraosha et Rashnou sont les trois juges du zoroastrisme. D'après Platon, les trois juges Eaque, Minos

18. Paul Chauchard : *La Douleur* (« Que Sais-je ? », n° 252).

Les âmes des morts montent les neuf marches de l'"Escalier de l'Ascension", se dirigeant vers Osiris devant lequel elles se confesseront.

et Rhadamanthe dirigent les âmes vers la paix de l'Elysée ou vers l'Hadès, qui n'est pas l'enfer chrétien mais une région mélancolique ; les Orphiques créent ensuite les tourments du Tartare. Dans la pensée juive, un premier jugement doit avoir lieu avant la venue du Messie pour exterminer tout ce qui est impur et préparer l'Age d'or ; lors du jugement final et universel, Iaveh dirigera les bons vers le paradis, les méchants vers la géhenne. D'après les paroles de Jésus rapportées par les évangélistes, principalement par Matthieu et Paul, le Jugement dernier aura lieu lors de la résurrection générale. Le Coran, en termes poétiques, annonce que quarante jours après une période messianique, Dieu, assisté de Mahomet, fera connaître son verdict tandis que Gabriel tiendra la balance pesant bonnes et mauvaises actions. Les autres religions font également état d'un jugement qui est souvent rendu dès que l'âme parvient au lieu de repos, comme c'est le cas en Egypte ancienne.

Le Purgatoire chrétien, antichambre possible du Paradis, date du VIe siècle, Grégoire le Grand donnant une importance accrue à la pénitence.

14. La résurrection

Saint Paul (19) témoigne sur *la Résurrection des morts*. Il établit tout d'abord le fait que le Christ est ressuscité : *« Je vous ai donc transmis tout d'abord ce que j'avais moi-même reçu, à savoir que le Christ est mort pour nos péchés selon les Ecritures, qu'il a été mis au tombeau, qu'il est ressuscité le troisième jour selon les Ecritures, qu'il est apparu à Céphas, puis aux Douze. Ensuite il est apparu à plus de cinq cents frères à la fois*

19. Première Epître aux Corinthiens, XV.

– la plupart d'entre eux vivent encore et quelques-uns sont morts ; ensuite il est apparu à Jacques, puis à tous les apôtres. Et en tout dernier lieu, il m'est apparu à moi aussi, comme à l'avorton. »

Après les versets 13 et 14 cités ci-dessus, saint Paul redit sa foi aux versets 16 à 18 : « *Car si les morts ne ressuscitent pas, le Christ non plus n'est pas ressuscité. Et si le Christ n'est pas ressuscité, votre foi est vaine, vous êtes encore dans vos péchés. Alors aussi ceux qui sont morts dans le Christ ont péri.* »

La prédication de saint Paul s'élève contre certaines négations et il clame sa vérité : « *...le Christ est ressuscité des morts, prémices de ceux qui se sont endormis. Car la mort étant venue par un homme, c'est par un homme aussi que vient la résurrection des morts. De même en effet que tous meurent en Adam, tous aussi revivront dans le Christ. Mais chacun à son rang : en tête le Christ, comme prémices, ensuite ceux qui seront au Christ, lors de son Avènement. Puis ce sera la fin, quand il remettra la royauté à Dieu le Père, après avoir détruit toute Principauté, Domination et Puissance. Car il faut qu'il règne* jusqu'à ce qu'il ait placé tous ses ennemis sous ses pieds. *Le dernier ennemi détruit, c'est la Mort ; car il a tout mis sous ses pieds.* »

Saint Paul s'explique ensuite sur le mode de la résurrection (XV, 35) : « *Mais, dira-t-on, comment les morts ressuscitent-ils ? Avec quel corps reviennent-ils ? Ce que tu sèmes, toi, ne reprend vie, s'il ne meurt. Et ce que tu sèmes, ce n'est pas le corps à venir, mais un grain tout nu, du blé par exemple, ou quelque autre semence; et Dieu lui donne un corps à son gré, à chaque semence un corps particulier*

Linceul en toile de satin blanc (nord-ouest de la Bulgarie ; monastère de Mihailovgrad).
On distingue trois motifs principaux :
– Le Christ ressuscité s'élevant au-dessus du tombeau ;
– Le Christ en croix au-dessus de Jérusalem ;
– Les instruments de la Passion de part et d'autre d'une échelle double.

« Toutes les chairs ne sont pas les mêmes, mais autre est la chair des hommes, autre la chair du bétail, autre la chair des oiseaux, autre celle des poissons. Il y a des corps célestes et des corps terrestres, mais autre est l'éclat des célestes, autre celui des terrestres. Autre l'éclat du soleil, autre l'éclat de la lune, autre l'éclat des étoiles. Une étoile même diffère en éclat d'une étoile. Ainsi en va-t-il de la résurrection des morts : on sème de l'ignominie, il ressuscite de la gloire ; on sème de la faiblesse, il ressuscite de la force ; on sème un corps psychique, il ressuscite un corps spirituel. »

Dans son Hymne triomphal (XV, 54), saint Paul tire sa conclusion : *« Quand donc cet être corruptible aura revêtu l'incorruptibilité et que cet être mortel aura revêtu l'immortalité, alors s'accomplira la parole de l'Ecriture :* La mort a été engloutie dans la victoire. Où est-elle, ô mort, ta victoire ? Où est-il, ô mort, ton aiguillon ? *L'aiguillon de la mort, c'est le péché, et la force du péché, c'est la Loi. Mais grâces soient à Dieu, qui nous donne la victoire par notre Seigneur Jésus-Christ !*

« Ainsi donc, mes frères bien-aimés, montrez-vous fermes, inébranlables, toujours en progrès dans l'œuvre du Seigneur, sachant que votre labeur n'est pas vain dans le Seigneur. »

La croyance en l'immortalité de l'âme est bien antérieure au christianisme ; les rites funéraires pratiqués depuis les époques les plus reculées nous ont prouvé que la pensée humaine a toujours eu la même conviction. Mais le culte chrétien prétend qu'il y a aussi résurrection des corps ; en parlant d'« âme vivante » il désigne à la fois l'âme et la chair : on peut ainsi évoquer la résurrection de la chair. C'est pourquoi saint Paul (20) indique dans *le Baptême pour les morts* (XV, 29) : *« Autrement, que feraient ceux qui se font baptiser pour les morts ? Si les morts ne ressuscitent absolument pas, pourquoi se font-ils baptiser pour eux ? »*

Que notre âme soit immortelle nous l'admettons, mais la résurrection ne peut nous faire retrouver nos corps de chair : le « corps de gloire » sera sans doute un corps spirituel.

L'Eglise primitive, dans l'espérance de la résurrection corporelle « baptise pour les morts », communiquant les sacrements à des êtres morts qui agissent pour les vivants ; manifestation qui peut paraître insensée mais que pratique également la religion des mormons, l'Eglise de Jésus-Christ des saints des derniers jours. C'est la raison pour laquelle les mormons établissent la généalogie la plus complète de toutes les familles.

20. Première Epître aux Corinthiens.

L'enseignement paulinien, repris par les pères de l'Eglise, n'est cependant pas toujours accepté, principalement dans la pensée grecque, et les Evangiles restent eux-mêmes assez discrets et même ambigus sur la résurrection du corps de chair et sur son Ascension (21).

D'après le Coran, Jésus ne meurt pas sur la croix : *« Dieu l'a élevé vers lui. Alors ils crucifièrent la ressemblance qui leur devint visible. »* S'il n'y a pas eu mort corporelle, il ne peut y avoir une résurrection charnelle. Par contre, selon la sourate III, 35, Jésus possède le pouvoir de ressusciter les morts. Comme le remarque Jean-Thierry Maertens, Jésus, en laissant son tombeau vide, transcende les procédés d'enterrement et de putréfaction et échappe ainsi à tous les rites traditionnels (22).

Dans un langage plus scientifique, on établit une distinction entre le retour à un même état de vie après une mort apparente, et que l'on nomme « ranimation », et la « résurrection » qui est le passage à une autre forme de vie, avec métamorphose.

Les thèmes de la mort et de la résurrection, de l'immortalité, sont souvent repris dans les rituels de la franc-maçonnerie évoqués par ailleurs. Dans un rituel du 18e degré, ce symbolisme est comparé au phénix, cet oiseau mythique qui est censé se sacrifier sur un bûcher et qui renaît de ses cendres : *« Perit ut Vivat* (il meurt afin qu'il vive). » La rose sur la croix montre également le même souci d'immortalité.

15. La fête des morts

Tous les peuples, à toutes les époques, ont consacré, avec le culte de l'ancêtre, une fête annuelle afin d'honorer leurs morts ; ce jour spécial correspond en général à un moment particulier du cycle de la nature ou de la végétation. Les rites de ces fêtes sont semblables dans toutes les parties du monde (23).

Dans le parthénon des manifestations celtiques envisagées selon un « cycle lunaire et demi » (soit une période de quarante jours), la fête *Samain* du 1er novembre est la dernière des quatre grandes fêtes. Il est bon de noter le décalage de quarante jours qui existe entre les quatre fêtes du calendrier celtique : 1er février, la fête d'Imbolc ; 1er mai, Beltaine ; 1er août, Lugnasad et enfin 1er novembre, la fête des morts, l'équivalent chrétien de la Toussaint

21. Parmi tant d'ouvrages, parfois fort savants, notons sur ce thème, de Camille Creusot : *Résurrection ou survie* (Dervy-Livres), "Résurrection de Jésus" (p. 42 à 55).
22. *Le Jeu de la mort* (p. 69).
23. J.T. Addison : *La Vie après la mort* (Payot ; p. 43 à 49).

que l'on fête en réalité le 2 novembre. A onze jours de distance figure la fête de la Saint-Martin, quarante jours avant Noël. C'est bien une mystique des nombres sur laquelle nous devrions nous attarder.

James George Frazer (24) rapporte quelques coutumes funéraires bretonnes : « *C'est ainsi qu'en basse Bretagne les âmes des défunts viennent rendre visite aux morts la veille de ce jour (2 novembre). Après les vêpres, les prêtres et le chœur s'avancent en procession, "la procession du charnier" ; leur chant funèbre étrange est en langue bretonne. Puis les gens rentrent chez eux, se réunissent autour du feu et parlent des disparus. La maîtresse de maison recouvre la table de cuisine d'une nappe blanche, y place le cidre, du lait caillé et des crêpes chaudes, et se retire avec le reste de la famille pour dormir. Une bûche énorme, appelée "la bûche des morts"* (Ref ann Anaon), *conserve le feu allumé. Bientôt, au dehors, dans l'obscurité, des voix lugubres déchirent le silence de la nuit. Ce sont les "chanteurs de mort" qui vont par les rues et éveillent les dormeurs par un chant étrange et mélancolique, dans lequel ils rappellent aux vivants couchés dans leur lit moelleux qu'ils doivent prier pour les pauvres âmes en peine. Pendant toute cette nuit-là, les morts se réchauffent au foyer et se régalent des mets qu'on a préparés à leur intention.* »

Peinture eucharistique du IIe siècle dans la catacombe de Saint-Callixte (Rome).

Frazer note des usages semblables dans bien d'autres pays et on constate l'emploi du glas qui sonne souvent toute la nuit, mais surtout l'illumination des tombes à partir de bougies ou de processions avec des cierges allumés (en particulier dans les Caraïbes, en Amérique du Sud). En Allemagne et en Autriche ces torches sont souvent de couleur rouge.

De nombreux pays confectionnent des « gâteaux d'âmes » ou « pain des âmes », une pâte cuite au four que, la veille, on mange en famille ou que l'on

24. *Atys et Osiris* (Geuthner, 1926 ; p. 94 à 108). Arnold Van Gennep a aussi traité la question des funérailles comme fait social dans son *Manuel de folklore français contemporain*, plus particulièrement dans le tome I, vol. 2 (Picard, 1949).

dispose sur la tombe nettoyée et fleurie. On communique ainsi avec les âmes des morts ; on donne également ces gâteaux aux enfants et aux mendiants afin qu'ils prient pour le repos des trépassés. On boit du lait froid pour rafraîchir les âmes de ceux qui sont au purgatoire. Le vase au cimetière est rempli d'eau fraîche et on y met une branche de buis, bois qui est associé avec la mort.

Il semblerait que la fête des morts, le 2 novembre, soit ainsi d'origine celtique, son cérémonial ayant été conservé par les peuples européens. L'abbé Odilo, bénédictin de Cluny, ordonne en 998 qu'une messe solennelle soit célébrée le 2 novembre pour tous les morts qui dorment en Christ. D'autres ordres religieux et des évêques suivent cet exemple, mais aucun édit général n'a été prononcé. On peut ainsi penser que le rite de la fête des morts pratiqué par les Celtes, provenant sans doute de commémorations plus anciennes, s'est incorporé vers le Xe siècle dans la liturgie chrétienne, celle-ci acceptant de continuer un usage païen qui ne pouvait être aboli. Mais l'Eglise transforme légèrement cette pensée puisqu'on substitue au culte des morts celui de l'adoration de tous les saints fixé au 1er novembre, l'an nouveau des Celtes. La fête des morts est ainsi repoussée au 2 novembre, date à laquelle on se rend sur les tombes de ses parents, les décorant de fleurs et de lumières, en prononçant une ardente prière. C'est la patrie de l'ouvrier de la mort, l'*Ankou*.

Mystère de la mort, de la résurrection… La coutume celtique étant bien ancrée dans notre civilisation, la Bretagne ne peut que posséder un grand nombre de tertres, porteurs de symboles.

Le 2 novembre est également la fête des morts à Haïti, mais c'est également la fête des Guédés : « Guédé est le nom des habitants autochtones du plateau d'Ahomey. » Ces Africains du Dahomey ayant été vendus comme esclaves, leur culte s'est mélangé à celui d'autres vaudous. Jean Osmer Alsain (25) montre que le culte des Guédés est lié à celui des morts, et la tradition rapporte que le premier enterré a été le « Baron Samedi », chef des Guédés, suivi par sa femme « Grann Brigitte ». Ces ancêtres guédés ne sont pas toujours admis par les dieux *Ioas* du vaudou.

Etranges fêtes rapportées par Ioanna Andreesco et Michaela Bacou (26) où, par une mort sublimée vécue en Roumanie, à l'ombre des Carpathes, on assiste aux autofunérailles : le pope officie durant le vivant de l'individu pour « faire le bien et pour le bien-être de la maison » ; cette « aumône de vie célèbre la mort de … pendant la vie ».

25. Max Benoit : *Cahier de folklore et des traditions orales d'Haïti* (p. 22).
26. *Mourir à l'ombre des Carpathes* (Payot, 1986).

CHAPITRE XIII

La réincarnation

« Mais là où règne la peur de la mort, il n'y a pas de possibilité de vie éternelle et le temps est venu où tu devras parler de la vie éternelle et de l'Eternité. »
Schwaller de Lubicz (*AOR, l'Appel du feu* ; 1926).

1. Un sentiment général

La théorie de la réincarnation – qui s'inscrit dans un courant spiritualiste universel – permet de mieux admettre les mystères de l'existence ; les injustices se justifient à partir d'événements antérieurs dont on subit les effets. Le destin n'est plus aveugle, Dieu n'est plus injuste : seul l'homme est responsable de son destin qui ne s'établit plus sur une seule vie terrestre.

Les fouilles archéologiques révèlent ce culte rendu aux morts dans la perspective d'un au-delà ; l'Antiquité grecque confirme ce retour éternel des mêmes événements comme source de perfectionnement. La palingénésie paraît acceptée par les esséniens et le christianisme primitif ; Origène professe cette foi. Chaque être humain a d'ailleurs éprouvé le sentiment d'avoir, à un moment de sa vie, retrouvé des souvenirs remontant à une vie antrieure ; ces souvenirs, plus vivaces chez les enfants, s'estompent avec l'âge (1).

Professions de foi et contes de tous les peuples expriment la croyance en l'immortalité de l'âme qui passe par divers stades avant de revenir sur terre ; celle-ci peut aussi bien évoluer dans un monde souterrain, dans l'eau, que dans le ciel, pour finalement s'intégrer dans une pierre, une plante ou un animal, un insecte, avant de retrouver sa forme première. Avec cette doctrine des mondes superposés, nous songeons aux sept mondes planétaires, aux trois cercles de la destinée par lesquels il est nécessaire de passer pour mériter le stade définitif. Dans l'attente d'une vie meilleure on ne craint plus la mort, simple passage d'un cycle à l'autre. Certains êtres ne peuvent pénétrer ni dans le monde des morts, ni dans la société des vivants : ces étran-

1. Le docteur Stevenson et Colin Wilson mentionnent ces cas dans *l'Occulte*.

gers deviennent hostiles, dangereux contre ceux qui évoluent. La durée pour se réincarner serait fort variable, comme l'est la durée de la vie terrestre.

Pour Papus, « *la réincarnation est le retour du Principe spirituel dans une nouvelle enveloppe charnelle* (2) ». Cependant, pour le christianisme l'homme se réincarne dans son ancienne enveloppe sublimée. La réincarnation jouit d'un grand attrait alors que la résurrection, réservée à une infime minorité, perd de son prestige, même parmi les chrétiens.

La mort, modification d'un état d'existence, a une répercussion sur la condition posthume. Si l'être vivant a été privé de toute influence traditionnelle, c'est-à-dire s'il n'a pas eu le désir de se perfectionner et de s'améliorer, il ne peut échapper à l'enchaînement de ses états manifestés, devant se soumettre à de nouvelles épreuves. L'homme doit prouver son pouvoir personnel, même s'il doit transcender les influences cosmiques.

Alain Mercier, lors de sa thèse présentée à l'Université de Paris le 20 février 1971 (3), en commentant l'œuvre d'*Edouard Schuré et le renouveau idéaliste en Europe,* cite l'opinion de l'écrivain répondant à une enquête sur la réincarnation (4) : « *La foi en l'immortalité de l'âme est commune à tous les peuples depuis l'origine des temps. Par contre, on peut dire qu'un vague sentiment des vies antérieures existe chez presque tous les hommes à l'état latent. Qui, devant certains paysages, devant certaines villes ou devant certains monuments, n'a pas eu la sensation sourde mais irréfragable de les avoir déjà parcourus et d'y avoir vécu dans une autre existence ? Qui surtout, devant certaines personnalités, n'a ressenti le* coup de foudre du déjà vu *et n'a eu la surprise submergeante* d'une âme connue jadis et subitement retrouvée ? »

Edouard Schuré (1841-1929), qui commente par ailleurs les phénomènes métapsychiques, préfère parler de « *souvenirs qui sommeillent en l'homme* ». Il est séduisant de penser que le destin de l'homme peut se poursuivre à travers des mondes spirituels successifs, cherchant à s'améliorer à chaque passage, et non plus d'être jugé à partir des événements d'une vie extrêmement courte qui n'est qu'une goutte d'eau dans l'immensité de l'existence humaine. Comment peut-on être jugé sur soixante ans d'existence alors que notre monde aurait plus de quatorze millions d'années ?

Divers types de réincarnations apparaissent dans les mythes : lors des grands anniversaires, les morts envahissent le monde des vivants ; avec les fêtes totémiques, ils s'agitent et créent ces danses masquées qui sont peut-

2. Papus : *La Réincarnation* (Dangles ; p. 12).
3. Honoré Champion, 1980 (p. 659).
4. Parue dans *Belles-lettres*, n° 47 (mai 1923).

être le prélude aux représentations de ces célèbres « Danses des morts ». Durant leur séjour de trois jours, ils agissent sur les humains ; ce sont eux qui se livrent aux pires excentricités en s'adonnant aux jeux de hasard ou à des actes jugés habituellement immoraux. Après cette période de transgression de l'ordre cosmique, par conjurations ils repartent dans leur au-delà, mais quelques esprits malveillants restent sous forme de fantômes.

Maurice Maeterlinck écrit cependant : *« Je ne crois pas à la réincarnation, bien qu'elle soit souhaitable et fort possible »*, et il pense que *« l'hérédité est exactement une réincarnation dans le même corps rajeuni »*, chaque cellule étant pourvue de souvenirs assurant sa vie, des *« empreintes ancestrales à peu près indélébiles* (5) *»*.

Nous éprouvons les plus grandes difficultés à imaginer ce que peut être un autre monde ; n'ayant aucun modèle de référence, nous ne pouvons le concevoir que comme un reflet de notre monde terrestre. Comment imaginer la vie de l'âme sans support matériel, donc d'un corps ?

Le postulat spiritualiste de la survie de l'âme, notion encourageante pour l'esprit, est d'une représentation fort complexe. Nous ne possédons ni les mots, ni les images nécessaires à étayer notre conception terrestre d'un autre monde. D'ailleurs, la Bible et les autres livres sacrés se gardent de définir cet inconnaissable. Nous pouvons contrôler le mécanisme de la chrysalide, vérifier la transformation de la chenille qui devient papillon, mais aucune expérience semblable avec l'homme, aucune observation scientifique ne peut confirmer ce que nous devenons après la mort. Analysons les textes sacrés.

2. Dans les religions orientales

Les sociétés orientales insistent sur la nécessité de l'accomplissement de « délivrances graduelles » *(krama-mukti)* pour atteindre les ultimes degrés, donc la délivrance effective *(videha-mukta)* qui conduit à la restauration dans l'état de *Muni*. René Guénon s'est exprimé très clairement à ce sujet (6). Cette doctrine de la réincarnation, née dans le jaïnisme, s'est transmise au bouddhisme puis à l'hindouisme.

La *Bhagavad-Gîtâ* confirme cette croyance du *Védânta* : le corps ayant été incinéré, l'âme s'élève au ciel emportée par la fumée et parvient au niveau de la lune ; puis elle revient sous forme de pluie qui entre dans les plantes, celles-ci servant de nourriture aux hommes : ainsi l'âme entre-t-elle

5. *Avant le grand silence* (p. 96).
6. *L'Homme et son devenir selon le Védânta.*

dans un corps humain. Mais en dehors des deux voies, celle des Déva et celle des Ancêtres, certains êtres vivent uniquement dans le péché : ils deviennent des insectes, moucherons ou moustiques. Toutes les âmes doivent évoluer, mais la connaissance spirituelle ne peut s'acquérir en une seule existence humaine.

Le quatorzième dalaï-lama, Tenzin Gyatso, chef spirituel et temporel du Tibet, définit ainsi la réincarnation, dite aussi loi du karma (le destin) : « *La réincarnation se base sur la continuité de la conscience. Il s'agit bien entendu de la continuité de la conscience la plus subtile, celle qui est la plus indépendante des contingences quotidiennes. Elle se met à fonctionner quand les autres niveaux, plus grossiers, cessent leurs activités. Dans le sommeil ou le rêve par exemple. Cette conscience fondamentale se manifeste également au cours de moments précis d'attention, comme la méditation. En acceptant l'existence d'une conscience continue, ou de la continuité de la conscience, les bouddhistes expliquent pourquoi certaines personnes se souviennent de leurs vies antérieures et peuvent aisément remonter dans le passé le plus lointain* (7). »

Même les personnes entraînées à contrôler leur conscience ne parviennent pas à se souvenir totalement de leur vie antérieure, de leurs anciennes capacités. Tenzin Gyatso dit : « *La meilleure période pour se rappeler une vie précédente se situe entre trois et quatre ans, quand on commence à parler couramment ; c'est le moment le plus propice à la mémoire du passé. Après, ces faits s'amoindrissent et deviennent plus flous, à mesure que se renforcent les souvenirs liés au nouveau corps, que se consolide la nouvelle structure physique. Tout dépend du niveau mental de l'individu ; certains se souviennent d'une vie, de deux, de trois, voire de centaines d'existences antérieures.* »

Certains êtres affirment se souvenir d'une de leur existence passée ; la plupart du temps ces êtres ont occupé des situations enviables, des postes de responsabilité dominant le flot des esclaves : il est rare que la personne ait occupé une place subalterne... ou même avoir été un chien comme le disait ironiquement Platon.

D'une vie à l'autre on se perfectionne pour parvenir à la libération de nos illusions. Chaque être est responsable de ce qu'il fait ; on gagne soi-même sa libération. Dans l'attente d'un état édénique, ces esprits qui flottent se réconfortent aux parfums subtils. Bouddha admettait que l'on pouvait se réincarner aussi bien dans une bête, un humain que dans un démon ou une fleur. C'est la voie naturelle de la métempsycose.

7. Article de Claude B. Levenson, dans *le Monde inconnu* (n° 121, novembre 1990).

Fait très particulier de la réincarnation : Daniel Bacry me signale que, lors d'un voyage en Inde, il a visité le temple Karani Mata dans la petite ville de Deshnoke, à une vingtaine de kilomètres de Bikaner. A l'intérieur du temple séjournent des milliers de rats alimentés par les habitants, car ces animaux sont la réincarnation des enfants morts dans leur prime jeunesse ; ces bêtes sont d'ailleurs nommées *khabas* (enfants) et sont traitées comme tels. Notons également que Karani Mata serait née en 1387, qu'elle serait la réincarnation de la déesse Durga et qu'elle a accompli de nombreux miracles.

3. En Australie

Arnold Van Gennep rapporte (8) que pour les Arunta d'Australie « *les âmes sont embusquées dans des pierres, des arbres, etc., et, de là, s'élancent dans les femmes, jeunes, grasses et appétissantes* ». Van Gennep ajoute, à propos des cérémonies des Lushei d'Assam : « *Le mort est revêtu de ses meilleurs vêtements et attaché en position assise sur un échafaudage en bambou ; on place à côté de lui les ustensiles et les armes de son sexe ; on tue un cochon, une chèvre et un chien dont tous les apparentés, amis et voisins, se partagent la chair ; on donne aussi à boire et à manger au mort. Puis, le soir venu, on le place dans une fosse creusée juste à côté de la maison ; son plus proche parent lui dit adieu et lui demande de tout préparer pour ceux qui viendront le rejoindre. En effet, l'âme accompagnée de celles du cochon, de la chèvre et du chien, sans lesquelles elle ne trouverait pas son chemin, se rend habillée et équipée au pays de Mi-thi-hua, où la vie est dure et pénible. Mais si le mort a tué des animaux à la chasse ou des hommes, ou s'il a donné des fêtes au village entier, il s'en va dans un pays agréable, de l'autre côté d'une rivière, où il fait une bombance continuelle : les femmes qui ne peuvent ni combattre, ni chasser, ni donner des fêtes, ne se rendent dans ce beau pays que si leurs maris les emmènent. Au bout d'un certain temps, l'âme quitte l'une ou l'autre de ces régions et revient sur cette terre sous forme de frelon ; après un nouveau laps de temps, elle se transforme en eau, puis s'évapore sous forme de rosée ; et si une goutte de rosée tombe sur un homme, cet homme fera un enfant qui sera le mort réincarné.* »

Van Gennep ajoute en note : « *C'est l'un des cas, très rares, de réincarnation par le père (...) Quand l'enfant est né, on tue deux poulets, puis la mère se lave et lave l'enfant. Les sept premiers jours, l'âme de l'enfant les passe perchée, comme ferait un oiseau, sur les vêtements ou le corps de ses parents ; c'est pourquoi ceux-ci se tiennent le plus pos-*

8. A. Van Gennep : *Les Rites de passage* (Emile Nourry, 1909 ; p. 231).

sible sans bouger et on apaise le dieu domestique par des sacrifices. Puis viennent toutes sortes de cérémonies, au cours de l'une desquelles le plus proche parent maternel donne un nom à l'enfant, c'est-à-dire l'agrège définitivement au clan. Enfin je rappelle que parfois les âmes des morts se réincarnent directement dans des animaux, des végétaux, etc., notamment dans les totems. En ce cas, il y a des rites d'agrégation du mort à l'espèce totémique. »

4. Le Zohar et la transmigration

La doctrine de la transmigration apparaît fort nettement dans le Zohar. L'esprit humain peut pénétrer dans des corps d'animaux purs ou impurs ; il doit passer par les sept « palais » qui s'étagent selon des degrés spirituels. L'homme doit se purifier sur terre, être jugé par ces palais : indigne de l'au-delà, il retourne sur terre dans un nouveau corps, même celui d'un animal. Les transmigrations sont ainsi des punitions, mais si l'âme peut atteindre le septième palais – la région la plus spirituelle – elle échappe à la loi des transmigrations.

Cette théorie de vie successives se retrouve dans les pensées de Platon, des pythagoriciens et dans la plupart des cultes.

5. Dans le judaïsme

Le Talmud et le Midrash (9), avec tout le courant des pharisiens (10), évoquent à mots couverts l'idée de survie. La destinée humaine se prolonge au-delà de son existence terrestre et c'est dans l'au-delà que nous trouvons la pleine justification de notre destinée.

Judah Halevy (1085-1141), par ses écrits, ramène le judaïsme à la conscience de sa destinée surnaturelle : *« La Gloire et la Présence (Shékhina) envahiront la terre entière au Retour d'Israël dans la Jérusalem de Dieu, à l'heure de la résurrection d'entre les morts* (11). »

Ce n'est qu'au XIIe siècle que la survie est mieux évoquée dans le judaïsme par les écrits de Moïse Maimonide (1135-1204) qui traite du problème de la « rétribution ». En 1195, Maimonide publie *le Guide des égarés* où il expose

9. Le *Midrash* est l'explication de la Torah (*Midrash Halaskha* : enseignement législatif ; *Midrash haggads* : commentaire libre des parties narratives de la Torah).

10. Les pharisiens (*Perushim* : les séparés) admettaient une tradition orale pouvant interpréter et adapter la Torah écrite aux circonstances de l'histoire. La résurrection des morts devint, dans l'enseignement des pharisiens, un dogme fondamental.

11. Cité par Daniel Bacry.

plus particulièrement le règne du Messie, les étapes du christianisme et de l'islam, le cheminement de l'humanité vers son terme, la rédemption d'Israël et, selon les *Treize Articles de foi,* la résurrection des morts ; le treizième article est fort précis :

« *Et quand du monde enfin viendra l'heure dernière,*
Dieu jugera les morts, rendus à la lumière (12). »

Les traditions diffèrent énormément entre elles. Daniel Bacry remarque que si le livre de Maimonide a été brûlé dans certaines communautés juives, traduit en latin il a eu une grande influence sur saint Thomas d'Aquin et surtout sur Maître Eckart. D'une manière générale pour le judaïsme, l'âme reste attachée au corps durant un an, période durant laquelle il y a jugement. La pensée juive espère en la résurrection des morts ; Alexandre Safran écrit : « *Dans les temps futurs, la mort ne représentera ni déchéance, ni contrainte ni souillure* (13)... » Ce ne serait qu'à la fin des temps que les âmes se réincarneront pour connaître une vie terrestre de félicité, mais les théologiens restent divisés sur les modalités de cette conception. Cependant, Mireille Cherchevsky rappelle que pour le Talmud la mort est la chose la plus solide que l'Eternel ait conçue dans l'univers ; elle précise : « *Il* (l'Eternel) *a d'ailleurs créé neuf cent trois variétés de morts* (14). »

6. Dans l'islamisme et le soufisme

On récite à l'oreille du mourant la *fatiha*, la sourate d'ouverture du Coran, car le mort entend encore la voix humaine. C'est retrouver la pensée hébraïque : la mort se produit progressivement, le dernier sens perdu étant l'ouïe. L'âme est assaillie par les démons, mais celle du juste est recueillie par l'ange Gibraïm (Gabriel), conduite devant Dieu en traversant les sept cieux, et la résurrection qui a lieu dans les limbes se fait dans la joie. L'âme de l'impie, entraînée par l'ange Israïl (Azraël), est envoyée au *Sidjin,* sorte d'enfer.

La pesée des âmes a sans doute été influencée par les rites égyptiens mais, dans la conception coranique, l'âme est dans un état d'inconscience et ne retrouvera ses sens qu'au moment de la résurrection.

Le soufisme – voie initiatique de l'islam – reflète la même recherche spirituelle ; le mot soufi paraît bien provenir de *souf,* vêtement de laine brute. Il

12. *Les Treize Articles de foi* de Maimonide, mis en vers français par le grand rabbin Lazare Wogue.
13. Alexandre Safran : *La Cabale* (Payot, 1972 ; p. 314).
14. Mireille Cherchevsky : *Le Judaïsme* (Seghers, 1977 ; p. 128).

existe trois grandes branches de cette voie nommée *tasaouf* ; le soufisme de la Loi, le soufisme chiite (persan) et le soufisme ismaélien (dont l'Agha Khan, les Druses).

7. Dans le christianisme

Le christianisme est actuellement hostile à la doctrine de la réincarnation. Cependant, l'Eglise primitive – sans doute à la suite des esséniens – ne semble pas avoir réfuté ce principe et Origène a enseigné la perfectibilité humaine en s'appuyant sur l'Epître aux Galates : « *Ce que l'homme a semé, il le récoltera.* » Ce ne serait qu'au concile de Constantinople, en 553, que l'Eglise aurait condamné cette doctrine. Elle y décrète le dualisme âme-corps avec l'unité de l'âme, alors que protestants et orthodoxes conservent l'ancienne structure ternaire, Esprit, Ame et Corps qui figure dans divers passages des textes bibliques et est mise en valeur par saint Paul. François Brune (15) réfute que la doctrine de la réincarnation ait été enseignée par l'Eglise qui n'a jamais condamné ce principe : le concile de Constantinople est muet sur ce point, ainsi que les autres conciles et plus particulièrement ceux de Nicée en 325 et en 787.

Ce serait l'Esprit qui s'incarnerait comme entité permanente dans une nouvelle vie physique, dans une nouvelle personnalité qui n'est qu'éphémère. Que disent les textes sacrés ? Ils sont axés sur une loi de Justice, car « *toute dette devra être entièrement acquittée* ». Ainsi, si nous souffrons c'est par suite de nos fautes précédentes : Dieu ne se réjouit pas du mal que nous subissons, mais il laisse agir la loi du karma. Alors Georges Barbarin pose la question : « *Dieu est-il Tout-Puissant ?* »

D'après Matthieu, nous pouvons envisager qu'il y a eu réincarnation d'Elie en la personne de Jean le Baptiste puisque Jésus affirme, à propos de Jean alors en prison : « *Oui, je vous le dis, et plus qu'un prophète. C'est celui dont il est écrit :*

« Voici que j'envoie mon messager en avant de toi
pour préparer la route devant toi.

« En vérité, je vous le dis, parmi les enfants des femmes, il n'en a pas surgi de plus grand que Jean-Baptiste ; et cependant, le plus petit dans le Royaume des Cieux est plus grand que lui. Depuis les jours de Jean-Baptiste jusqu'à présent le Royaume des Cieux souffre violence, et des violents le prennent de force. Tous les prophètes en effet, ainsi que la Loi, ont mené leurs prophéties jusqu'à Jean. Et lui, si vous voulez m'en

15. *Op. cit.* (p. 229).

croire, il est cet Elie qui doit revenir. Que celui qui a des oreilles entende ! » (XI, 9-15)

Cependant saint Paul paraît contredire cette possibilité de réincarnation puisqu'il dit : « *Et comme les hommes ne meurent qu'une fois, après quoi il y a un jugement* (16). » Il peut paraître que Paul veuille conserver un enseignement qui ne peut être divulgué qu'à bon escient ; Jésus, en disant : « *Que celui qui a des oreilles entende* » semble indiquer que la parabole doit demeurer étrangère à la foule.

D'après ces paraboles, il semble qu'on ne donne qu'au riche et qu'on retire même à celui qui est pauvre : situation qui paraît fort injuste et que nous devons interpréter ésotériquement. Mgr André Lhote compare la parabole des talents que l'on peut enfouir ou faire fructifier, à celle du semeur dont une partie de la semence se répand sur le chemin, sur des sols différents, ou à celle du Maître et de l'économe infidèle (Luc, XVI), à celle encore du Fils prodigue. Si nous quittons le plan matériel pour transposer sur le mode de la spiritualité, on ne peut donner qu'à celui qui est susceptible de faire fructifier : il faut semer dans le bon terrain alors qu'ensemencer dans l'aride n'est que perte de temps ; à chacun de vouloir s'élever et de devenir ce bon terreau car, à chaque instant, on peut s'améliorer, devenir meilleur, mais encore faut-il le vouloir. Autant de données qui nous enseignent secrètement sur la nature profonde de notre comportement, de notre moi profond qui doit continuer son ascension vers la Lumière ; ce sont là des possibilités de notre réincarnation (17).

Chacun doit assumer pleinement son propre destin dont il a l'entière responsabilité ; on ne peut rendre responsable le sort de ses difficultés ; il faut chercher à savoir pourquoi on mérite cette vie et ainsi trouver l'énergie suffisante pour y remédier.

Toutes les âmes n'ont pas même valeur ; elles ne sont pas égales entre elles, chaque réincarnation créant une différenciation que l'homme mérite ; on comprend mieux le système des castes de l'Inde. Le salut ne peut provenir que de la recherche consciente de la perfection. Le mal devient une création humaine et non plus divine, toutes les âmes ayant été créées semblables. L'homme, à la croisée des couloirs du labyrinthe, s'engage sur une piste selon son vouloir, son goût, et il doit triompher des obstacles qui se dressent devant lui. Nos contes placent souvent une aide extérieure sur le chemin de l'homme qui cherche, qui accomplit une quête : un oiseau, une

16. Epître aux Hébreux, IX, 27.

17. Je recommande la lecture de l'excellent article de Mgr André Lhote : *La Réincarnation dans l'Evangile*, publié dans la revue *le Monde inconnu* (n° 42, septembre 1983 ; p. 56 à 63 et n° 43, octobre 1983 ; p. 28 à 37).

fée, une vieille femme, une branche qui se casse... autant d'indications pour celui qui apprend à lire dans le silence de son cœur et de son esprit.

Ainsi la réincarnation paraît-elle possible d'après l'Evangile et, à chaque nouvelle existence chacun naît avec un potentiel spirituel en rapport direct avec les pouvoirs antérieurement acquis.

Mgr. André Lhotte rapporte (18) que son ami le révérend Geoffrey Hodson, de l'Eglise catholique libérale (Nouvelle-Zélande), décrit (19) le développement physique d'un bébé mais aussi « *celui des véhicules de conscience (corps éthérique, corps astral, corps mental). Il montre que ces constructions sont placées sous le contrôle étroit des hiérarchies angéliques spécialisées, chargées d'appliquer dans les moindres détails et sur tous les plans (physique, astral et mental) les décrets du* Destin. ». André Lhotte poursuit : « *Un point intéressant de ce livre montre que le Moi Spirituel, au moment où il va se fixer sur l'embryon tout nouvellement formé, voit se dérouler devant lui, en une rapide succession, les principales scènes et circonstances de la vie que va avoir à mener sa future personnalité. Il lui est en quelque sorte demandé s'il accepte telle ou telle épreuve qui pourrait lui échoir, compte tenu des actions passées des personnalités qu'il a successivement animées. Il lui est loisible de demander que celles qui sont trop lourdes soient reportées à une incarnation ultérieure, et il arrive que lui-même, au contraire, demande à assumer dans le présent tout ce qui peut-être supporté.* »

La résurrection des corps, qui ne se trouve que dans le Nouveau Testament, ne répond pas aux mêmes critères. D'après Marc (XII, 26) et Luc (XX, 37), Jésus harcelé par les Sadducéens les confond en leur disant : « *Et que les morts ressuscitent.* » D'après le christianisme, la résurrection est attendue « *à la fin des temps* » ; seul Jésus, fils de Dieu, a ressuscité et n'a pas eu à attendre le moment de l'ultime jugement ; après sa mort son existence n'est plus la même et son apparence corporelle s'est également modifiée. Ainsi la résurrection est-elle un don de Dieu ; elle se différencie totalement de la réincarnation (20).

8. Dans l'orthodoxie

Pour les orthodoxes, l'esprit de l'homme survit, non son âme. Le corps reste un ensemble de particules qui appartiennent à la nature cosmique.

18. Mgr André Lhote, dans *le Monde inconnu* (n° 32, septembre 1982 ; p. 43).
19. *Dans le miracle de la naissance.*
20. Pascal Thomas : *Renaissance, réincarnation et résurrection.*

Tous les morts ne peuvent bénéficier de la vision de Dieu : les humains prient en se servant principalement du second livre des Macchabées.

Parents et amis se rassemblent autour du défunt qui, précédemment oint d'huile, est encensé ; le prêtre effectue le service nommé *pannikhide,* les assistants tiennent un cierge allumé en signe de leur foi en la résurrection. A la fin de l'office des funérailles, on donne le « dernier baiser », un baiser de paix. En Russie, le cercueil reste ouvert et c'est le mort que l'on peut embrasser. La liturgie orthodoxe ordonne quarante-neuf jours de prières.

9. Témoignages de la réincarnation. Les ressuscités

Dans un contexte chrétien, les témoignages en faveur de la réincarnation affluent ; des messages viennent de l'au-delà, détectés par des médiums, des extralucides ou par les procédés de voyance habituels... toute une abondante littérature (21). Jeanne Morranier reçoit des messages de son fils Georges qui s'est suicidé (22) ; les désincarnés, selon leur karma, se répartiraient dans des sphères dont la graduation se terminerait sur une étape uniquement accessible aux êtres libérés ; neuf serait le nombre limité des réincarnations.

Raymond Moody (23) rapporte de très nombreux témoignages de blessés graves ou d'opérés qui, ayant perdu momentanément la conscience des choses, affirment être entrés en contact avec les esprits d'êtres décédés. En réintégrant leur corps physique, ils fournissent des renseignements sur leur voyage impressionnant qui se serait déroulé dans le monde de l'au-delà. Tous les cas rapportés par Raymond Moody – puis par bien d'autres auteurs – insistent sur les mêmes visions. Le sujet passe par un vide, un tunnel interminable qui débouche dans un espace de lumière, aux couleurs fascinantes ; parents et amis décédés l'accueillent ; sa propre vie défile devant ses yeux à une allure vertigineuse, dans une lumière divine et en présence d'un « être de lumière » ; avec regret, ils reçoivent une nouvelle mission à accomplir sur terre.

Que faut-il croire de ce voyage merveilleux dont on revient rasséréné, joyeux, ébloui ? Un transfert dans un « paradis » ? Une féerie ou un rêve

21. Après les nombreux ouvrages de Jean Prieur admirablement documentés, on peut évoquer Camille Creusot (*Immortalité ou survie*, Dervy-Livres), Spencer Lewis (*les Demeures de l'âme*, Editions Rosicruciennes) et les écrits de Raymond Bernard (Editions Rosicruciennes).

22. Georges Morranier communique avec sa mère au moyen de l'écriture automatique : ces témoignages, tout d'abord édités par la Pensée Universelle, ont été repris par l'éditeur Fernand Lanore.

23. *La Vie après la vie* (Robert Laffont) et entretien avec Raymond Moody dans *le Monde inconnu* (n° 100, décembre 1988).

inconscient ? Ou est-ce une expérience subjective ? Le résultat de l'action des remèdes et des soins apportés à ces êtres qui restent dans un état comateux profond ? Les effets des techniques de la médecine moderne ? L'ouvrage de R. Moody a eu un énorme succès et a donné lieu à bien des commentaires.

On donne même un nom à ces récits : Near Death Experiences (ou N.D.E.) ; un rapport de la Gallup Poll mentionne qu'il y aurait environ huit millions d'individus ayant vécu une N.D.E., et il faut constater une étonnante similitude entre ces récits quels que soient les lieux où ils sont enregistrés. Malgré les travaux très sérieux du docteur Moody ainsi que ceux de l'I.A.N.D.S. (International Association for Near Death Studies) (24), on ne peut affirmer que ces témoignages proviennent de personnes réellement mortes et qui auraient pénétré l'au-delà. On ne peut dire que nous sommes devant une « après-mort », le stade de la résurrection ne pouvant être envisagé que lorsque l'individu renaît après la décomposition de son corps ; ce processus alchimique n'entre pas dans les préoccupations de Raymond Moody. La « mort clinique » n'est pas une mort définitive, c'est-à-dire une cessation absolue de la vie. Cette mort clinique n'est que temporaire et ressemble à une longue syncope puisqu'il y a perte de la conscience, de la sensibilité et du mouvement. Le sujet ne peut être considéré comme un ressuscité, et Vladimir Jankélévitch écrit : « *La réanimation ressuscite un vivant, elle est donc le contraire d'une résurrection* (25). »

Il est curieux de constater que les visions arrivant dans un état proche de la mort, ressemblent étrangement aux légendes et aux coutumes rapportées par Van Gennep ; après un couloir obscur le « mort » débouche dans un paysage irréel baigné de lumière, de suaves odeurs et de douces musiques. Les descriptions de cet « au-delà » se correspondent toutes entre elles ; l'individu qui a vécu une telle expérience modifie son comportement et ses idées : dans toutes les classes de la société, on enregistre son appel vers des pratiques mystiques, des méditations ésotériques ou symboliques. Le fait le plus curieux reste la similitude des descriptions quels que soient le continent, le lieu et la qualité des individus. Un autre docteur américain, Elisabeth Kübler-Ross, a également effectué des travaux maintenant célèbres portant sur le comportement psychologique des agonisants. Mais ces visions aux lisières de la mort n'apportent pas une preuve sur une existence *post mortem* et encore moins sur une qualité de survie.

24. International Association for Near Death Studies, fondée en 1980 par Kenneth Ring. Revue *Anabiosis*.

I.A.N.D.S. France : 42, bd Richard-Lenoir, 75011 Paris - Société de thanatologie (Etudes des états proches de la mort) : 17, rue Froment, 75011 Paris.

25. Vladimir Jankélévitch : *La Mort* (p. 344).

Jacques Bergier (26), en évoquant de tels faits pose la question : « *Imagination ? Voyage de l'âme au moment de la mort ?* » ; on peut aussi ajouter hallucination à cause du coma ou des médicaments absorbés, état d'un rêve, une réaction de l'anesthésie ?... Nous ne pouvons guère cerner ce « voyage posthume » : les morts véritables ne nous apportent malheureusement aucun renseignement sur leur incursion dans l'au-delà. L'abbé Oraison écrit : « *En tant que médecin tout d'abord, je dis que si ce quelqu'un revit, c'est qu'il n'était pas mort. Donc, tout ce qu'il rapporte n'a rien à voir avec la mort, ni l'au-delà. Ce sont des phantasmes remontés de l'inconscient ; et cette projection de l'inconscient humain n'est pas une preuve.* »

L'anesthésie, qui donne l'impression de la mort en supprimant sensibilité et conscience, a des effets comparables aux narcotiques, dont la morphine ; ils font disparaître les perceptions du conscient. Grecs et Romains employaient l'anesthésie locale en appliquant la pierre de Memphis trempée dans du vinaigre. Au Moyen Age, pour diminuer la douleur on se servait d'huiles de jusquiame, de mandragore, d'opium ou de ciguë, sans doute ne procurant que des analgésies imparfaites, mais qui devaient aussi donner des rêves colorés faisant oublier partiellement la douleur.

Le cas d'André Frossard est ainsi bouleversant : ce jeune homme de vingt ans, élevé dans l'athéisme marxiste, entre par hasard dans une petite chapelle de la rue d'Ulm à Paris ; il voit se lever une lumière d'une puissance inouïe qui le submerge de toutes ses couleurs, parfums et sons alors que le temps paraît s'être arrêté. Dans un état de dédoublement, le normalien André Frossard s'est vu tel qu'il était ; durant un mois cette réception lumineuse se manifeste comme chargée d'information (27). Si je cite cet exemple, c'est que sur un être vivant nous retrouvons les mêmes sensations que celles éprouvées par les mourants qui paraissent gagner un au-delà : ce phénomène d'une lumière éclatante apportant la révélation n'est-elle pas celle qui marque Moïse et, d'une manière générale, les élus ?

10. Les états transcendants

Julius Evola a noté que dans les expériences médiumniques les esprits des morts sont réputés parler aux vivants ; mais on ne peut identifier esprit et âme. Les esprits seraient des énergies vitales, des éléments corporels rési-

26. *Je ne suis pas une légende.*
27. Document *Paris-Match* (n° 2205 du 29 août 1991) : « Dieu qui est-il ? » Débat d'André Frossard avec Jean Guitton, Grichka et Igor Bogdanov, auteurs de *Dieu et la science* (Grasset, 1991).

duels qui se désagrègent après la mort et qui formeraient des « personnalités secondes », d'où une phénoménologie extranormale. Julius Evola (28) pense que des forces non humaines peuvent s'incarner dans ces résidus, former ainsi des « doubles » sataniques, et il cite le roman de Gustav Meyrink *le Dominicain blanc ;* mais on peut aussi songer à l'envoûtant *Père Barbançon* de Pierre Mac Orlan.

Pour Julius Evola, certains êtres disparaîtraient totalement avec la mort, d'autres auraient à réaliser de nouvelles épreuves et il y aurait survivance dans des états transcendants.

11. Le Phénix

Dans le bûcher, le Phénix vieillissant retrouve son éternelle jeunesse ; dans les flammes purificatrices il abandonne son corps, son existence passée et, par ce renoncement total, il renaît de ses cendres. On peut également évoquer le mythe d'Hermaphrodite qui, par son union avec la naïade Salmacis, survit en son descendant qui est lui-même.

Le Phénix s'engendre : il devient son propre père et son propre fils, sans doute comme le mystérieux Melchisédech. On peut comparer cet oiseau aux amibes qui se reproduisent par simple division. Il existe ainsi une perpétuation de l'espèce, mais cette répétitivité entraîne l'absence de diversité.

En séparant les sexes, en les rendant mâle et femelle et complémentaires l'un de l'autre pour leur reproduction, on créé dans les corps deux parties : l'une périssable (le corps) et l'autre immortelle (l'âme). De même s'effectue une division cellulaire, avec la réduction de moitié du nombre des chromosomes ; nous ne comprenons pas encore la règle de panachage, cette répartition d'où naît la diversité. Cependant Edsman (29), après avoir longuement cité les auteurs ayant traité du phénix et de l'aigle, s'est demandé s'il fallait considérer cette destruction au sens propre, c'est-à-dire sous la forme d'une combustion, ou au sens figuré, une liquéfaction se produisant dans l'atmosphère. Grâce au feu le Phénix renaît de ses cendres comme le symbole d'un résidu fertilisant ; mais sa mort et sa résurrection sont deux phénomènes simultanés (30).

Phénix et Hermaphrodite ne meurent pas, mais se retrouvent dans leurs descendants qui ne sont autres qu'eux-mêmes dans leur immortalité. On songe à nouveau à ce qui a été exprimé à propos de l'avatar comme

28. Julius Evola : *Masques et visages du spiritualisme contemporain* (Pardès, 1991 ; p. 34).
29. Carl-Martin Edsman : *Ignis Divinus, le feu comme moyen de rajeunissement et d'immortalité* (C.W.K. Gleerup-Lund, Suède, 1949).
30. Jean-Pierre Bayard : *La Symbolique du feu* (p. 18).

pseudo-initiation. Lorsque le couple est composé, avec la création des sexes différenciés, apparaît la mort, comme loi nécessaire de la nature.

Sans doute aux deux portes, celle de la naissance et celle de la mort, nous pouvons placer Janus, le gardien des portes de l'espace et du temps. Si, d'une manière générale, Portunus est le dieu des portes des ports, le bateau de Janus conduit les âmes des morts vers ces îles fortunées situées à l'ouest, tout en établissant la liaison entre deux éléments, la terre et l'eau. Aussi bien en Scandinavie qu'en Egypte ou au Mexique nous trouvons d'ailleurs ces barques funéraires qui permettent l'ultime passage puisque, par la mort, on est transposé ailleurs.

Si le phénix symbolise la résurrection du Christ ou de la nature divine, le pélican figure le même pouvoir dans le domaine humain.

(Extrait de Bernard Roger : *A la découverte de l'alchimie.*)

Le pélican (tombe d'Irinefer, Egypte, XIXe-XXe dynasties).

Le phénix (marque typographique de Louis Bégat ; Paris, 1950).

(Musée des Beaux-arts et d'archéologie, Troyes.)

Vanité de Damien Lhomme (XVIIe siècle)

Conclusion

« Qui sait si la vie n'est point une mort et la mort une vie ?
Il est possible que nous fassions partie des morts. »
Platon.

Que conclure ? Si ce n'est pour affirmer, à la suite de tant de penseurs et d'expériences collectives, que **la mort n'existe pas :** elle est un temps d'arrêt dans un cycle d'évolution sans fin et fait partie de l'ordre naturel. Humains, nous ne sommes qu'un instant de la vie éternelle.

Depuis tant de siècles que l'homme meurt, des milliards de fantômes rôdent autour de nous et, cependant, nos connaissances à leur égard ont peu évoluées ; nos cultes restent semblables et la vie dans l'au-delà demeure tout aussi problématique. On évoque nos défunts pour qu'ils nous aident, on les craint et on leur prête des pouvoirs que l'on désire assimiler. De tout temps et avec des moyens appropriés à l'époque, on cherche vainement à entrer en contact avec eux.

Dans notre société industrialisée, les images que nous nous créons ainsi que nos réflexions alimentent notre crainte de la mort. Nos moyens de communications venant de tous les coins du monde apportent, au domicile de chacun, de façon immédiate et précise, les nouvelles les plus alarmantes : épidémies, cataclysmes naturels ou établis par une imprudence humaine, guerres, meurtres, scènes de violence... emplissent nos écrans de télévision ; les films font bon marché de notre vie. Notre admirable corps, qui n'a pris toute sa valeur qu'après de longues années d'apprentissage, est anéanti en un seul instant par des actes de cruauté, sans attendre les arrêts naturels de notre destin.

Ces images insolites de la mort violente, que nous regardons à chaque instant, ne nous empêchent pas de continuer notre vie journalière, comme si ce phénomène ne nous concernait pas. Nos convoitises triomphent des images de la mort : avec joie nous nous gavons d'honneurs éphémères aux richesses illusoires. Selon la sagesse des animaux, nous reniflons un cadavre et continuons aussitôt notre chemin.

Que pouvons-nous faire d'autre ? Nous complaire dans un des visages de la mort ? Nous réaliser comme dans un de ces remarquables tableaux *les Glorieuses Vanités* (1) ? L'homme vient au monde pour mourir ; depuis notre naissance, chaque jour passé nous rapproche inexorablement un peu plus de ce moment que nous imaginons avec difficulté ; la vie est alors plus forte que la mort.

Notre société, qui entend remplacer le merveilleux et la foi par le rationnel, n'aide pas le mourant à dépasser ce moment critique ; à l'ultime instant nous n'avons plus les ressources des religions, des rites initiatiques, de la douceur de notre famille, des attitudes d'amour qui préparaient et entretenaient une véritable force d'espérance, conceptions jugées maintenant puériles.

La mort, phénomène indissociable de la vie, reste le siège de la peur car on craint un monde que nous ne savons imaginer. Notre monde a-t-il d'ailleurs une signification ? D'après notre pensée occidentale, nous sommes soumis au hasard et rien ne nous est révélé sur le sens de l'existence... La civilisation celtique – dont nous sommes issus – avait cependant des conceptions analogues à celles des Orientaux soumis aux cycles de vies successives où le karma nous oblige à revivre en fonction de nos vies précédentes. Mais qui peut affirmer que nous nous réincarnons ? Qu'il faut parcourir de longs cycles dans le but de nous parfaire pour acquérir une hypothétique sagesse spirituelle ? Avec la mort, nous quittons charnellement un monde chargé sans doute de bien des désillusions, mais qui a aussi bien des charmes, bien des satisfactions peut-être matérielles mais néanmoins fort agréables. Chance ? Malchance? Pourquoi nos actes de la vie ne seraient-ils que le fait du hasard, alors que scientifiquement nous n'admettons plus le « hasard », tout étant régi par des causes dont les effets sont dus à des lois rigoureuses.

Si nos corps se décomposent, reviennent en des composés chimiques qui alimentent des végétaux, que devient cette force subtile qui nous anime ? Nous ne sommes pas que de la matière, mais aussi de l'énergie. Alors nous ne pouvons que revenir à nos anciennes croyances, à l'âme et, bien entendu, à un au-delà...

La mort ainsi évoquée nous met dans l'obligation de réfléchir, de prendre notre destin en main et d'assumer pleinement notre destinée. Les rites mortuaires naissent de cette confrontation ; ils nous élèvent du plan matériel à la spiritualité et aux valeurs du sacré. Chateaubriand écrit (2) : « *Je sens très*

1. Cette exposition a eu lieu en 1990, au musée du Petit Palais (Paris). *Les Vanités dans la peinture du XVIIe siècle.*

2. *De la Restauration et de la Monarchie élective.*

bien qu'aucune de mes facultés n'a vieilli ; mieux que jamais je comprends mon siècle ; je pénètre plus hardiment dans l'avenir que personne ; mais la nécessité a prononcé : finir sa vie à propos est une condition nécessaire de l'homme public. » Essayons d'acquérir cette sagesse...

Les rites d'inhumation des hommes de Neandertal, les dessins paléolithiques, les figurines des Déesses mères, tous ces monuments funéraires allant des mégalithes aux pyramides de tous les pays, tous ces masques et totems, prouvent, à chaque époque, l'importance de la mystique. Légendes, contes, traditions folkloriques, littératures, livres sacrés et œuvres artistiques, sont également riches en allusions mystiques ; les religions évoquent des interventions divines dans les affaires des hommes.

Dans la nature, seul l'homme a toujours rendu hommage à l'enveloppe charnelle, vénérée non seulement parce qu'elle est la dépouille d'un être cher, mais parce que le mort se situe dans un monde que nous devons nous concilier. Après avoir interrogé bien des rites, essayé d'interpréter de nombreuses coutumes, nous nous demandons s'il existe une « vie » après la mort ; la question n'est toujours pas résolue : devons-nous revenir sur terre ou dans un autre monde ? Pourrir ou nous envoler en fumée, sans espoir de retour ? Le vécu de la mort ne peut se commenter : notre impression n'est qu'extérieure et nos vies antérieures – si elles existent – nous demeurent inconnues.

L'homme, sous tous climats, a cependant imaginé que si l'enveloppe charnelle est périssable, l'âme ou une partie fluidique de lui-même est impérissable. Toutes les civilisations, depuis les temps les plus anciens, affirment que l'homme possède plusieurs corps invisibles (ou âmes) qui, au moment de la mort, se séparent du corps physique et continuent de vivre dans l'au-delà.

A chaque époque l'homme a cherché à percer ce mystère, à approfondir cette frange ténue entre la vie et la mort ; actuellement, nos connaissances scientifiques nous orientent vers les mêmes recherches qui nous paraissent plus complètes, mais qui nous laissent tout aussi désorientés. La science parviendra-t-elle à prendre le pas sur la religion, sur la foi qui est l'espérance de l'homme ?

La vie terrestre n'est qu'une parcelle de notre vie cosmique. Seules les religions et les sociétés initiatiques ont ensuite formulé ces espoirs, créant aussi ce grand mythe de « mort et résurrection ».

Alors **cherchons la paix,** tâchons de dépasser nos propres insignifiances et ayons la satisfaction de nos gestes accomplis durant un bien bref passage terrestre !

Le Puy-Barbot, 1er septembre 1992.

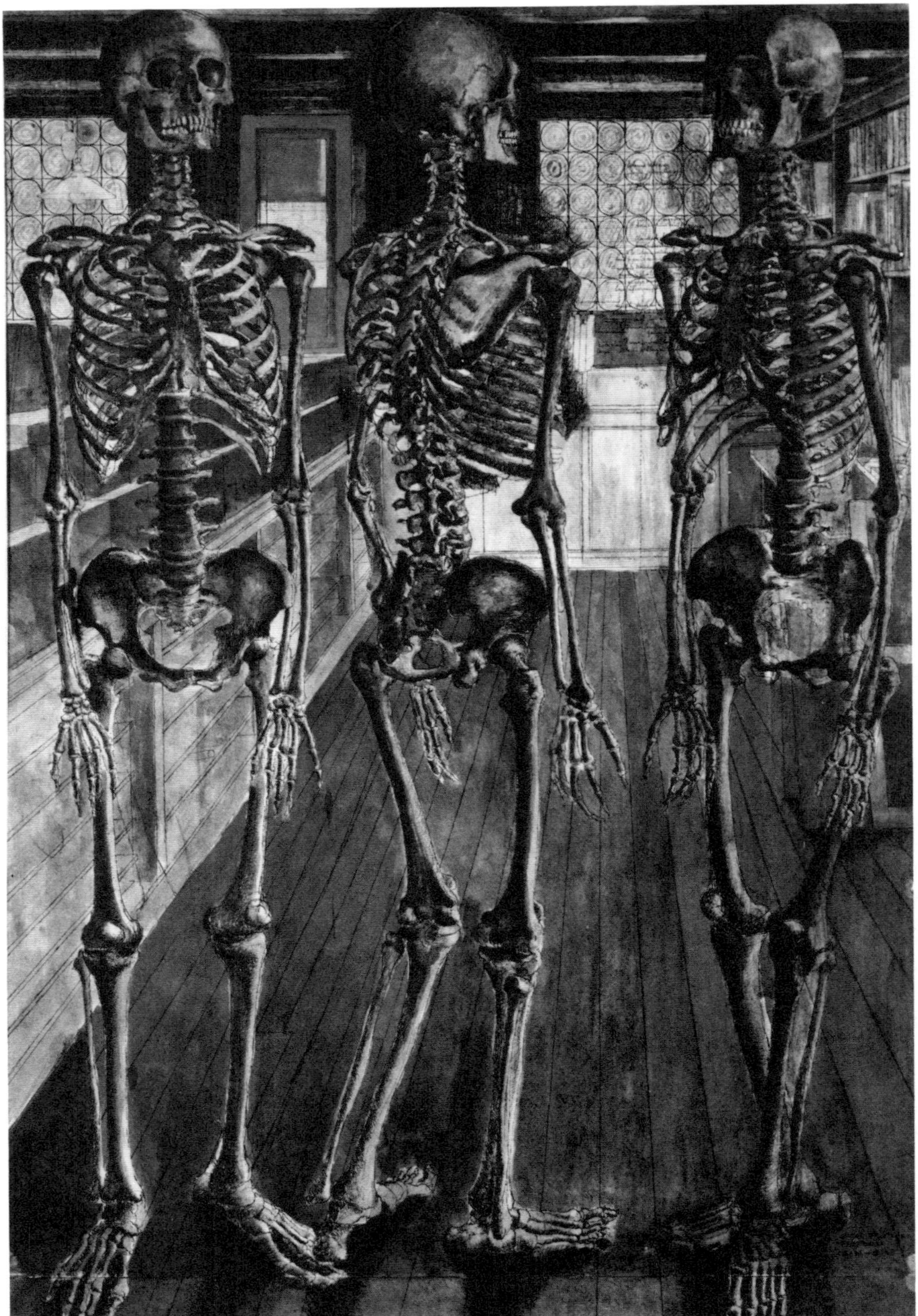

Aquarelle de Delvaux : *Musée d'histoire naturelle.* (Galerie Isy Brachot, Bruxelles-Paris.)

ANNEXE I

Testament de vie

L'Association pour le droit de mourir dans la dignité (A.D.M.D.), 103, rue Lafayette, 75010 Paris (tél. : 42 85 12 22) a pour but de « promouvoir le droit légal et social, de disposer de façon libre et réfléchie de sa personne, de son corps et de sa vie ; de choisir librement la façon de terminer sa vie de manière à la vivre jusqu'à la fin dans les conditions les meilleures.

« Ceci inclut l'emploi de toutes les techniques de lutte contre la douleur et, en général, de tous les moyens d'améliorer les qualités de la vie.

« Ceci exclut au contraire toute aide ou incitation au suicide de ceux, et notamment des jeunes, qui n'auraient d'autres motifs de cesser de vivre qu'irrationnels ou dépressifs et aux causes desquelles il se peut qu'on puisse porter remède.

« L'association a une vocation humanitaire. Elle s'oppose à tout recours à l'euthanasie pour raisons politique, sociale ou économique. »

Elle demande à ses membres de porter une carte comprenant une « Déclaration de volonté de mourir dans la dignité » ainsi rédigée (voir page suivante) :

Déclaration de volonté de mourir dans la dignité

« Je soussigné X......... déclare en pleine conscience et en toute liberté que, si j'étais dans l'incapacité d'exprimer ma volonté et que les traitements possibles n'aient plus de chances réelles de me rendre une vie consciente et autonome, je demande instamment :

– Que l'on s'abstienne de tout acharnement thérapeutique pour prolonger abusivement ma vie : Oui ❐ Non ❐

– Que l'on use de tous les remèdes pour calmer mes douleurs, même au cas où les seuls restant efficaces risqueraient d'abréger ma vie : Oui ❐ Non ❐

– Qu'en dernier recours, on me procure l'euthanasie, c'est-à-dire une mort douce, conscient(e) que par là je pose problème notamment aux médecins et aux soignants, mais convaincu(e) qu'on fera passer avant tout le respect de la personne humaine : Oui ❐ Non ❐

– La constance de ma volonté sera attestée, notamment par le renouvellement annuel de mon adhésion à l'Association pour le droit de mourir dans la dignité.

– Je fais confiance aux médecins et infirmiers me traitant, à ma famille et à tous autres, pour respecter ces volontés, et je les en remercie. »

Date............... *Signature*

On suggère par ailleurs que le déclarant donne *mandat* à l'un de ses proches en qui il a toute confiance, pour qu'il puisse le représenter dans le dialogue avec le corps médical et faire respecter ses volontés, dans le cas où il ne serait plus en mesure de le faire lui-même.

Cette déclaration peut être déposée devant un notaire.

ANNEXE II

Quelques adresses

Société de thanatologie : 17, rue Froment, 75011 Paris.

I.A.N.D.S. (Association internationale pour l'étude des états proches de la mort), section française : Mme Evelyne Mercier, 79, avenue de la Division-Leclerc, 92160 Antony (tél. : (1) 40 96 91 65).

A.D.M.D. (Association pour le droit de mourir dans la dignité) : 103, rue Lafayette, 75010 Paris (tél. : (1) 40 16 99 92 et (1) 42 85 12 22).

N.D.E. (*Near Death Experience,* expérience proche de la mort) ou E.M.I. (expérience de mort imminente) :
Association Jonathan : 55, rue Saint-Antoine, 75004 Paris (tél. : (1) 42 77 48 34).

U.S.P. (Unité de soins palliatifs) : Hôpital international de l'Université de Paris (et plus de 20 centres en France).

Fédération française de crémation : 50, rue Rodier, 75009 Paris (tél. : (I) 45 26 33 07).

Fédération des dons d'organes et de tissus humains : 1, avenue Claude-Vellefaux, 75010 Paris (tél. : (1) 42 45 63 40).

Association S.O.S. Suicide Phénix : 36, rue de Gergovie, 75014 Paris (tél. : (1) 40.44 46 45).

Société mutualiste interentreprises de thanatologie : 21, rue du Chemin-Vert, 75011 Paris (tél. : (1) 48 07 04 30).

ANNEXE III

Bibliographie

Seuls sont cités les principaux ouvrages. Devant les noms des auteurs, un chiffre entre parenthèses permet de mieux distinguer si l'ouvrage est consacré plus spécialement à l'archéologie **(1)**, à la mythologie et aux sciences traditionnelles **(2)**, aux religions **(3)**, aux rites mortuaires **(4)**, à la survie et aux études médicales **(5)**, ou aux phénomènes de perversion **(6)**. Cela représente uniquement une classification de base, car le même ouvrage comporte en général de multiples thèmes.

(1) Abelanet (Jean) et Pardo (Emmanuel) : *L'Homme de Tautavel* (Centre départemental de documentation pédagogique, Perpignan, 1983).
(2) Abiven (Dr Maurice) : *Pour une mort plus humaine* (Inter Editions, 1990).
(4) Addison (James Thayer) : *La Vie après la mort dans les croyances de l'humanité* (Payot, 1936).
(2) Adler (Alfred) : *La mort est le masque du roi* (Payot, 1982).
(6) Ambelain (Robert) : *Le Vampirisme* (Robert Laffont, 1977).
(3) Amélineau (E.) : *Histoire de la sépulture et des funérailles dans l'ancienne Egypte* (Annales du musée Guimet, t. XXVIII, Ernest Leroux, 1896).
(4) Andreesco (Ioanna) et Bacou (Mihaela) : *Mourir à l'ombre des Carapathes* (Payot, 1986).
(1) Ariès (Philippe) : *L'Homme devant la mort* (Le Seuil, 1978) – *Essais sur l'histoire de la mort en Occident* (Le Seuil, 1977).
(3) Arnold (Paul) : *Le Livre des morts maya* (Robert Laffont, 1978).
(3) Audin : *Les Fêtes solaires* (P.U.F., 1945).
(3) Aurobindo (Sri) : *Renaissance et Karma* (Le Rocher, 1983).

(6) Baechler (J.) : *Les Suicides* (Calmann-Lévy, 1975).
(4) Balard : *La Mort et les sépultures* (Labigre, 1868).
(2) Bamunuba (Y.K.) et Doukonou (B.A.) : *La Mort dans la vie africaine* (Présence Africaine et Unesco, 1979).
(2) Bar (Francis) : *Les Routes de l'Autre Monde, descente aux enfers et voyages dans l'au-delà* (P.U.F., 1946).
(2) Bar (Henry) : *Les Pierres sacrées, dolmens et menhirs* (Ouest-France, 1978).
(5) Barbarin (Georges) : *Le Livre de la mort douce* (Dangles, 1984) – *Dieu est-il Tout-Puissant ?* (Astra, 1954) – *L'Après-Mort* (Le Rocher, 1990).
(3) *Bardo Thödol* (Livre des morts tibétain) (W.Y. Evans-Wentz) (Adrien Maisonneuve, 1975).
(3) *Bardo Thödol* (Le Livre tibétain des morts), trad. de Valdo Secretan (Dervy-Livres, 1980, 1991).
(5) Barker (J.C.) : *La Peur et la mort.* Essai (Stock, 1969).

(5) Barrère (Igor) et Lalou (Etienne) : *Le Dossier confidentiel de l'euthanasie* (Stock Actuels A11, 1975).
(4) Baudrillard (J.) : *L'Echange symbolique et la mort* (Gallimard, 1976).
(2) Baumann et Westermann : *Les Peuples et les civilisations de l'Afrique* (Payot, 1970).
(2) Bayard (Jean-Pierre) : *La Symbolique du feu* (1958 et Trédaniel, 1986) – *La Symbolique du monde souterrain* (Payot, 1959) – *La Spiritualité de la Franc-Maçonnerie* (Dangles, 1982) – *Travaux du Parvis de France* (1985-1989).
(2) Baye (baron de) : *Les Tombeaux des Goths en Crimée* (Mémoires de la Société des antiquaires de France, t. LXVII, 1908).
(2) Benoit (Max) : *Cahier de folklore et des traditions orales d'Haïti* (Agence de coopération culturelle et technique, Haïti, 1980).
(5) Bertholet (Edmond) : *La Réincarnation* (Génillard, Lausanne, 1978).
(5) Biès (Jean) : *Passeports pour les temps nouveaux* (Dervy-Livres, 1982).
(1) Binant (Pascale) : *La Préhistoire de la mort* (Errance, 1991) – *Les Sépultures du paléolithique* (Errance, 1991).
(2) Bloch (Jules) : *Les Tsiganes* (P.U.F., « Que Sais-je ? » n° 580).
(3) Bocquillon (Emile) : *L'Ame, cette inconnue* (Dervy-Livres, 1966).
(3) Bonnard (Dr Marc) et Le Dru (Dr Elisabeth) : *Les Rituels de mort dans la Chine ancienne* (Dervy-Livres, 1986).
(2) Boudiéguy (prince Birinda de) : *La Bible secrète des Noirs selon le Bouity* (Omnium Littéraire, 1952).
(2) Boutry (Gilles) (Padmavajra Saraswati) : *Mort, renaissance et immortalité* (Présence, 1991).
(5) Bozzano (Ernest) : *Phénomènes psychiques au moment de la mort* (B.P.S., 1923).
(2) Brasseur de Bourbourg : *Du Mexique* (Auguste Durand, 1866).
(5) Bréhant (Jacques) : *Thanatos, le malade et le médecin devant la mort* (Robert Laffont, 1976).
(5) Breyer (Jacques) : *Au-dessus des tombeaux* (Ergonia, 1974) – *Vaincre la seconde mort* (Ergonia, 1984).
(1) Briard (Jacques) : *Mythes et symboles de l'Europe préceltique (Les religions de l'âge du bronze 2500-800 av. J.-C.)* (Errance, 1987).
(5) Brune (François) : *Les morts nous parlent* (Le Félin, 1988).
(3) Brune (François) : *Pour que l'homme devienne Dieu* (Dangles, 1992).

(2) Caillois (Roger) : *Quatre Essais de sociologie contemporaine (I. La représentation de la mort dans le cinéma américain)* (Perrin, 1951) – *L'Homme et le sacré* (1939, N.R.F., « Idées » n° 24, 1950) – *Le Mythe et l'homme* (N.R.F., 1972) – Avec von Grunebaum (G.E.) : *The Dream and Human Societies* (Berkeley, Los Angelès, 1966).
(6) Calmet (dom Augustin) : *Dissertation sur les revenants en corps* (1751).
(1) Carcopino (Jérôme) : *La Basilique pythagoricienne de la Porte majeure* (l'Artisan du Livre, 1944).
(5) Carrel (Dr Alexis) : *L'Homme, cet inconnu* (Plon, 1935).
(5) Casgha (Jean-Yves) : *Les Mystères de la vie et de la mort* (Philippe Lebaud, 1990).
(5) Cerutti (F.R.) : *L'Euthanasie : approche médicale et juridique* (Privat, 1987).
(5) Chabanis (Christian) : *La Mort, un terme ou un commencement ?* (Fayard, 1982).
(3) Champdor (Albert) : *Le Livre des morts* (Albin Michel, 1963).

(5) Charon (Jean E.) : *Mort, voici ta défaite* (Albin Michel, 1979).
(5) Chastel (André) : *Glorieuses vanités* dans *les Vanités de la peinture au XVIIe siècle* (Catalogue du Petit Palais, 1990).
(4) Chauchard (Paul) : *La Mort* (P.U.F., « Que Sais-je ? » n° 236, 1947) – *Notre corps, ce mystère* (Beauchesne).
(4) Chaunu (P.) : *La Mort à Paris* (Fayard, 1978).
(1) Childe (V.G.) : *L'Europe préhistorique* (Payot, 1962).
(4) Cioran (E.M.) : *De l'inconvénient d'être né* (N.R.F., « Idées » n° 480).
(2) Clebert (J.P.) : *Les Tsiganes* (Arthaud, 1961).
(1) Constable (George) : *Les Néandertaliens* (Time-Life, 1973).
(4) Cornu (Frédéric ; photographe) : *Charitables*. Textes de Christian Caujolle et Marie Cegarra (coédition Maison pour tous de Calais, ville de Béthune, Centre d'ethnologie régionale, 1991).
(2) Cozannet (Françoise) : *Mythes et coutumes religieuses des Tsiganes* (Payot, 1973).
(5) Creusot (Camille) : *Résurrection ou survie* (Dervy-Livres, 1980).
(4) Cumont (F.) : *Recherches sur le symbolisme funéraire des Romains* (Geuthner, 1942).

(4) Dânann (Alexandre de) : *Mémoire du sang. Contre-initiation, culte des ancêtres* (Arché, 1990).
(6) Dansel (Michel) : *Au Père-Lachaise. Son histoire, ses secrets, ses promenades* (Fayard, 1981) – *Les Cimetières de Paris* (Denoël, 1987) – *Le Sergent Bertrand, portrait d'un nécrophile heureux* (Albin Michel, 1991).
(4) Darnis (Jean-Marie) : *Les Monuments expiatoires du supplice de Louis XVI et de Marie-Antoinette sous l'Empire et la Restauration 1812-1830* (Union Parisienne d'Imprimeries, 1981).
(2) David-Neel (Alexandra) : *Immortalité et réincarnation* (Le Rocher, 1978).
(6) Davidson (P.) et Philippe (A.) : *Suicide et tentative de suicide aujourd'hui* (Doin, 1986).
(4) Davie (Maurice R.) : *La Guerre dans les sociétés primitives. Son rôle et son évolution* (Payot, 1931).
(4) De Caumont : *Architecture religieuse* (Dentu, 1859).
(1) Déchelette : *Manuel d'archéologie préhistorique* (1908).
(2) Dedet (Christian) : *La Mémoire du fleuve. L'Afrique aventureuse de Jean Michonet* (Phébus, Paris, 1984).
(5) Delanne (Gabriel) : *La Réincarnation* (Vermet, 1985).
(2) Del Perrugia (Paul) : *Les Derniers Rois mages* (N.R.F., 1978).
(5) Denis (Léon) : *Après la mort* (Dervy-Livres, 1977).
(3) Dérobert (Léon), Reichlen (Henri) et Campana (Jean-Pierre) : *Le Monde étrange des momies* (Pygmalion, 1975).
(5) Des Georges (M.A.) : *La Réincarnation des âmes* (Albin Michel, 1966).
(5) Desjardins (Arnaud) : *Pour une mort sans peur* (La Table ronde, 1983).
(6) Dewisme (C.H.) : *Les Zombis* (Grasset, 1957).
(2) Dumézil (Georges) : *Rituels indo-européens à Rome* (Klincksieck, 1954).
(2) Dunand (Françoise) et Lichtenberg (Roger) : *Les Momies, un voyage dans l'éternité* (Gallimard, collection « Découvertes Archéologie »).
(2) Dürckheim (Karlfried Graf von) : *La Voie de la transcendance* (Le Rocher, 1991).

(5) Ebon (Martin) : *Dialogues avec les morts ?* (Fayard).
(2) Eliade (Mircea) : *Le Chamanisme* (Payot, 1951) – *Histoire des croyances et des idées religieuses* (Payot, 1976).
(2) Enel : *Post mortem* (Omnium Littéraire, 1973).
(6) Encausse (Dr Philippe) : *Sciences occultes et déséquilibre mental* (1949 ; Dangles, 1958).
(6) Evola (Julius) : *Masques et visages du spiritualisme contemporain* (Pardès, 1991).

(4) Favrot (Dr) : *Histoire des inhumations chez les peuples anciens et modernes* (Lacroix, 1868).
(4) Ferryn (Patrick) et Verheyden (Ivan) : *Chroniques des civilisations disparues* (Kadath, Robert Laffont, 1976).
(5) Figuier (Louis) : *Le Lendemain de la mort* (Hachette, 1894).
(5) Flammarion (Camille) : *Après la mort* (J'Ai Lu).
(2) Frazer (sir James George) : *Le Rameau d'or. Etude de magie et d'histoire religieuse* (Geuthner, 1924) – *Atys et Osiris. Etude des religions orientales comparées* (Annales du musée Guimet/Geuthner, 1926) – *L'Homme, Dieu et l'immortalité* (Geuthner, 1928) – *Le Dieu qui meurt* (Geuthner, 1931) – *La Crainte des morts* (préface de Paul Valéry ; Emile Nourry, 1934) – *La Crainte des morts dans la religion primitive* (Geuthner, 1937).
(3) Fremantle (F.) et Trungpa (C.) : *Le Livre des morts tibétain* (Le Courrier du Livre).

(4) Gallay (Alain) : *Les Sépultures et la culture* (revue *Pour la science* n° 164, juin 1991).
(3) Gallenkamp (C.) : *Les Mayas* (Payot, 1979).
(4) Georges (Eliane) : *Voyages de la mort* (Berger-Levrault, 1982).
(2) Ghisoni (Paul) : *Eschatologie infernale* (La Colombe, 1962).
(3) Girard (Raphaël) : *Le Popol-Vuh. Histoire culturelle des Mayas-Quichés* (Payot, 1972).
(1) Glob (P.V.) : *Les Hommes des tourbières* (Fayard, 1965).
(4) Grasset d'Orcet : *Matériaux cryptographiques*. 2 tomes (B. Allieu, 1983. La Table d'Emeraude).
(5) Grégoire (François) : *L'Au-delà* (« Que Sais-Je ? » n° 725, 1957).
(4) Grof (Stanislas) et Halifax (Jean) : *La Rencontre de l'homme avec la mort* (Le Rocher, 1982).
(1) Grosjean (Roger) : *La Corse avant l'histoire* (Klincksieck, 1966).
(2) Guénon (René) : *L'Erreur spirite* (Editions Traditionnelles, 1952) – *L'Homme et son devenir selon le Védânta* (Bossard, 1925 et Editions Traditionnelles, 1952) – *Symboles fondamentaux de la science sacrée* (Gallimard, 1962) – *Le Règne de la quantité et les signes des temps* (N.R.F., 1945).
(5) Guermonprez : *L'Assassinat médical et le respect de la vie* (Rousset, Paris, 1904).
(4) Gugenheim (rabbin Michel) : *Les Derniers Devoirs. Le rituel juif du deuil* (Association Consistoriale Israélite de Paris, 1988).
(5) Guiomar (M.) : *Principes d'une esthétique de la mort* (1969).

(4) Hammoudi (Ab.) : *La Victime et ses masques* (Le Seuil, 1988).
(2) Hatt (J.J.) : *Les Monuments funéraires gallo-romains du Comminges et du Couserans* (Privat, Toulouse, 1954).

(4) Hautecoeur (Louis) : *Mystique et architecture* (Picard, 1954).
(5) Heuvelmans (Bernard) : *La Prolongation de la vie* (L'Arche, 1950) – *La Suppression de la mort* (L'Arche, 1951).
(1) Heuvelmans (Bernard) et Porchnev (Boris) : *L'Homme du Neandertal est toujours vivant* (Plon, 1974).
(5) Hintermeyer (Pascal) : *Politiques de la mort* (Payot, 1981).

(3) Jacq (Christian) : *Le Voyage dans l'Autre Monde selon l'Egypte ancienne. Epreuves et métamorphoses du mort* (Le Rocher, 1986).
(3) James (E.O.) : *La Religion préhistorique* (Payot, 1959).
(4) Jankélévitch (V.) : *La Mort* (Flammarion, 1977) – *Quelque part dans l'inachevé* (N.R.F., 1978).
(1) Joffroy (René) : *Les Sépultures à char du premier âge de fer en France* (Picard, 1958) – *La Tombe princière de Vix* (Côte-d'Or) (Châtillon-sur-Seine, 1959).
(6) Julliard (Emile) : *Les Désespérés et les déserteurs de la vie* (Charpentier et Fasquelle, 1807).

(3) Kerboull (Jean) : *Le Vaudou, magie ou religion* (Robert Laffont, 1973).
(3) Kolpaktchy (Grégoire) : *Livre des morts des anciens Egyptiens* (Omnium Littéraire, 1967).
(1) König (Marie) : *Notre passé est encore plus ancien* (Robert Laffont, 1982).
(3) Kotto (Essome) : *Le Sujet africain et la mort* (revue *Salix* n° 4, 1990).
(5) Kübler-Ross (Elisabeth) : *La mort est un nouveau soleil* (1984 ; Le Rocher, 1988 ; Presses Pocket, 1990) – *Les Derniers Instants de la vie* (Labor et Fidès, 1975) – *La Mort, porte de la vie* (Le Rocher, 1990) – *La Mort, dernière étape de la croissance* (Le Rocher, 1985).

(4) Lancelin (Charles) : *L'Evocation des morts* (Leymarie, 1921).
(5) Larcher (Hubert) : *Le Sang peut-il vaincre la mort ?* (N.R.F., 1957), réédité sous le titre : *La Mémoire du soleil, aux frontières de la mort.* Préface de Jean Guitton (Editions Désiris, 1990).
(2) Le Braz (Anatole) : *La Légende de la mort chez les Bretons armoricains* (1874 ; réédition Alpina, 1958 et Laffitte, 1974).
(4) Lebrun (François) : *Les Hommes et la mort en Anjou, aux* XVIIe *et* XVIIIe *siècles* (Flammarion, 1975).
(5) Lebrun (Maguy) : *Médecins du ciel, médecins de la terre* (Robert Laffont, 1987).
(4) Le Clere (Marcel) : *Cimetières et sépultures de Paris* (Hachette « Guides bleus », 1978).
(5) Le Goff (Jacques) : *La mort est-elle changée ?* (Le Nouvel Observateur, dossier n° 2, 1990).
(3) Lemaître (S.) : *Le Mystère de la mort dans les religions d'Asie* (Maisonneuve, 1963).
(1) Leroi-Gourhan (André) : *La Préhistoire* (P.U.F., 1966) – *Les Religions de la préhistoire* (P.U.F., 1983).
(1) Le Rouzic (Zacharie) et Péquart (Marthe et Saint-Just) : *Corpus des signes gravés des monuments mégalithiques du Morbihan* (Picard et Berger-Levrault, 1927).
(5) Levenson (Claude B.) : *Ainsi parle le dalaï-lama* (Balland, 1980).

(3) Lévy-Bruhl (Lucien) : *L'Ame primitive* (Alcan, 1927) – *Le Surnaturel et la nature dans la mentalité primitive* (Alcan, 1931) – *La Mentalité primitive* (P.U.F., 1947).
(5) Lhotte (Mgr André) : *La Doctrine de la réincarnation* (revue *le Monde inconnu* nos 42 et 43 de septembre et octobre 1983).
(1) Liapounov (Boris) : *Surgis du fond des âges* (Mir, Moscou, 1970).
(1) Lissner (Ivar) : *Dieu était déjà là* (Robert Laffont, 1965).
(3) *Livre des morts des anciens Egyptiens*, version de Grégoire Kolpaktchy (Omnium Littéraire, 1967).
(6) Loisy (Alfred) : *Le Sacrifice* (Nourry, 1920).
(2) Lonegren (Sig) : *Les Labyrinthes. Des mythes traditionnels aux applications modernes* (Dangles, 1993).
(2) Lot-Falck (Eveline) : *Les Rites de la chasse chez les peuples sibériens* (N.R.F., 1953).

(4) Maertens (Jean-Thierry) : *Le Jeu du mort* (Aubier, 1979).
(5) Maeterlinck (Maurice) : *La Mort* (Charpentier, 1920) – *Avant le grand silence* (Fasquelle, 1934) – *Devant Dieu* (Fasquelle, 1955).
(5) Magre (Maurice) : *La Mort et la vie future* (Charpentier-Fasquelle, 1932).
(4) Mariel (Pierre) : *Guide pittoresque et occulte des cimetières parisiens* (La Table ronde, 1972) (Voir à *Soubiran*).
(3) Maspéro (H.) : *Le Taoïsme et les religions chinoises* (Gallimard).
(6) Matignon (Dr J.-J.) : *Superstition, crime et misère en Chine* (Storck, Lyon, 1902).
(5) Menahem (R.) : *La Mort apprivoisée* (Editions Universitaires, 1973).
(2) Mesnil (M.) : *Chemin des morts. Chemin des âmes* (revue *Mythologie française*, numéro spécial 147-148-149, 1987 ; p. 125-133).
(6) Migerel (Hélène) : *La Migration des zombis* (Editions Caribiennes, 1987).
(5) Milanesi (Claudio) : *Mort apparente, mort imparfaite. Médecine et mentalités au XVIIIe siècle* (Payot, 1991).
(1) Mohen (Jean-Pierre) : *Le Monde des mégalithes* (Casterman, 1989).
(5) Monneret (Simon) : *Vivre sa mort* (Denoël, 1978).
(5) Monroë (Robert A.) : *Fantastiques expériences du voyage astral* (Robert Laffont, 1985).
(5) Moody (Dr Raymond) : *La Vie après la vie* (Robert Laffont, 1977) – *Lumières nouvelles sur la vie après la vie* (Robert Laffont, 1978) – *La Lumière de l'Au-delà* (Robert Laffont).
(5) Moreux (Abbé Th.) : *Que deviendrons-nous après la mort ?* (Doin, 1949).
(4) Morin (Edgar) : *L'Homme et la mort* (Le Seuil, 1977).

(1) Niel (Fernand) : *Connaissance des mégalithes* (Robert Laffont, 1976).
(4) Nolent (Abbé P.) : *Continuité des rites funéraires à travers les millénaires en Beauce orléanaise et chartaine* (Société des Antiquités nationales, n° 5, série B).
(4) Otto (R.) : *Le Sacré* (Payot, 1949).

(5) Papus : *La Réincarnation. Ce que deviennent nos morts* (Dangles, 1968).
(1) Patte (Etienne) : *Les Hommes préhistoriques et la religion* (Picard, 1960).
(4) Peron-Autret (Dr) : *Les Enterrés vivants* (Balland, 1978).
(4) Peugeiez (professeur) : *Le Squelette dans l'art* (*Æsculape*, octobre 1912 et mars 1913).

(1) Philibert (Myriam) : *La Naissance du symbole* (Dangles, 1991).
(4) Pierard (Marie-Laure) : *Le Cimetière Montparnasse* (Michel Danse, 1983).
(5) Piétri (Jérôme) : *Réincarnation et survie des âmes* (Dangles, 1979).
(4) Pinguet (Maurice) : *La Mort volontaire au Japon* (Gallimard, 1984 et 1991).
(3) Planson (Claude) : *Vaudou, un initié parle* (Jean Dullis, 1974).
(3) *Popol-Vuh*. Trad. de Georges Raynaud. *Les Dieux, les héros et les hommes de l'ancien Guatémala,* d'après le *Livre du Conseil* (Maisonneuve, 1975).
(3) *Le Livre des événements. Bible américaine des Mayas-Quichés*. Trad. de Pierre Des Ruisseaux et Daisy Amaya (Le Castor Astral, 1987).
(4) Pougneaud (Raoul) : *La vie, qu'est-ce que c'est et vivre, à quoi ça sert ?* (Fischbacher, 1971).
(5) Prieur (Jean) : *Les Témoins de l'Invisible – Les morts ont donné signe de vie – Cet au-delà qui nous attend – L'Aura et le corps immortel* (Lanore et Sorlot, 1983) – *Le Livre des morts des Occidentaux* (Robert Laffont, 1981) – *La Mort dans l'Antiquité romaine* (Ouest-France, 1986) – *L'Ame des animaux* (Robert Laffont et J'Ai Lu, 1986).
(1) Przyluski (Jean) : *La Grande Déesse* (Payot, 1950).

(4) Ragon (Michel) : *L'Espace de la mort. Essai sur l'architecture, la décoration et l'urbanisme funéraires* (Albin Michel, 1981).
(4) Random (Michel) : *L'Art visionnaire* (Nathan, 1979).
(4) Randall (Neville) : *La mort ouvre sur la vie* (J'Ai Lu, 1978).
(5) Raquin (Bernard) : *Messages de l'après-vie* (Belfond-L'Age du Verseau, 1990).
(2) Reinach (Salomon) : *Cultes, mythes et religions* (Leroux, 1908).
(6) Réju (Daniel) : *Les Demeures de l'impossible. Fantômes et vampires* (Belfond, 1973).
(5) Renard (Hélène) : *L'Après-vie, croyances et recherches sur la vie après la mort* (Philippe Lebaud, 1985).
(4) Rimpoché (Lati) et Hopkins (Jeffrey) : *La Mort, l'état intermédiaire et la renaissance dans le bouddhisme tibétain* (Editions du Dharma, 1980).
(3) Rimpotché (Bokar) : *Mort et art de mourir dans le bouddhisme tibétain* (Claire Lumière, 1989).
(4) Ring (Kenneth) : *Sur la frontière de la vie* (Robert Laffont, 1982).
(3) Rougé (E. de) : *Etudes sur le rituel funéraire des anciens Egyptiens* (Revue archéologique, 1860).
(1) Roussot (Alain) : *Du biface à l'épée. 700 000 ans de préhistoire en Aquitaine* (Musée d'Aquitaine, Bordeaux, 1991).
(1) Roux (Jean-Paul) : *La Mort chez les peuples altaïques anciens et médiévaux, d'après des documents écrits* (Maisonneuve, 1961).

(4) Sabatier (Robert) : *Dictionnaire de la mort* (Albin Michel, 1967).
(4) Sabom (Michaël B.) : *Souvenirs de la mort* (Robert Laffont, 1983).
(3) Sauneron (Serge) : *Les Prêtres de l'ancienne Egypte* (Le Seuil, 1957).
(2) Schwarz (Fernand) : *Les Traditions de l'Amérique ancienne* (Dangles, 1982).
(4) Segalen (Martine) : *Les Confréries dans la France contemporaine. Les Charités* (Flammarion, 1975).
(1) Segalen (Victor) (avec Gilbert de Voisins et Jean Lartigue) : *Mission archéologique en Chine 1914-1917. La sculpture et les monuments funéraires* (Geuthner, 1923).

(4) Seward (Jack) : *Hara-kiri suicide* (Pardès, 1988).
(3) Shiva-purâna : *La Légende immémoriale du dieu Shiva*. Traduit du sanskrit et notes de Tara Michaël (Gallimard-Unesco, 1991).
(5) Siemons (J.-L.) : *Mourir pour renaître* (Albin Michel, 1982).
(4) Soubiran (André) : *Le Bon Docteur Guillotin et sa simple mécanique, d'après les documents de Pierre Mariel* (Perrin, 1962).
(5) Steiner (Rudolf) : *La Mort, métamorphose de la vie* (Triades, 1984) – *Le Sens de la mort* (Triades, 1977) – *La Vie après la mort* (Triades).
(4) Stevenson (Margaret Sinclair) : *Les Rites des deux fois nés* (Le Soleil Noir, 1982).
(5) Strappazzon (Valentin) : *Communications avec l'au-delà* (Droguet et Ardant, 1991).
(4) Suttel (René) : *Catacombes et carrières de Paris* (S.E.H.D.A.C.S., 1986).
(2) Swedenborg (E.M.) : *Du Ciel et de ses merveilles et de l'enfer d'après ce qui a été vu et entendu* (Londres, 1754).

(4) Tenenti (Alberto) : *La Vie et la mort à travers l'art du XVe siècle* (Armand Colin, 1952).
(4) Thomas (Louis-Vincent) : *Anthropologie de la mort* (Payot, 1975) – *Mort et pouvoir* (Payot, 1978) – *Le Cadavre* (Complexe, 1980) – *La Mort africaine* (Payot, 1982) – *Rites de mort pour la paix des vivants* (Fayard, 1985) - *La Mort* (P.U.F., « Que Sais-Je ? » n° 236, 1988).
(5) Thomas (Pascal) : *Renaissance, réincarnation, résurrection* (Droguet et Ardant, 1991).
(4) Tierney (Patrick) : *L'Autel le plus haut. Le sacrifice humain de l'Antiquité à nos jours* (Robert Laffont, 1991).
(6) Tocquet (Robert) : *Lévitations et fantômes* (Grasset, 1959).
(2) Toutain (J.) : *Etudes de mythologie et d'histoire des religions antiques* (Hachette, 1908 et Jouve, 1935).
(4) Trescases (Jacques) : *La Symbolique de la mort* (Guy Trédaniel, 1983).

(4) Vaillant (J.A.) : *Les Rômes, histoire vraie des vrais bohémiens* (1857 ; rééd. Les Textes Essentiels, 1979).
(4) Van Der Leeuw (G.) : *La Religion dans son essence et ses manifestations* (Payot, 1948).
(2) Van Gennep (Arnold) : *Les Rites de passage* (Emile Nourry, 1909) – *Manuel de folklore français contemporain*, t. II : *Du berceau à la tombe. Funérailles* (Picard, 1946).
(1) Varagnac (André) et Derolez (R.) : *Les Celtes et les Germains* (Bloud et Gay, 1965).
(5) Vernette (Jean) : *Peut-on communiquer avec l'au-delà ?* (Le Centurion, 1990).
(6) Villeneuve (Roland) : *Le Cannibalisme* (Marabout, 1973).
(4) Viseux (Dominique) : *La Mort et les états posthumes selon les grandes traditions* (Guy Trédaniel, 1989).
(4) Vovelle (Michel) : *Mourir autrefois. Attitudes devant la mort aux XVIIe et XVIIIe siècles* (N.R.F., « Archives », 1974) – *Piété baroque et déchristianisation. Les attitudes devant la mort au XVIIIe siècle* (Le Seuil, 1975).

(4) Wachtel (Nathan) : *Le Retour des ancêtres* (N.R.F., 1990).

(3) Waisbard (Roger et Simone) : *La Vie splendide des momies péruviennes* (Julliard, 1960).
(5) Wambach (Helen) : *La Vie avant la vie* (J'Ai Lu, 1980).
(5) Wells (H.G.) : *La Découverte de l'avenir* (Mercure de France, 1904).
(4) Werbrouck (M.) : *Les Pleureuses dans l'Egypte ancienne* (Bruxelles, 1978).
(1) Wernert (Paul) : *Le Rôle du feu dans les rites funéraires des hommes fossiles* (Doin, 1937).
(4) Wintrebert (Patrick) : *Ainsi passe la gloire du monde, patrimoine artistique de la confrérie des Charitables de Saint-Eloi de Béthune* (Musée de Béthune. Documents d'ethnographie régionale du Nord/Pas-de-Calais, 2, 1991).

(5) X... : *Exercices pour se préparer à la mort avec une méthode pour visiter les malades et assister les mourants* (Aubanel, 1809).

Collectif :

(4) Revue *Æsculape* : « Le Cimetière des chiens à Asnières » (juin 1911) – « Le Macabre dans l'art » (décembre 1912) – « Masques et peintures funéraires dans l'Egypte ancienne » (n° 9, septembre 1913 et n° 11, novembre 1913) – « Euthanasie ; le squelette dans l'art » (octobre 1912, mars et mai 1913).
(5) Alliance mondiale des religions : *La Survie après la mort* (Deuxième colloque tenu les 7 et 8 janvier 1967 à La-Roche-Dieu ; colloque dirigé par Maryse Choisy ; Editions Labergerie, 1967).
(1) Revue *Archéologia.*
(1) *Archéologie de la France ; 30 ans de découvertes* (Galeries nationales du Grand Palais, Paris, septembre-décembre 1989).
(4) Revue *Atlantis* n° 358 : « Anges et gardiens du seuil », et divers numéros (n° 74 entre autres).
(5) Revue *les Belles Lettres* : « Enquête sur la réincarnation » (n° 47, mai 1923).
(4) Revue *Cahiers d'études cathares* n° 119 : « Symbolique des monuments funéraires des Bogomiles ».
(4) Conseil de l'Europe : « La peine de mort dans les pays européens » (Strasbourg, 1967).
(3) *Cultes funéraires en Egypte et en Nubis (Les)* (Catalogue exposition au Musée de Béthune, 1988).
(4) *Encyclopædia Universalis.*
(4) *En face de la mort* (Privat, 1983).
(3) *Entre les mains de notre Père. Nouveau rituel des funérailles* (Desclée, 1972).
(3) *L'Egypte avant les pyramides* (catalogue des Musées nationaux, mai-septembre 1973).
(4) Revue *Epignôsis* n° 16 (Dervy-Livres, octobre 1986).
(4) *Ex-voto* (catalogue de l'exposition Goethe, Institut, 1967).
(4) *Ex-voto et pénitents en Provence et dans le comté de Nice* (Palais Lascaris, Nice, mai 1987).
(1) Revue *Histoire et archéologie* : « La mort dans la préhistoire » (n° 66, septembre 1982) – « L'Homme de Neandertal » (n° 124, février 1988).

(3) *Histoire des religions* (Encyclopédie « La Pléiade », N.R.F.).
(6) Revue *Historia* : « Le dossier du suicide » (numéro spécial 388 bis, 1979).
(5) *La Flamme*. Organe officiel de la Fédération française de crémation (50, rue Rodier, 75009 Paris).
(5) Revue *l'Autre Monde* (n° 125, mai 1991) : « La mort. Saurez-vous passer le cap ? ».
(4) Revue *le Monde inconnu* (n° 32, septembre 1982 ; n° 41, août 1983 ; n° 42, septembre 1983 ; n° 43, octobre 1983 ; n° 121, novembre 1990 ; n° 100, décembre 1989).
(4) *Les Vanités dans la peinture au XVIIe siècle* (exposition et catalogue musée du Petit Palais, 1990).
(4) *Les Vivants et leurs morts. Art, croyances et rites funéraires dans l'Ardenne d'autrefois* (Musée en Piconrue, 6650 Bastogne, Belgique ; publication du Crédit communal, Belgique, 1989).
(4) *L'Homme et la mort. Danses macabres de Dürer à Dali* (Goethe Institut, 1985 ; exposition collective de l'Université de Düsseldorf).
(4) *L'Intermédiaire des chercheurs et curieux* : « Mots célèbres à l'article de la mort » (n° 484, novembre 1991 ; p. 935 à 937).
(4) *Les Hommes et la mort. Rituels funéraires à travers le monde* ; textes rassemblés par Jean Guiart (Le Sycomore, 1979).
(3) *Mythologie asiatique illustrée* (Librairie de France, 1927).
(4) Revue *la Nouvelle Acropole* (n°s 57, 98, 100, 117 et 122).
(4) Revue *Question de* : « Mort et architecture » (n° 79) – « La mort et ses destins » (n° 71) (Albin Michel).
(4) *Ramsès le Grand* (catalogue des Musées nationaux ; catalogue exposition Grand Palais, 1976).
(4) *Rites de la mort* (exposition du Laboratoire d'ethnologie du Museum d'histoire naturelle, dirigée par Jean Guiart ; musée de l'Homme, 1979).
(4) Revue *Salix* : « Le sujet africain et la mort » (n° 4, décembre 1990).
(4) Société de thanatologie : bulletins trimestriels depuis 1966.
(1) Un siècle de fouilles françaises en Egypte 1880-1980 (Ecole du Caire ; exposition Palais de Tokyo, Paris, mai-octobre 1981).
(4) Revue *Sources orientales* (Le Seuil) : « Le jugement des morts » (1961) – « La Lune » (1962).
(1) « Chine antique ; voyage de l'âme. » Trésors archéologiques du Huan (Changsha). Exposition de l'abbaye de Daoulas (Finistère), 1992.

ANNEXE IV

Index alphabétique

Table des matières

La composition et l'impression de cet ouvrage
ont été réalisées par CLERC S.A.
18200 SAINT-AMAND - Tél. : 48-96-41-50
pour le compte des ÉDITIONS DANGLES
18, rue Lavoisier - 45800 ST-JEAN-DE-BRAYE
Dépôt légal Éditeur n° 1804 - Imprimeur n° 5093
Achevé d'imprimer en Février 1993

Du même auteur :

Jean-Pierre BAYARD

LA TRADITION CACHÉE DES CATHÉDRALES. Du symbolisme médiéval à la réalisation architecturale.

Format 15 x 21 ; 456 pages ; abondamment illustré (130 photos + 190 schémas).

Majestueuses et orgueilleuses, les cathédrales médiévales dressent depuis des siècles leurs flèches audacieuses comme un hymne à toutes les forces de l'univers. Défiant le temps et les lois de la pesanteur, dans leur silence séculaire elles parlent à l'âme humaine. Au Moyen Age, où le sacré se mêle intimement à la vie quotidienne, **l'Église est la gardienne des valeurs traditionnelles.**
Dans les différentes phases de sa construction — depuis les plans jusqu'à la décoration finale — tout était orchestré pour donner une parfaite unité à la réalisation finale ; un chantier de cathédrale était avant tout l'union de créateurs anonymes qui œuvraient pour le beau et le sacré, **un chant d'amour au Divin.**
Jean-Pierre Bayard, docteur ès lettres et ingénieur des Travaux publics, grand spécialiste du symbolisme traditionnel, nous fait entrer dans ce monde d'union entre le matériel et le spirituel. Il nous fait retrouver l'intelligence intuitive de ces compagnons qui *vivaient* les symboles, évoquant pour nous ces merveilleux tracés régulateurs obtenus à partir de trois instruments simples (équerre, compas et règle), les mesures harmoniques et le module, la richesse symbolique de la décoration, toute la grandeur et la beauté sensuelle de ces navires de pierre édifiés à la gloire de Dieu. Il nous fait revivre cet élan créateur à travers un texte abondamment documenté (plus de 300 photos et schémas), nous invitant ainsi à retrouver nos racines.

Jean-Pierre BAYARD

LA SPIRITUALITÉ DE LA FRANC-MAÇONNERIE. De l'Ordre initiatique Traditionnel aux Obédiences.

Format 15 x 21 ; 432 pages ; abondamment illustré.

La Franc-Maçonnerie, vaste mouvement de pensée animé de divers courants, a fait l'objet de nombreux écrits et continue, malgré tout, d'intriguer notre civilisation. Pour mieux pénétrer son esprit, il ne suffit pas d'en lire les rituels, il faut en vivre les rites. La Franc-Maçonnerie, héritière des plus antiques traditions, de la cosmogonie et des mystères du Moyen Age, est une société de pensée qui a toujours eu une grande influence sur le milieu environnant. On peut se demander comment sa valeur morale a si bien résisté à l'épreuve du temps, et pourquoi cet Ordre jouit, encore de nos jours, d'un prestige certain.
Jean-Pierre Bayard, dans ce texte simple et précis, aborde ce phénomène en traitant de la Franc-Maçonnerie Traditionnelle, celle qui évolue à partir des temps mythiques. Spécialiste en ce domaine (docteur ès lettres en maçonologie), il en commente l'esprit général, évoquant sommairement les rituels et le symbolisme. S'attaquant aux reproches formulés à un Ordre finalement méconnu, il montre bien la continuité de cette pensée qui s'appuie sur les **valeurs sacrées** et qui, par sa cohésion, vise la pérennité de la recherche dans un contexte opératif, évoluant toujours, **axée vers l'amélioration de l'individu.** Cet ouvrage dépasse les notions d'Obédience et de reconnaissance : il reflète les aspirations d'un Ordre témoignant de la Tradition.
Grâce à d'importantes annexes, le lecteur prendra connaissance des **textes maçonniques fondamentaux,** souvent cités mais difficilement accessibles, et prouvant la profonde unité de cet ordre initiatique. De plus, des références fort complètes sur les **principales obédiences actuelles** (buts, esprit, structures, adresses...), des notes et un petit lexique du vocabulaire maçonnique, en font un véritable guide pratique pour qui cherche à découvrir cette **société de pensée orientée vers l'humanisme le plus absolu.**

Du même auteur :

Jean-Pierre BAYARD

LA SPIRITUALITÉ DE LA ROSE-CROIX. Histoire, tradition et valeur initiatique.

Format 15 x 21 ; 288 pages ; abondamment illustré.

Trois **Manifestes** anonymes paraissent en 1617 : ainsi débute l'histoire de la célèbre confrérie née sur le sol allemand. Ce mystérieux mouvement spirituel et religieux revendique pour la souveraineté de l'homme et son épanouissement. Ces trois écrits chargés d'allégories, de symboles alchimiques et de légendes enflamment l'imagination populaire.

Pourquoi ce nom de Rose-Croix ? Comment associer un instrument de supplice, qui résume tout le drame de la Passion du Christ, à la grâce et à la fraîcheur de la rose ? Le creuset de la beauté éphémère peut-il s'imposer à la lourdeur de la croix éternelle ?

Qui sont ces Rose-Croix ? D'où viennent les pouvoirs de ces Supérieurs inconnus qui commandent le monde et qui peuvent guérir toutes les maladies ? Ces hommes pratiquent une médecine universelle et ils régénèrent aussi bien les corps physiques que le comportement moral. Tout en restant invisibles, ils peuvent lire dans la pensée de leurs semblables et s'expriment dans toutes les langues de la terre. Une société secrète bien fermée, qui ne laisse filtrer qu'une partie de ses mystères, qui dénonce aussi bien les faux dévôts que les rois et le pape, qui combat les jésuites.

A notre époque, quelques sociétés fermées prétendent conserver l'esprit rosicrucien en faisant revivre le symbole de la Rose refleurissant sur la Croix, en affirmant leur foi, leur charité et leur espérance, trois vertus de la loi d'amour.

Jean-Pierre Bayard, docteur ès lettres, spécialiste de l'histoire des religions, de la recherche initiatique et attaché à la transmission de la pensée traditionnelle, nous guide ici dans ce mystérieux cheminement. En commentant ces légendes — et leur actualité — il cerne le phénomène spirituel de l'imaginaire collectif.

Jean-Pierre BAYARD :

LA PRATIQUE DU TAROT. Symbolisme, tirages et interprétations.

Format 15 x 21 ; 400 pages ; abondamment illustré.

Le Tarot évoque, au premier abord, des figures étranges, la « bonne aventure », l'avenir dévoilé... C'est pourtant bien plus que cela ! Les symboles utilisés suggèrent, forcent la réflexion, ouvrent l'esprit du chercheur sincère. Mais le symbole n'a pas de valeur définie et figée ; son langage s'écarte de tout dogmatisme ou le transcende, car il est de portée universelle. Chaque lame n'est qu'un point de repère, un jalon sur le chemin de l'intuition et de la clairvoyance, raison pour laquelle il est bon que chaque « devin » établisse ses propres principes d'interprétation en fonction de sa propre sensibilité et intuition.

Qu'il soit l'expression d'une apparence naïve ou une conception artistique née d'une profonde pensée philosophique, le Tarot a toujours intrigué par la richesse de son symbolisme. Jean-Pierre Bayard, par une **méthode comparative** et des **tableaux de correspondances** entre les différents jeux, nous montre la filiation des multiples et infinies représentations graphiques du Tarot, qu'il étudie dans ses rapports avec la Kabbale, l'astrologie, l'alchimie, la numérologie, les couleurs et la Tradition, mais aussi par les rapports des différents jeux entre eux. Après ce panorama historique (largement illustré), il analyse en profondeur le symbolisme et la signification de chacun des arcanes majeurs et mineurs. Ensuite, il nous explique maintes méthodes de tirages de cartes à des fins divinatoires, illustrées d'exemples d'interprétation.

Le Tarot comporte de multiples significations psychologiques et initiatiques concernant l'homme tant en lui-même que dans ses rapports cosmiques. C'est **le livre de la sagesse secrète,** un merveilleux outil d'enrichissement spirituel et de Connaissance.

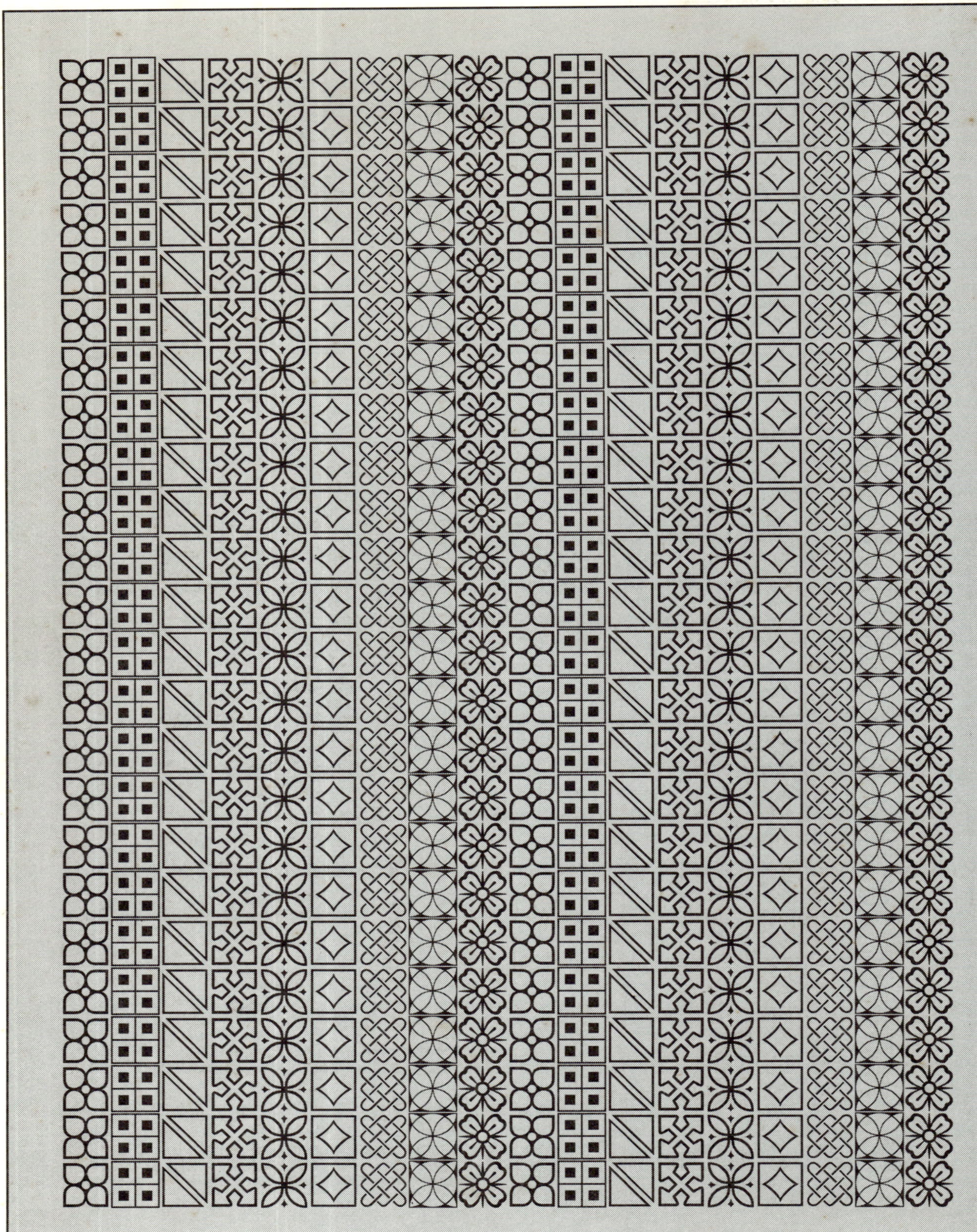